大学生劳动教育教程

主编 邹 灏 侯守军 任 训
编者 张道平 唐君玲 胡亚波
　　　马廷花 朱 琴

清华大学出版社
北 京

内 容 简 介

为了深入贯彻习近平总书记关于劳动教育的重要论述，全面贯彻党的教育方针，本书根据《大中小学劳动教育指导纲要（试行）》要求，对大学生劳动教育做了全面和系统的介绍。本书分为五个模块，包括劳动观念与劳动教育，劳动素养，劳动实践，劳动精神、劳模精神和工匠精神，劳动保护和权益。

通过本书的学习，读者不仅可以树立正确的劳动观念，具有必备的劳动能力，养成良好的劳动习惯，还可以形成诚实守信、吃苦耐劳的劳动品质。

本书既可以作为高等院校劳动教育课程的教材和指导用书，又可以作为各行业开展劳动教育和培训的参考用书。

本书封面贴有清华大学出版社防伪标签，无标签者不得销售。
版权所有，侵权必究。举报：010-62782989，beiqinquan@tup.tsinghua.edu.cn。

图书在版编目（CIP）数据

大学生劳动教育教程 / 邹灏，侯守军，任训主编．—北京：清华大学出版社，2024.1
ISBN 978-7-302-64327-2

Ⅰ．①大⋯　Ⅱ．①邹⋯　②侯⋯　③任⋯　Ⅲ．①大学生—劳动教育—教材　Ⅳ．①G40-015

中国国家版本馆CIP数据核字（2023）第137673号

责任编辑：贾旭龙
封面设计：秦　丽
版式设计：文森时代
责任校对：马军令
责任印制：宋　林

出版发行：清华大学出版社
网　　址：https://www.tup.com.cn，https://www.wqxuetang.com
地　　址：北京清华大学学研大厦A座　　　邮　　编：100084
社　总　机：010-83470000　　　　　　　　邮　　购：010-62786544
投稿与读者服务：010-62776969，c-service@tup.tsinghua.edu.cn
质量反馈：010-62772015，zhiliang@tup.tsinghua.edu.cn
印 装 者：三河市科茂嘉荣印务有限公司
经　　销：全国新华书店
开　　本：185mm×260mm　　　印　　张：16　　　字　　数：368千字
版　　次：2024年1月第1版　　　　　　　　印　　次：2024年1月第1次印刷
定　　价：56.00元

产品编号：101094-01

前言 Preface

2020年3月,《中共中央 国务院关于全面加强新时代大中小学劳动教育的意见》提出要构建德智体美劳全面发展的教育体系,并明确学校劳动教育的重要意义和实施途径。

结合劳动教育的新内涵和新要求,我们组织一批长期坚守在一线的职业院校教师编写了本书。在编写过程中,始终坚持"劳动光荣、劳动伟大"的育人理念,较好地阐述了新时代劳动教育的内涵和特点。

本书既保留了传统教材的优点,又富有新的特色,主要体现在以下五个方面。

(1) 全面贯彻新时代劳动教育的要求。本书严格按照《大中小学劳动教育指导纲要(试行)》编写,全面覆盖其中的要点,并按照读者学习理解的习惯,将内容整合成一本系统的劳动教育学习读物,有助于读者全方位地学习劳动教育的知识。

(2) 提供丰富的案例材料。本书针对大学生身心特点和思想状况,通过古今中外的大量名人事迹,以案例阅读和点评的形式,形象地展现劳动对人生的积极意义。读者可以通过理论结合案例的学习方式,更高效地接受劳动教育的知识。

(3) 体例新颖,助力教师开展劳动实践与教学。本书采用模块式写作方法,每个模块中包括"劳动导语""学习进行时""案例阅读""劳动榜样""课堂活动""劳动体验""课后拓展"等栏目。每个模块都进行了精心设计,重点突出、条理分明,且重视培养读者的劳动实践能力。

(4) 抓住课程思政建设的核心,全面提升大学生劳动素养。本书针对当代大学生的特点,从劳动价值观、劳动精神、劳动素养、劳动保护等多个维度,全面提升大学生劳动素养。同时,正文中还穿插有"课堂活动""学习进行时""课后拓展""劳动体验"等栏目,结合课程思政的内容,培育大学生的劳动情怀,塑造劳动文化。

(5) 多媒体资源丰富。本书配有丰富的"互联网+劳动教育"产品,读者扫描书中的二维码即可观看配套的多媒体资源,如微课、文字、视频等,既增加了阅读的趣味性,又增强了内容的生动性和吸引力。

本书由荆门职业学院邹灏、侯守军、任训担任主编,模块一由荆门职业学院张道平老师编写,模块二由武汉船舶职业技术学院唐君玲老师编写,模块三由湖北交通职业技术学院胡亚波老师编写,模块四和模块五分别由荆门职业学院马廷花、朱琴两位老师编写。本书编写过程中得到了其他兄弟院校的大力支持和帮助,在此一并表示感谢。在编写过程中,我们参考了许多文献、资料,在此对这些文献、资料的编著者表示衷心的感谢!

由于作者水平有限,书中错误和不妥之处在所难免,敬请广大读者批评指正。

目录 Contents

模块一　劳动观念与劳动教育 / 1

第一部分　劳动和劳动价值观 ······················· 3
　　一、劳动 ···························· 4
　　二、劳动价值观 ······················ 10

第二部分　劳动教育 ······························ 15
　　一、劳动教育的性质和基本理念 ··········· 16
　　二、劳动教育的目标和内容 ··············· 17
　　三、劳动教育的途径和评价 ··············· 19
　　四、学校劳动教育的规划与实施 ··········· 20

第三部分　劳动教育评价 ·························· 22
　　一、劳动教育课程评价应重点关注的指标 ···· 25
　　二、正确认识劳动教育评价的作用 ·········· 25
　　三、如何设计并实施劳动教育活动的评价 ···· 26
　　四、评价实施的注意事项 ················· 26

模块二　劳动素养 / 36

第一部分　劳动素养概述 ·························· 38
　　一、劳动素养的内涵 ···················· 39
　　二、提升劳动素养的意义 ················ 40
　　三、提升劳动素养的途径 ················ 41

第二部分　劳动知识和能力 ······················· 43
　　一、劳动知识 ························ 44
　　二、劳动能力 ························ 54
　　三、劳动常识、专业知识与工具 ··········· 65

第三部分　劳动习惯和品质 …… 69
　　一、劳动习惯 …… 70
　　二、珍惜劳动成果 …… 73

第四部分　劳动态度 …… 75
　　一、诚实劳动 …… 76
　　二、辛勤劳动 …… 79
　　三、创造性劳动 …… 81

模块三　劳动实践 / 87

第一部分　日常生活劳动 …… 89
　　一、大学生日常生活劳动概述 …… 89
　　二、大学生的主要日常生活劳动 …… 91

第二部分　生产劳动 …… 96
　　一、生产劳动概述 …… 96
　　二、大学生的主要生产劳动 …… 99
　　三、实习实训 …… 103
　　四、职业劳动 …… 107

第三部分　服务劳动 …… 114
　　一、服务劳动概述 …… 115
　　二、社会调查 …… 116
　　三、志愿服务 …… 118
　　四、公益劳动 …… 120
　　五、勤工助学 …… 123
　　六、基层建设 …… 126
　　七、青年红色筑梦之旅 …… 134

模块四　劳动精神、劳模精神和工匠精神 / 142

第一部分　劳动精神 …… 144
　　一、我国劳动精神的形成与发展 …… 144
　　二、新时代劳动精神的内涵 …… 146
　　三、弘扬和践行劳动精神 …… 154

第二部分　劳模精神 …… 158

　　　　　一、劳动模范和劳模精神 160
　　　　　二、劳模精神的内涵 161
　　　　　三、弘扬劳模精神 168
　　第三部分　工匠精神 175
　　　　　一、工匠精神的概念 177
　　　　　二、工匠精神的内涵 177
　　　　　三、工匠精神的培育与践行 184

模块五　劳动保护与权益 / 195

　　第一部分　劳动保护 197
　　　　　一、劳动安全 197
　　　　　二、劳动卫生 204
　　　　　三、未成年人保护 207
　　　　　四、女工保护 208
　　第二部分　劳动法律法规体系 208
　　　　　一、劳动法律制度 209
　　　　　二、劳动法律法规简介 213
　　第三部分　大学生兼职、实习劳动权益 220
　　　　　一、大学生兼职劳动权益 220
　　　　　二、大学生实习劳动权益 222
　　第四部分　大学生劳动权益 225
　　　　　一、大学生就业的基本权益 226
　　　　　二、就业协议 227
　　　　　三、劳动合同 229
　　　　　四、大学生就业中的维权 237

参考文献 / 247

模块一　劳动观念与劳动教育

劳动导语

教育部印发的《大中小学劳动教育指导纲要（试行）》指出：劳动教育是新时代党对教育的新要求，是中国特色社会主义教育制度的重要内容，是全面发展教育体系的重要组成部分，是大中小学必须开展的教育活动。

劳动教育是大学生成长、成才的重要教育形式，是学校教育的组成部分，更是新时代经济社会发展的客观需求。因此，以高校为主要依托，从理论层面和实践层面多种途径开展劳动教育是培养学生劳动素养的重要途径。

扫码看视频

劳动教育是学生德智体美劳全面发展的主要内容之一。新时期，如何从为党育人、为国育才的战略高度理解和认识劳动教育？如何以劳动教育为抓手搞好"五育"融合？今天《育见》两会特别节目《两会会客厅》邀请全国政协委员、中国社会科学院大学校长张政文，让我们听嘉宾分析如何推进劳动教育与"四育"有效融合。

扫码看视频，全国政协委员张政文：让劳动教育成为"五育"的"筋骨"

（视频来源：中国教育电视台）

学习进行时

习近平谈劳动

2022年3月30日上午，中共中央总书记、国家主席、中央军委主席习近平参加了首都义务植树活动。习近平一边劳动，一边询问孩子们学习生活情况，叮嘱他们要德智体美劳全面发展，不能忽视"劳"的作用，要从小培养劳动意识、环保意识、节约意识，勿以善小而不为，从一点一滴做起，努力成长为党和人民需要的有用之才。

（资料来源：新华社）

扫码看视频，习近平谈劳动的价值

（资料来源：人民网；图片来源：新华网）

第一部分　劳动和劳动价值观

案例阅读

从小泥匠到人大代表

邹彬（见图 1-1）初中没上完就辍学在家。18 岁时，邹彬的父亲给他一把砌刀，让他学做泥瓦匠。从此，邹彬跟着父亲在建筑工地打工，每天和灰浆、担泥沙、挑砖头、砌砖墙……

图 1-1　全国人大代表邹彬

砌墙时，邹彬从不偷懒，而且特别喜欢钻研，他砌出的墙体砂浆饱满度、灰缝垂直度都几近完美，这种"匠人精神"让工友们称赞他是在搞艺术。邹彬就这样日复一日、年复一年地对自己严格要求，把每一堵墙都砌得横平竖直。2014 年，在中建五局工会组织的"超英杯"劳动技能竞赛中，邹彬凭借过硬的技术在众多优秀劳动者中脱颖而出。同年 7 月，他代表中建集团参加第 43 届世界技能大赛中国选拔赛，以第一名的成绩进入国家集训队，并赢得了第 43 届世界技能大赛唯一一个中国参赛名额，最终获得优胜奖，实现中国在砌筑组零的突破。载誉归来，邹彬被提拔为项目质量管理员，进入管理层。后来他又摘得湖南省"十行状元、百优工匠"桂冠，2018 年 1 月当选为第十三届全国人民代表大会代表，2018 年 6 月当选为湖南省省直工会兼职副主席，成为省直工会最年轻的领导班子成员。

2020 年，邹彬又一次作为人大代表走进了人民大会堂，这已经是他第三次光荣履职全国人大代表。他说："我希望把我的故事告诉更多人，只要肯努力，总能走出困境，一步步实现自己的梦想。"

邹彬做泥瓦匠时，并没有特意追求人生目标，而是兢兢业业地完成本职工作。邹彬在劳动中培养了高尚的劳动品质、端正的劳动态度，而这些品质和态度，使他从劳动者中脱颖而出。邹彬将自己的劳动经历讲述给他人，成为劳动教育的传播者。

（资料来源：2018年3月7日，《工人日报》，有改动）

2020年7月7日教育部印发的《大中小学劳动教育指导纲要（试行）》中明确规定，使学生树立正确的劳动观念。正确理解劳动是人类发展和社会进步的根本力量，认识劳动创造人、劳动创造价值、创造财富、创造美好生活的道理，尊重劳动，尊重普通劳动者，牢固树立劳动最光荣、劳动最崇高、劳动最伟大、劳动最美丽的思想观念。

一、劳动

（一）劳动的内涵

1. 劳动是人类社会最普遍的活动

要生产某件产品，例如衣服，就需要进行特定种类的生产活动。这种生产活动尽管是最为常见的也是较为简单的活动，但却包含了劳动的本质规定和全部要素。一般而言，生产活动涉及生产的目的、操作方式、操作对象、操作手段和操作结果，我们通常称之为劳动。

2. 劳动的本质

马克思认为：劳动是物质生产活动，是人和自然之间的物质变换过程，是一种自由的、自觉的活动，是现实的人改造客观世界的活动。马克思从现实和理想两个层面揭示了劳动的内涵。

从现实的操作层面看，劳动是实现人和自然之间物质变换的物质性活动。"劳动作为使用价值的创造者，作为有用劳动，是不以一切社会形式为转移的人类生存条件，是人和自然之间的物质变换，即人类生活得以实现的永恒的自然必然性。"

从理想层面看，马克思提出劳动是一种自由的、自觉的活动，是以异化劳动为对立面并以克服异化劳动为目标的。在资本主义社会，劳动的异化使生产劳动不再是自由自觉的活动，劳动者"在自己的劳动中不是肯定自己，而是否定自己，不是感到幸福，而是感到不幸，不是自由地发挥自己的体力和智力，而是使自己的肉体受折磨、精神遭摧残"。

劳动具有四个要素，即手、脑、劳动工具和面对真实社会现象，同时具备这四个要素才称得上真正的劳动。综上所述，可以把劳动定义为：在一定的社会关系中，人类实现人和自然间的物质变换，以满足人类需要的有目的的创造物质财富和精神财富的社会实践活动。

劳动教育中所说的劳动包括所有以获得劳动产品为目的的活动，但更侧重于需要较多体力参与的生产和生活劳动，原因如下。

（1）以脑力劳动为主的职业在当今社会中的比重越来越大，人们长期处于紧张的脑力劳动中，忽视了体力劳动。

（2）自动化机器取代了越来越多的体力劳动，人们动手的机会越来越少，弱化了动手能力。

（3）社会发展与经济水平的提升加速了城镇化建设进程，人们离劳动环境越来越远，导致各种不良习惯甚至疾病出现，需要通过劳动提升全民身体素质。

【课堂活动】

请问电子竞技是劳动吗？大学生学习是劳动吗？

（二）劳动的分类

劳动方式是指劳动者参加生产时所采取的劳动组织形式，包括劳动组织之间及内部的分工协作形式。一般来说，劳动有以下六种分类方式。

1. 生产劳动与非生产劳动

在《政治经济学批判》中，马克思结合社会生产关系，将劳动划分为生产劳动和非生产劳动两种形态。生产劳动是"生产商品、生产物质产品的劳动"；在非生产劳动中，"劳动不是作为物，而是作为活动提供服务的"，或者说"劳动都是作为服务被购买的"。

《中共中央 国务院关于全面加强新时代大中小学劳动教育的意见》（以下简称《意见》）将劳动分为生产劳动和非生产劳动，又将非生产劳动分为日常生活劳动和服务劳动。生产劳动是指工农业生产活动，日常生活劳动是指个人日常生活中的劳动，服务劳动是劳动者利用知识、技能、工具、设备等为他人和社会提供服务的劳动。

2. 体力劳动与脑力劳动

体力劳动是指劳动者以自己的身体运动系统为主要运动器官而作用于劳动对象的劳动，以消耗体力而改变劳动对象形式为基本特征；脑力劳动则是指以脑力的消耗为主的劳动。实际上，任何劳动活动都包含体力消耗和脑力消耗两个方面。

3. 具体劳动与抽象劳动

商品是使用价值和价值的统一体，拥有不同形式的具体劳动主要决定使用价值，而凝结在商品中的一般的、无差别的抽象劳动则是形成商品价值的唯一源泉。由此，价值是凝结在商品中的抽象劳动，抽象劳动的价值成为商品价值的一般尺度，而劳动的自然尺度是劳动时间，因而可以用抽象劳动时间衡量商品的价值。

虽然当代社会的劳动形态已经发生了巨大变化，但是"劳动是创造社会财富的重要源泉"仍然是颠扑不破的真理。

4. 简单劳动与复杂劳动

简单劳动表示的是在一定社会条件下，不必经过特别训练，每个正常的劳动者都能从事的劳动。复杂劳动则是指需要经过专门训练，具有一定技术专长的劳动者才能从事的劳动。

简单劳动和复杂劳动的区分是相对的，主要是由社会分工和科技发展水平的差别及其在生产中的应用程度决定的。随着科学技术的进步和文化教育水平的提高，过去的复杂劳动可以转变为现在的简单劳动。

当然，不论在任何经济发展阶段，都会存在复杂劳动与简单劳动的区分。在以信息化和自动化为特征的现代生产中，从事体力劳动的直接生产工人的比重大大减少，而从事脑力劳动的科技人员和管理人员的比重大大增加。于是，复杂劳动在劳动中所占的比重不断增大，复杂劳动所创造的价值在社会总价值中的比重也不断增大。

5. 必要劳动与剩余劳动

所谓必要劳动，是指劳动者为维持和再生产劳动力所必须的劳动。通俗地讲，就是劳动者为了维持自己和家庭的生活所必须付出的那一部分劳动。在必要劳动中所花费的时间就是必要劳动时间。

剩余劳动与必要劳动相对应，是指超过维持劳动力生产和再生产需要的劳动，亦即生产剩余产品所消耗的劳动。在私有制社会中即为剥削者所占有的劳动。剩余劳动时间是一个哲学词汇，指的是劳动者的劳动时间中用于生产维持劳动者自身及其家庭生活所必需的生活资料的时间以外的部分。剩余劳动时间内的劳动为剩余劳动，生产剩余价值被资本家榨取，这是剩余价值的来源。

在当前阶段，劳动还是人们谋生的手段，劳动报酬的增长就不只是限于劳动者的劳动贡献，还应该包含体现谋生要求的内容，谋生的范围就是必要劳动的范围。随着社会的进步、文化的发展，劳动者的必要劳动范围也应扩大，相应的劳动报酬就有增长的趋势。

6. 常规劳动与创新劳动

创新劳动是相对于常规劳动而言能做出创新的劳动。常规劳动是已存在的劳动形式，具有可模仿性和重复性，已得到较好的普及及推广。创新劳动是指通过发现和运用新的知识、发明和采用新的技术和方法、创建和采取新的组织形式等能够做出创新性成果（包括知识创新、技术创新、制度创新以及其他方面的创新）的劳动。

时代不同，经济社会需要的劳动也不同。古代生产水平低下，劳动较为简单，体力劳动比较适合当时的经济社会发展状况；现代科技发达，生产工艺复杂，则更需要技术性劳动、智力性劳动、创业性劳动、创造性劳动、原创性劳动、团队协作劳动，也更需要艰苦奋斗精神、劳模精神和工匠精神。

【课堂活动】

在当代社会，为何需要继续强调"劳动创造社会财富"是一个公理？

（三）数字经济下的劳动形态

在全球化和大数据兴起的时代背景下，数字化已经成为不可逆转的大趋势。随着 ICT（信息通信技术）和数字媒体技术的飞速发展，数字劳动成为当今世界和中国经济发展中不可小视的劳动形式。数字劳动主要包括下面三种形式。

1. 互联网专业劳动

互联网专业劳动通常是指由拥有一定技术基础的人员所进行的与技术相关的工作，包括程序编写、网站设计、应用软件开发等，以及非技术性人员进行的管理与日常工作，如后台管理员、网站客服。

2. 无酬数字劳动

无酬数字劳动是与有偿专业劳动相区别，也与其他形式的无酬劳动（家务劳动等）不同的，为数字媒介公司产生利润却得不到报酬的在线用户劳动，如在社交媒体微博等平台上的用户内容生产。

3. 受众劳动和玩乐劳动

受众劳动是基于传播和媒体视角而得到的无酬劳动的一种特殊形式。受众劳动是用户在互联网上阅读、浏览与收听时所进行的消费活动，是媒介生产中的一部分，互联网时代的受众不仅仅是被动的观看者，更是内容的生产者。

玩乐劳动主要指用户为了获取乐趣在网络上进行的一系列具有娱乐性质的活动，如闲聊、网络游戏、音乐欣赏与影视观看等，这些活动也为媒介公司生产了更多的资源和数据。这种形式消解了传统的玩与劳动的对立关系，模糊了娱乐与工作的时空边界。

以数字文化产业为例，这是数字经济时代衍生出的满足人们休闲娱乐需求的典型行业。中国人民大学中国就业研究所发布的《数字文化产业就业研究报告（2022）》显示，数字文化产业中游戏、电竞、直播和网络文学这四个典型领域总就业人数约 3000 万人。以数字文化为主的"宅经济"带动行业在新型冠状病毒肺炎（以下简称新冠病毒肺炎）疫情期间取得了较快的增长，为社会稳定做出了显著贡献。凭借灵活就业和无接触性的优势，直播主播和网文作者成为数字经济时代下众多人才的就业选项，且进一步丰富了自雇、兼职等就业形态。

未来，数字文化产业有望成为推动就业增长的一个非常重要的因素。如图 1-2 所示为数字经济引发的劳动方式变革。

	农业革命	第一次工业革命	第二次工业革命	第三次工业革命	数字变革
	农业经济	工业经济			数字经济
技术进步	农耕技术	蒸汽机技术	电力技术	ICT 技术	数字技术
产业变革	小麦/水稻/棉花	纺织业/钢铁	汽车/化工/电力	计算机/互联网	大数据/人工智能
生产关系变革	人力生产手工作坊	机器生产现代工厂	大规模生产现代化大企业	全球化生产跨国企业	平台化/生态化
劳动方式变革	重复性体力劳动	分散机械化劳动	大规模机械化劳动	替代简单脑力劳动	创意、创造性工作

图 1-2　数字经济引发的劳动方式变革

（四）劳动过程

马克思在《资本论》中指出，"劳动过程的简单要素是：有目的的活动或劳动本身，劳动对象和劳动资料。"这表明劳动过程三要素包括劳动者的劳动、劳动对象和劳动资料。

1. 有目的的活动或劳动本身

劳动是有目的的活动，这个目的就是个体在劳动之前在观念中所建构的产品。就具体的劳动而言，不同的劳动，其目的或劳动本身有较大的差异。从有用性的角度来看，劳动的目的则具有共同特征，即生产有用性物品或提供有用性服务。

2. 劳动对象

劳动对象是指在劳动过程中被加工的对象。马克思指出，"所有那些通过劳动只是同土地脱离直接联系的东西，都是天然存在的劳动对象，而已经被以前的劳动可以说滤过的劳动对象，我们称之为原料"。

3. 劳动资料

劳动资料是指人们在劳动过程中使用的工具、手段、途径、方式和方法等。马克思指出，"劳动资料是劳动者置于自己和劳动对象之间、用来把自己的活动传导到劳动对象上去的物或物的综合体。"这表明劳动资料是改造对象的一系列物质工具体系，是衡量生产力发展的测量器，也是劳动借以进行的生产关系的指示器。这实际上是狭义的劳动资料的概念。生产资料是劳动资料和劳动对象的统称。马克思指出，"如果整个过程从其结果的角度，从产品的角度加以考察，那么劳动资料和劳动对象二者表现为生产资料，劳动本身则表现为生产劳动。"

（五）劳动的特征

1. 劳动是一种有目的的活动

马克思曾经说过："蜜蜂建筑蜂房的本领使人间的许多建筑师感到惭愧。但是，最蹩脚的建筑师一开始就比最灵巧的蜜蜂高明的地方，是他在用蜂蜡建筑蜂房以前，已经在自己的头脑中把它建成了。"目的性和计划性把人类劳动同动物本能区别开来。

2. 劳动是物质生产劳动与非物质生产劳动的统一

劳动首先是基本的物质生产劳动，是人与自然之间物质、能量交换的过程。除此之外，劳动也指向人、人与人之间的社会关系、人与社会的关系等，包括精神劳动、处理社会关系的劳动和培养教育子女、再生产社会劳动力的劳动等非物质生产劳动。

3. 劳动具有创造性

人类为了满足自己的生存需要，在无法直接从自然界获取生活资料时，开始自己创造工具去改造自然界，满足需要，这体现出人类劳动的创造性。人类劳动的创造性是从制造工具开始的，并不断制造新的劳动工具，不断开拓新的劳动领域，不断开发新产品。

【课堂活动】

从幼儿园到大学，老师陪伴着你一路走来，你能说出他们付出的劳动的特征吗？

（六）劳动的作用

劳动是人类社会生存和发展的基础，是人类维持自我生存和自我发展的唯一手段。

1. 劳动塑造了人类及人类社会

在人类发展史上，是劳动推动了个人的生活和人类社会的发展。

人的一切观念活动，无论是以个体意识（结果或活动）形式呈现的观念、思想、意识、想象、思维、精神活动，还是以社会意识形式呈现的政治、法律、道德、宗教、哲学等，都是在劳动的基础上产生和发展的。

人民群众用劳动创造了人类历史。马克思认为，物质生产是"一切历史的基本条件"，有了人类的劳动，才有满足人类生存必需的前提，才产生了生活和历史。人民群众不仅是物质财富和精神财富的创造者，而且是变革社会制度、推动历史发展的决定性力量。

劳动使个人能力全面发展；劳动使人获得生活的真谛，从而提升了思想境界，继而促进了社会的发展。

2. 劳动实现了人的自身价值

劳动是一项实践活动，是生命和生活的存在与发展的基础，是理念的获得与实现的途径，是创造人生价值的必由之路，是实现人的解放的必要条件，是精神与物质的获得、生活幸福安康、人生圆满升华的根本之路，是人的进步与完善的不二之法，是人类团结、友爱、互助、和谐、进步的原动力。

人在劳动中发挥出自己的价值，创造出超越自身正常状态的价值，使自己的潜能、价值可能迸发出来，因而人能获得自我和他人的肯定，获得物质和精神上的独立、自强，获得精神的愉悦、解放和自由，获得优越感，使人情与智慧都获得提升与进步，从而实现自我的圆满。

人在劳动中可以切切实实地感受到生活的艰辛、财富的来之不易、民生的疾苦、劳动人民的辛苦等世间的种种辛劳和艰难困苦，从而产生同情心、平等心，感受生命、人生、生活、世界的苦与乐。

人类的劳动对人自身的修炼、学习的进步、工作的成功、家庭的幸福、人与人之间的交流与合作的实现、公共环境与生活的美好与进步、社会的和谐繁荣与进步、国家的昌盛、世界的发达进步、人类的福祉的实现有决定性的意义。

二、劳动价值观

劳动价值观是指人们参与劳动的思想情感动机和在劳动过程中表现出来的价值取向和情感态度。它是人们对劳动选择、劳动评价、劳动价值取向等方面的总体看法，反映了人们对待劳动最基本的信念和态度。

（一）马克思主义劳动价值观

劳动是马克思用以分析人类历史发展的核心范畴之一。人类历史是以人的物质劳动作为载体的历史，劳动在整个人类社会和社会历史的发展中处于关键性地位。

1. 劳动创造世界

马克思认为，构成人类赖以存在的现实世界的关键要素之一正是人的劳动，而且这种劳动并不是抽象层面的劳动，而是现实生活中的人的感性物质劳动，即作为人类实践活动最基本形式的"生产劳动"。劳动是区分人与动物的关键。"当人开始生产自己的生活资料，即迈出由他们的肉体组织所决定的这一步的时候，人本身就开始把自己和动物区别开来。人们生产自己的生活资料，同时间接地生产着自己的物质生活本身。"从这里可以看出，人类的生产劳动都是有意识、有目的的活动，其试图创造出一个可以满足人类生活需要的物质世界。不过马克思历史唯物主义所理解的世界，本身是人类现实生产劳动的结果，而不是与人类的现实生产劳动无关的抽象的外在实体。马克思正式揭示了劳动的社会规定性，并从人与人的社会关系层面来理解和把握劳动。

2. 劳动创造历史

在马克思看来，只有人类的生产劳动才真正构成了人类历史的基础，才是解开人类历史发展秘密的钥匙。他在《资本论》中指出："人们为了能够'创造历史'，必须能够生活。但是为了生活，首先就需要吃喝住穿以及其他一些东西。因此，劳动首先需要保证生产满足这些需要的资料，即生产物质生活本身。"只有立足于生产劳动才能真正理解人类历史的发展，只有劳动人民才是历史的创造者，而人类创造历史的行动蕴含在日常生产劳动之中。由此批判了各种独立于人的生产劳动之外的唯心主义历史观，并将劳动看作建立历史唯物主义的基石，人类历史发展的一切现实性都离不开人的劳动过程。总的来看，在马克思的历史唯物主义中，劳动被看作"一切历史的基本条件"和"人类的第一个历史性活动"，其既是人类历史发展的事实起点，亦是整个历史唯物主义建构的逻辑起点，并由此肯定了人的主体地位，继而发现劳动人民在历史发展中的伟大作用。

3. 劳动创造人本身

马克思深刻指出，劳动不仅创造出人类的物质世界和社会历史，同时也创造了人类自己。"劳动首先是人和自然之间的过程，是人以自身的活动来中介、调整和控制人和自然之间的物质交换的过程。"这是由于为了在对自身生活有用的形式上占有自然物质,人类必须使得其身上的自然力——臂和腿、头和手运动起来,而当人类将这种运动作用于自然并改变自然时,也就同时改变其自身所处的社会生活及人类本身。因此,"劳动是人类生活的第一个基本条件,以致我们在某种意义上不得不说劳动创造了人本身。"对此,恩格斯在《自然辩证法》一书中依据当时的科学研究成果,从人类起源的意义上论证了劳动在从猿到人的转变过程中具有决定性作用。这种决定性作用主要体现在两个方面:不仅在人类的起源意义上,是劳动创造了人本身,而且在人类的进化意义上,也是劳动创造了人本身。人只有通过作为类生活的劳动,"自然界才表现为他的作品和他的现实。因此,劳动的对象是人的类生活的对象化:人不仅像在意识中那样在精神上使自己二重化,而且能动地、现实地使自己二重化,从而在他所创造的世界中直观自身"。

总之,劳动不仅是人的本质规定,更是人类自身生产和再生产的创造过程。

(二)中国特色社会主义劳动价值观

【劳动榜样】

申纪兰:从田间来,又回田间去

庄严肃穆的中央档案馆中,收藏着一份发言记录稿。这篇记录稿所记录的,就是申纪兰在第一届全国人大一次会议上的发言。从偏僻的西沟村到首都北京的几千里路程,来参会的申纪兰整整走了四天四夜。而在履职尽责的路上,申纪兰奋斗了60多年,提交了大量建议和议案,都是以"三农"问题为核心、与农民切身利益息息相关的。

申纪兰出生于1929年12月,山西平顺人。她是第一届到第十三届全国人大代表,是中国人民代表大会制度的见证者。她担任过人大代表,担任过山西省妇联主任,无论是何种身份,她从未脱离群众、脱离人民,她始终植根于农村,植根于生养她的一片土地之中。

1952年开始,申纪兰带领山西平顺县西沟村村民打坝造地五百多亩,解决了全村人的温饱问题,最高时还给国家交过二三十万斤公粮。半个多世纪里,西沟村创造了奇迹,在石头上植树造林两万多亩。

20世纪50年代初,新中国开始了农业合作化运动,西沟村成立了互助生产合作社,22岁的申纪兰担任副社长。为了解决劳动力严重不足的问题,社长李顺达提出"要想打胜仗,男女老少一起上"的口号,党支部把发动妇女参加生产劳动的任务交给了年轻的申纪兰。

申纪兰发现,虽然做的是同一份工,但是男女的酬劳并不相同。男人得10分,妇女只能得5分,有时还得不了5分,她自己就被给过2分。

"要是做不到的,就不争,我们能做到的,就是要公道。"在西沟村党支部的支持下,申纪兰发起男女同工同酬的劳动竞赛,妇女们的劳动热情和积极性空前高涨。西沟村以全国最早实现男女同工同酬被载入史册，男女同工同酬也渐渐在全国推广开来。这一年，24岁的申纪兰也因为争取男女同工同酬获得了社会广泛认可，代表中国妇女参加了在丹麦举行的世界妇女大会。作为一位农村妇女，当选全国人大代表，更是申纪兰做梦都想不到的。后来，"男女同工同酬"被正式写入《中华人民共和国宪法》，成为中国妇女发展史上的里程碑。

1973年到1983年，申纪兰担任了十年山西省妇联主任，她始终遵循着"六不"的约定，即不转户口、不定级别、不领工资、不要住房、不调工作关系、不脱离劳动。当54岁的申纪兰从省妇联主任的岗位上卸任后，她立即回到西沟村，又做起了一个普通农民。申纪兰说："我是农民代表，只有生活在农民中间，才能更了解农民疾苦。"她要和西沟村的乡亲们一起为早日脱贫奔小康的理想继续奋斗。

这些年，申纪兰带领西沟村老百姓搞香菇大棚，培育新型产业，引进漳泽光伏发电，发展绿色生态旅游。2018年12月，申纪兰被授予"改革先锋"称号，获颁改革先锋奖章。2019年9月，申纪兰被授予"共和国勋章"。

2020年6月28日，申纪兰因病在长治市逝世，享年91岁。"丧事从简。""'共和国勋章'获得者的相关补贴、费用，上交党费。"弥留之际，这位老人向身边工作人员交待的遗愿只有这两条。2020年6月30日的遗体告别仪式上，吊唁大厅两侧的挽联道尽了她的一生——奋斗一生初心不改满目青山化丰碑，国家功勋纪兰精神一世英名贯长虹。

（资料来源：党史学习教育网）

1. 中国特色社会主义劳动价值观回顾

党和国家历代领导人的劳动价值观分析如下。

1）毛泽东的劳动价值观

新中国成立以后，中国社会主义事业处于大力建设的阶段，毛泽东在马克思主义劳动价值观的指导下，强调教育不能脱离实际，必须与生产劳动相结合，对中国社会主义事业的开创和建设起到了推动和促进作用。为贯彻这一方针，社会大力推动勤工俭学，开展半工半读，促使教育与生产劳动相结合、理论与实践相结合。广大青年学生和工农结合，积极参加生产劳动，不仅学到了书本上的知识，还将知识应用到实际生产生活中，既增长了知识，又进行了锻炼。

2）邓小平的劳动价值观

基于中国改革开放以来社会主义建设新实践，邓小平在继承马克思主义和毛泽东劳动价值观的基础上，提出科学技术是第一生产力、尊重知识和尊重人才的劳动思想，强调科学技术在社会发展中的重要作用。邓小平认为，科学技术不仅是生产力，而且应该是第一生产力，不论脑力劳动还是体力劳动，都是劳动，从事脑力劳动的人也是劳动者，脑力劳动和体力劳动不能分割。国家需要提高知识分子的劳动待遇，改善其工作环境，只有尊重知识、尊重人才，大力发展生产力，才能消除两极分化，最终实现共同富裕。

3）江泽民的劳动价值观

随着知识经济时代和信息化时代的到来，江泽民在继承马克思主义、毛泽东和邓小平劳动价值观的基础上，提出尊重劳动、尊重知识、尊重人才、尊重创造的"四个尊重"劳动思想。尊重和保护一切有益于人民和社会的劳动，才利于调动劳动者的积极性，才利于增强全社会的创造活力。江泽民认为，"象牙塔"式的教育不能适应时代的需要，教育同经济、科技、社会实践的结合越来越紧密，应该通过教育与社会实践的结合，使学生树立正确的劳动观念，养成良好的劳动习惯，成为德智体美全面发展的社会主义建设者和接班人。

4）胡锦涛的劳动价值观

21世纪，随着我国改革开放的深入以及经济的迅速发展，在继承马克思主义、毛泽东、邓小平和江泽民劳动价值观的基础上，胡锦涛将"以辛勤劳动为荣，以好逸恶劳为耻"列入社会主义荣辱观，引导人们树立劳动光荣的观念，大力提倡辛勤劳动是一种社会美德。胡锦涛进一步强调，在我国，一定要在全社会大力培育和弘扬劳动光荣、知识崇高、人才宝贵、创造伟大的时代新风，让全体人民，特别是广大青少年懂得并践行劳动最光荣、劳动者最伟大的真理。

5）习近平的劳动价值观

党的十八大以来，在充分继承马克思主义劳动理论和中华优秀传统文化的基础上，立足新时代中国社会经济发展的客观实际和当代劳动的新特点，习近平就劳动问题做出一系列重要论述，推动了马克思主义劳动价值观在中国的实践与发展。

第一，劳动是财富和幸福的源泉。劳动创造了历史，中华民族正是在辛勤劳动中铸就了灿烂辉煌的文明。2012年，习近平指出："人世间的一切幸福都需要靠辛勤的劳动来创造。"2015年，他又指出："全面建成小康社会，进而建成富强民主文明和谐的社会主义现代化国家，根本上靠劳动、靠劳动者创造。"从"铁人精神"到"红旗渠精神"，再到"载人航天精神""抗疫精神"，正是劳动者艰苦奋斗、抓铁有痕地实干，才有了今天的辉煌成就。

进入信息化时代，人工智能进一步发展，科学技术的进步增强了人改造自然、创造财富的能力，但也可能使劳动者丧失劳动自主性与创造性。习近平在新时代深刻阐释了劳动推动人类文明进步的重要意义，充分肯定了劳动创造价值，保障劳动者的地位和权利。习近平认为，人类是劳动创造的，社会是劳动创造的，劳动没有高低贵贱之分，无论是体力劳动还是脑力劳动，都是光荣的，都值得尊重和鼓励。习近平号召全国各族人民必须牢固树立劳动最光荣、劳动最崇高、劳动最伟大、劳动最美丽的观念，让全体人民进一步焕发劳动热情、释放创造潜能，通过劳动创造更加美好的生活。

第二，最大限度关心和造福劳动者。历史反复证明，人民群众是历史发展和社会进步的主体力量，是先进生产力和先进文化的创造主体。习近平始终坚持历史唯物主义，充分肯定劳动人民在社会历史发展中的地位，他明确指出："实现我们的奋斗目标，开创我们的美好未来，必须紧紧依靠人民、始终为了人民。"因此，社会主义改革和社会主义现代化建设要始终依靠人民，广大人民群众要共享社会发展成果，最终实现共同富裕。

当前是经济社会发展的转型期，也是劳动关系矛盾和社会问题的多发期，需要高度重视和妥善处理好劳动关系。习近平强调："要坚持把实现好、维护好、发展好最广大人民根本利益作为一切工作的出发点和落脚点。"习近平明确提出"党和国家要实施积极的就业政策"，"要建立健全党和政府主导的维护群众权益机制"，"排除阻碍劳动者参与发展、分享发展成果的障碍，努力让劳动者实现体面劳动、全面发展"。

正是在这一思想指引下，以习近平同志为核心的党中央坚持以人民群众为中心的发展思想，高度重视人民群众的生活条件和劳动环境，采取一系列措施解决人民生产、生活的难题，最大限度关心和爱护劳动者。

第三，建设知识型、技能型、创新型劳动者大军。当前，新一轮产业革命席卷全球，技术、管理、知识等要素在劳动创造价值过程中的作用比以往任何时候都更加突出。习近平在多个场合多次强调劳动的创新性、创造性，高度重视科学技术的力量，提倡创新精神，呼吁劳动中的创新意识，并适时提出创新驱动发展战略。尤其是随着新发展理念的激荡、社会分工的细化、供给侧结构性改革的持续推进，对劳动者的素质提出了更高的要求。"建设知识型、技能型、创新型劳动者大军"的重要观点科学准确地把握了当代劳动的特点，指出科技、知识、创新与劳动紧密联系，更强调科技、知识和创新在提高劳动生产率中的作用。习近平强调，"当代工人不仅要有力量，还要有智慧、有技术，能发明、会创新"。

因此，培养知识型、技术型、创新型的人才，激发劳动者创新活力和创造潜能，是当代劳动发展的取向，是顺应国家经济转型和社会发展对劳动者的新需求，也是劳动力从"数量型"向"质量型"转型的必由之路。

第四，弘扬新时代劳模精神。习近平对劳动模范的肯定和崇尚，使劳模文化成为社会主义现代化建设的强大精神动力。习近平强调，劳动模范是民族的精英、人民的楷模，他们以平凡的劳动创造了不平凡的业绩。从"宁肯少活二十年，拼命也要拿下大油田"的"铁人"王进喜到摘取科学皇冠明珠的陈景润，再到新时期技术型工人包起帆、许振超等，他们以劳模精神鼓舞着一代代中国人奋发有为，为社会主义现代化建设贡献应有的力量。

尊敬劳模、学习劳模，首先要关爱劳模。以习近平同志为核心的党中央高度重视劳模、关心爱护劳模，并推出了一系列措施，包括中央财政设立的全国劳模专项补助资金；加大劳模休养工作力度；各省市不同程度实现劳模帮扶全覆盖等。这些举措及时解决了劳模生产生活中的问题，让他们更好地发挥骨干带头作用。

2. 新时代的劳动价值观

新时代的劳动价值观是对马克思辩证唯物主义和历史唯物主义的世界观、方法论的传承和发展，也是基于马克思劳动价值论学说形成的对劳动的本质、目的、意义、态度等的根本看法和根本观点。一方面，新时代的劳动价值观体现了劳动者坚信通过个人的辛勤劳动与付出，在生产出可以满足自身需求的物质产品和精神产品的同时，还可以实现满足他人对物质产品与精神产品需求的一种自我价值评价；另一方面，新时代的劳动价值观体现为社会对劳动者个人的劳动付出与劳动贡献的多少、大小、好坏等的一种价值评价，其目的是引导和鼓励全社会形成一种劳动光荣、劳动崇高、劳动至上、劳动伟大的社会风气，进而推动社会的发展和人类的进步。

1）劳动最光荣、劳动最崇高、劳动最伟大、劳动最美丽

首先，劳动最光荣是新时代劳动价值观的价值评判，确立了劳动对于每个人来说都是无上光荣的活动的全新观念。其次，劳动最崇高是新时代劳动价值观的目标追求。劳动的崇高性在于，中华民族自古以来就以勤劳勇敢为美德，以勤劳和奋斗为民族精神之魂。再次，劳动最伟大是新时代劳动价值观的核心内容。劳动是一切财富和价值的源泉，也推动了人类社会不断向前发展。最后，劳动最美丽是新时代劳动价值观的审美准则。

2）人民创造历史，劳动开创未来

从个人角度来看，劳动是人类谋生的基础性手段，劳动创造的个人财富能够让个人的生活更具有幸福感。从社会整体角度来看，人类社会的一切物质和精神财富都是劳动创造出来的。

3）劳动是财富的源泉，也是幸福的源泉

首先，劳动实现人世间的美好梦想。没有劳动，不通过劳动来创造美好的事物，美好梦想的实现就无从谈起。其次，发展中的各种难题，只有通过劳动才能破解。在社会快速发展的历史进程中出现了一些难题，需要依靠诚实劳动解决。再次，生命里的一切辉煌，只有通过劳动才能铸就。社会主义建设时期涌现出来的一大批劳动模范，以及那些在各行各业取得骄人成绩的人们，无不是通过自己的劳动来实现人生价值的。

4）辛勤劳动、诚实劳动、创造性劳动

辛勤劳动就是要有"苦干"精神。只有脚踏实地地辛勤劳动，个人的辉煌和民族的复兴才能真正地实现。诚实劳动要求每个人在劳动的过程中以诚为先，以诚为重，坚决反对投机取巧，坚决反对瞒骗欺诈，始终坚持诚实守信的劳动原则。创造性劳动是要从提升劳动效率出发，在劳动过程中发挥每个人的聪明才智，创新劳动技术、劳动过程、劳动组织方式等，由此实现劳动个体的自我价值和人生价值。

【课堂活动】

"君子劳心，小人劳力。""劳心者治人，劳力者治于人。"这些话是什么意思？它们反映了什么样的劳动观念？你认同吗？

第二部分 劳动教育

劳动教育是使学生树立正确的劳动观点和劳动态度，热爱劳动和劳动人民，养成劳动习惯的教育，是构建德智体美劳全面培养的教育体系的主要内容之一。

一、劳动教育的性质和基本理念

案例阅读

当代大学生的社会劳动

3月5日是全国"学雷锋纪念日",也是"中国青年志愿者服务日"。2022年3月5日,某学院组织了一系列青年志愿者活动,弘扬雷锋精神,集聚社会正能量,积极践行社会主义核心价值观。

其中,机械工程系以义务清洁公交站牌、过街天桥及校园环境的活动拉开了学习雷锋活动的序幕。这些劳动是该系对学生进行社会主义核心价值观教育的重要载体,也是推进学雷锋行动常态化的重要举措。学生们三个一群,五个一伙,有的在街头清理公交站牌上的小广告,有的走进绿化带,将烟头、纸屑、烂布块和塑料袋等垃圾清理到随身携带的垃圾袋中。

电气及自动化系的学生们则按照事先分工,为老年人居多的居民小区清理宣传栏、捡拾杂物垃圾、关闭滴水的水龙头等。学生们还自发擦洗小区内公共区域的玻璃,打扫卫生死角,清理道路两边的落叶以及垃圾等。学生们的行动感染了周围的人们,大家纷纷加入进来,为美化小区尽一份力。

学生们这样评价参与雷锋日活动:"谁说只有用钱财才可以做公益,我们作为21世纪的新生力量,同样可以用我们无私奉献、不怕吃苦的信念去完成精神上的公益事业。"

大学生能够积极主动地参加社会性公益劳动,不仅能提高对劳动的认识,更能树立正确的价值观、人生观,同时还能给社会带来良好风气,形成一股股正能量,带动全民参与到劳动中。

(资料来源:湖北理工学院校园网,有改动)

(一)劳动教育的性质

劳动是创造物质财富和精神财富的过程,是人类特有的基本社会实践活动。劳动教育是发挥劳动的育人功能,对学生进行热爱劳动、热爱劳动人民的教育活动。当前实施劳动教育的重点是在系统的文化知识学习之外,有目的、有计划地组织学生参加日常生活劳动、生产劳动和服务劳动,让学生动手实践、出力流汗、接受锻炼、磨炼意志,培养学生正确的劳动价值观和良好的劳动品质。

劳动教育是新时代党对教育的新要求,是中国特色社会主义教育制度的重要内容,是全面发展教育体系的重要组成部分,是大中小学必须开展的教育活动。它具有鲜明的思想性,必须将马克思主义劳动观贯彻始终,强调劳动是一切财富、价值的源泉,劳动者是国家的主人,一切劳动和劳动者都应该得到鼓励和尊重;倡导通过诚实劳动创造美好生活,实现人生梦想,反对一切不劳而获、崇尚暴富、贪图享乐的错误思想。它具有突出的社会性，必须加强学校教育与社会生活、生产实践的直接联系，发挥劳动在个人与社会之间的纽带作用，引导学生认识社会，增强社会责任感；同时注重让学生学会分工合作，体会社会主义社会平等、和谐的新型劳动关系。它具有显著的实践性，必须面向真实的生活世界和职业世界，引导学生以动手实践为主要方式，在认识世界的基础上，获得有积极意义的价值体验，学会建设世界、塑造自己，实现树德、增智、强体、育美的目的。

（二）劳动教育的基本理念

劳动教育的基本理念如下。

（1）强化劳动观念，弘扬劳动精神。将劳动观念和劳动精神教育贯穿人才培养全过程，贯穿家庭、学校、社会各方面。注重让学生在学习和掌握基本劳动知识技能的过程中，领悟劳动的意义价值，形成勤俭、奋斗、创新、奉献的劳动精神。

（2）强调身心参与，注重手脑并用。把握劳动教育的根本特征，让学生面对真实的个人生活、生产和社会性服务任务情境，亲历实际的劳动过程，善于观察思考，注重运用所学知识解决实际问题，提高劳动质量和效率。

（3）继承优良传统，彰显时代特征。在充分发挥传统劳动、传统工艺项目育人功能的同时，紧跟科技发展和产业变革，准确把握新时代劳动工具、劳动技术、劳动形态的新变化，创新劳动教育内容、途径、方式，增强劳动教育的时代性。

（4）发挥主体作用，激发创新创造。关注学生劳动过程中的体验和感悟，引导学生感受劳动的艰辛和收获的快乐，增强获得感、成就感、荣誉感。鼓励学生在学习和借鉴他人丰富经验、技艺的基础上，尝试新方法、探索新技术，打破僵化思维方式，推陈出新。

【课堂活动】

2020年9月15日，外卖小哥按照订单将点餐送到某大学，给同学打电话，同学没接。外卖小哥遂上报系统"联系不上顾客"，然后去送了下一单。八分钟后，同学给外卖小哥回了电话，让他马上回去，把餐送到楼下。

外卖小哥说疫情管控不能入校，约定在学校门口取餐。谁知同学拿完餐后，给外卖小哥发了一条短信，辱骂他是"底层猪"。

请问：你怎么评价这位大学生？这个案例对高校劳动教育有什么启示？

二、劳动教育的目标和内容

案例阅读

广州成立职业教育 AI 产教融合中心

2021年年初，广州市成立了职业教育 AI 产教融合中心。该中心采取广州市某技术职业学校、深圳市某科技有限公司、广州市某教育馆、广州市某教育学会四方合作的方式，充分利用校、企、馆、会的优势。

　　该中心是广州市首个职业教育 AI 产教融合中心，中心搭建了人工智能创新平台，其宗旨是推进广州人工智能产业及教育发展。之所以采取四方合作的形式，看重的是学校能够提供"人工智能+X"复合型技能人才；科技公司可以提供充足的研发平台和研发资金；教育馆能够为师资队伍进行业务培训并提供支持和指导；教育学会则可以作为沟通交流的桥梁，通过多方衔接，在政策性、技术性和可行性上给予产教融合中心充分保障。未来，该中心将以成为区域示范产教融合中心为目标，打造产教融合新标杆。

　　广州市某技术职业学校软件与信息服务专业带头人冯某表示，"我们聚焦人工智能的应用，培养出来的学生具有实操能力，毕业后深受用人单位欢迎。通过与产教融合中心的合作，学生还有机会进入合作公司实习。"

　　产教融合是新时代党和国家对劳动教育要求下的一种比较有效的教育模式，无论是对于职业院校，还是对于普通高等学校，产教融合的教育模式都能使学生更加了解劳动的意义，更加积极地参与劳动，也能为学生以后进入社会打下基础。

（资料来源：2021 年 1 月 13 日，《广州日报》，有改动）

　　《意见》提出劳动教育的总体目标是：通过劳动教育，使学生能够理解和形成劳动观，牢固树立劳动最光荣、劳动最崇高、劳动最伟大、劳动最美丽的观念；体会劳动创造美好生活，体认劳动不分贵贱，热爱劳动，尊重劳动者，培养勤俭、奋斗、创新、奉献的劳动精神；具备满足生存发展需要的基本劳动能力，形成良好劳动习惯。

　　《意见》提出将劳动教育纳入学生必修课程、将劳动素养纳入综合素质评价体系等若干重要举措。职业教育作为一种教育类型，《意见》为其全面构建新时代职业院校劳动教育体系奠定了制度基础。

　　（1）社会劳动教育目标是国民教育体系的重要内容，是学生成长的必要途径，具有树德、增智、强体、育美的综合育人价值。

　　（2）实施劳动教育重点是在系统的文化知识学习之外，有目的、有计划地组织学生参加日常生活劳动、生产劳动和服务劳动，让学生动手实践、出力流汗、接受锻炼、磨炼意志，培养学生正确的劳动价值观和良好的劳动品质。

　　（3）通过劳动教育，使学生能够理解和形成马克思主义劳动观，牢固树立劳动最光荣、劳动最崇高、劳动最伟大、劳动最美丽的观念；体会劳动创造美好生活，体认劳动不分贵贱，热爱劳动，尊重普通劳动者，培养勤俭、奋斗、创新、奉献的劳动精神；具备满足生存发展需要的基本劳动能力，形成良好劳动习惯。

　　（4）使学生树立正确的劳动观点，使他们懂得劳动的伟大意义。

　　（5）了解人类的历史首先是生产发展的历史，是劳动人民创造的历史；懂得辛勤的劳动是建设社会主义和共产主义的根本保证；劳动是公民的神圣义务和权利；懂得轻视体力劳动和体力劳动者，是数千年来剥削阶级思想残余；懂得把脑力劳动同体力劳动相结合的重要意义。

（6）学习是学生的主要劳动，教育学生从小勤奋学习，将来担负起艰巨的建设任务。并教育学生正确对待升学、就业和分配。

【课堂活动】

> 部分年轻人奉行享乐主义且物质主义膨胀，自己不爱劳动也轻视劳动，尤其瞧不起服务行业的劳动者。这部分年轻人认为有钱就有地位，用钱就可任意买劳动、买服务。而一些素质较好的年轻人则明白每一份合法工作都有其存在的社会意义，并懂得如何尊重并感谢贡献体力劳动的人。请谈谈你的看法。

三、劳动教育的途径和评价

（一）劳动教育途径

要将劳动教育纳入人才培养全过程，丰富、拓展劳动教育实施途径。

1. 设立劳动教育必修课程

在学校开设劳动专题教育必修课，主要围绕劳动精神、劳模精神、工匠精神、劳动组织、劳动安全和劳动法规等方面设计课程。

2. 在学科专业中有机渗透劳动教育

学校要将劳动教育全面融入公共基础课，要强化马克思主义劳动观、劳动安全、劳动法规教育。在进行职业劳动知识技能教学的同时，注重培养学生"干一行爱一行"的敬业精神和吃苦耐劳、团结合作、严谨细致的工作态度。

3. 在课外、校外活动中安排劳动实践

将劳动教育与学生的个人生活、校园生活和社会生活有机结合起来，丰富劳动体验，提高劳动能力，深化对劳动价值的理解。

每学年设立劳动周，安排在学年内或寒暑假，以集体劳动为主，由学校组织实施，采用专题讲座、主题演讲、劳动技能竞赛、劳动成果展示、劳动项目实践等形式进行。也可安排劳动月，集中落实各学年劳动周要求。

4. 在校园文化建设中强化劳动文化

学校要将劳动习惯、劳动品质的养成教育融入校园文化建设之中。要通过制定劳动公约、每日劳动常规、学期劳动任务单，采取与劳动教育有关的兴趣小组、社团等组织形式，结合植树节、学雷锋纪念日、五一劳动节、农民丰收节、志愿者日等，开展丰富的劳动主题教育活动，营造"劳动光荣、创造伟大"的校园文化。

举办"劳模大讲堂""大国工匠进校园""优秀毕业生报告会"等劳动榜样进校园活动，

组织劳动技能和劳动成果展示，综合运用讲座、宣传栏、新媒体等，广泛宣传劳动榜样人物事迹，特别是身边的普通劳动者事迹，让师生在校园里近距离接触劳动模范，聆听劳模故事，观摩精湛技艺，感受并领悟勤勉敬业的劳动精神，争做新时代的奋斗者。

（二）劳动教育评价

学校要将劳动素养纳入学生综合素质评价体系。以劳动教育目标、内容要求为依据，将过程性评价和结果性评价结合起来，健全和完善学生劳动素养评价标准、程序和方法，鼓励、支持各地利用大数据、云平台、物联网等现代信息技术手段，开展如下劳动教育过程监测与纪实评价，发挥评价的育人导向和反馈改进功能。

1. 平时表现评价

要在平时劳动教育实践活动中及时进行评价，以评价促进学生发展。要覆盖各类型劳动教育活动，明确学年劳动实践类型、次数、时间等考核要求。关注学生在劳动教育活动中的实际表现，注重从行为表现中分析把握劳动观念形成情况。以自我评价为主，辅以教师、同伴、家长、服务对象、用人单位等他评方式，指导学生进行反思改进。要指导学生如实记录劳动教育活动情况，收集整理相关制品、作品等，选择代表性的写实记录，纳入综合素质档案，作为学生学年评优评先的重要参考。

2. 学段综合评价

学段结束时，要依据学段目标和内容，结合综合素质档案分析，兼顾必修课学习和课外劳动实践，对劳动观念、劳动能力、劳动精神、劳动习惯和品质等劳动素养发展状况进行综合评定。建立诚信机制，实行写实记录抽查制度，对弄虚作假者在评优评先方面一票否决，性质严重的应依法依规严肃处理。开展志愿者星级认证。将考核结果作为毕业依据之一。推动将学段综合评价结果作为学生升学、就业的重要参考。

3. 开展学生劳动素养监测

将学生劳动素养监测纳入教学质量评估。可委托有关专业机构，定期组织开展学生劳动素养状况调查，注重学生劳动观念、劳动能力、劳动精神、劳动习惯和品质等的监测。发挥监测结果的示范引导、反馈改进等功能。

四、学校劳动教育的规划与实施

（一）整体规划劳动教育

学校是劳动教育的实施主体，应根据国家相关规定，结合当地和本校实际情况，对劳动教育进行整体设计、系统规划，形成劳动教育总体实施方案。方案要明确劳动教育目标内容、课时安排、主要劳动实践活动安排、劳动教育过程组织与指导及考核评价办法等。

同时要基于学生的年段特征、阶段性教育要求，研究制定"学校学年（或学期）劳动教育计划"，对学年、学期劳动教育实践活动做出具体安排，特别是规划好劳动周等集中劳动，细化有关要求，使总体实施方案和学年（或学期）活动计划相互配套、衔接，形成可持续开展的劳动教育实施方案。

学校在规划劳动教育时要注意处理以下几个关系。

1. 理论学习和实践锻炼的关系

理论学习和实践锻炼都是劳动教育的必要内容。理论学习重在让学生理解和掌握"劳动创造了人本身""劳动创造世界"等历史唯物主义基本理论主张以及劳动相关法律、法规、政策，作为行动的指南。实践锻炼重在将所学知识转化为真正有用的实际本领，形成良好的劳动习惯，弘扬劳动精神。规划劳动教育时，要两者兼顾，坚持以实践锻炼为主，切实保证每一位学生都有必要的劳动实践经历，不能只是口头上喊劳动、课堂上讲劳动。要通过学生实践前的计划构想、实践中的观察思考和实践后的反思交流，加深其对有关思想理论、法规政策的理解，实现理论学习和实践锻炼的统一。

2. 劳动教育与其他教育活动的关系

在开足专门劳动教育必修课的同时，职业院校、普通高等学校劳动教育中学生生产劳动和服务劳动可以通过专业实习、实训、创新创业等实践环节完成，日常生活劳动可以通过学生管理落实。

3. 劳动的传统形态与新形态的关系

要将日常生活劳动教育贯穿大中小学始终。在安排生产劳动和服务劳动项目时，职业院校、普通高等学校要注重结合产业新业态、劳动新形态，选择现代农业、工业、服务业项目，提升学生的创造性劳动能力。

（二）劳动教育的组织实施

1. 实施机构和人员

学校要建立健全劳动教育组织实施的工作机制。明确主管校领导，设置机构或明确相关部门负责劳动教育的规划设计、组织协调、资源整合、师资培训、过程管理、总结评价等。

要建立专兼职相结合的劳动教育教师队伍。根据学校劳动教育需要，明确劳动教育责任人，进行劳动教育规划、组织实施、评价等，配齐劳动教育必修课教师，保持教师队伍的相对稳定性。要充分发挥教职员工，特别是班主任、辅导员、导师的作用，利用共青团、党组织以及学生社团等各方面的力量，合力开展劳动教育实践活动。充分利用家长及当地人力资源，聘请相关行业专业人士担任劳动实践指导教师。

2. 劳动安全风险防范与管理

学校要把劳动安全教育与管理作为组织实施的必要内容，强化劳动安全意识，建立健全安全教育与管理并重的劳动安全保障体系。

要依据学生身心发育情况，适度安排劳动强度、时长，切实关注劳动任务及场所设施的适宜性。科学评估劳动实践活动的安全风险，认真排查、清除学生劳动实践中的各种隐患。在场所设施选择、材料选用、工具设备和防护用品使用、活动流程等方面制定安全、科学操作规范，强化劳动过程每个岗位的管理，明确各方责任，防患于未然。制定劳动实践活动风险防控预案，完善应急与事故处理机制。要特别关注劳动过程中的卫生隐患，按照疾控、卫生健康部门及行业有关规定，采取相应措施，切实保护学生的身心健康。鼓励购买劳动教育相关保险。

3. 建立协同实施机制

职业院校、普通高等学校要建立学校负责规划设计、行业企业社会机构主要负责业务指导，双方共同管理的劳动教育实施机制。通过建立劳模工作室、技能大师工作室，设置荣誉教师、实务导师岗位等，多渠道引入社会力量参与学校劳动教育。要联合社会力量，共建共享稳定的劳动实践基地、校外实习实训基地、各类型创新创业孵化平台，多渠道拓展劳动实践场所。

第三部分　劳动教育评价

劳动教育是我国教育体系中不可或缺的一环。2018年全国教育大会上，习近平总书记指出"要努力构建德智体美劳全面培养的教育体系"，对劳动教育而言，评价体系的构建是实现高质量劳动教育的难点与关键。

《意见》指出，要健全劳动素养评价制度，将劳动素养纳入综合素质评价体系，制定评价标准。

《大中小学劳动教育指导纲要（试行）》中从劳动教育性质和基本理念、劳动教育目标和内容、劳动教育途径、关键环节和评价、劳动教育的规划与实施等方面做出了详细的阐述，对学生不同学习阶段的劳动教育提出了更精细的指导，使劳动教育在学校的全面落实有了更加明晰的思路。

案例阅读

某职业院校劳动教育课程内容与评价体系

一、劳动教育课程内容体系

构建"233"劳动教育课程内容体系，"2"即两大版块劳动课程内容：校内劳动教育课程、校外劳动教育课程；"3"即校内劳动教育课程三方面分支内容：校内环境卫生劳动教育（劳动周）课程、校内专业实训项目（实训基地劳动）、校内技能提升（技能竞赛、创业创新）劳动教育课程；"3"即校外劳动教育课程三方面分支内容：校外公益劳动教育课程、校外社会实践劳动教育课程、校外家务劳动教育课程。

"233"劳动教育课程内容体系如图1-3所示。

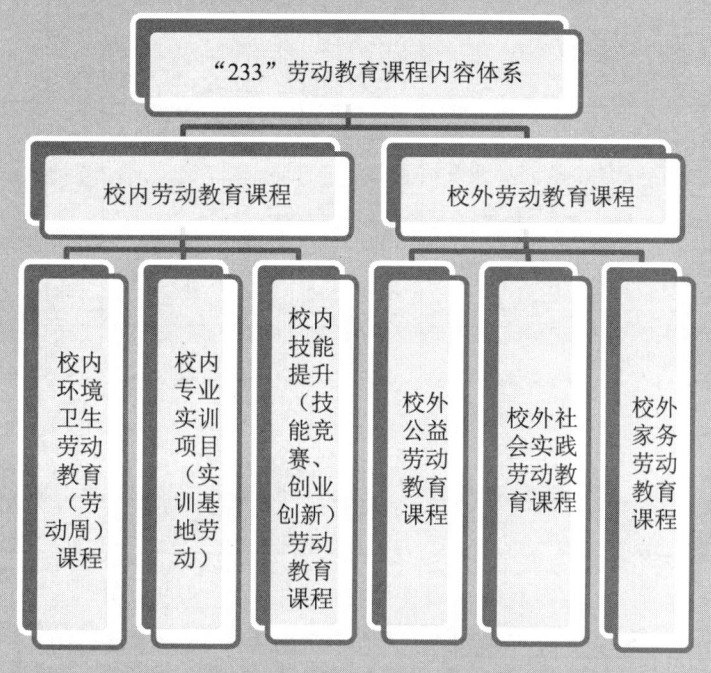

图1-3 劳动教育课程内容体系

二、劳动教育课程评价体系

劳动教育课程评价体系以校为本，采用积分制劳动教育评价模式。

教师评价主要针对劳动课堂、班级劳动任务完成情况、班级劳动效果等方面，采用听评课、定期检查、随时抽查、观摩等方式进行积分。

学生评价采用"2323"积分制评价模式。第一个"2"即两种评价方式：过程性评价与终结性评价。"3"即三类评价主体：教师、家长、学生。第二个"2"即两大版块评价内容：校内劳动、校外劳动。第二个"3"即三个主要评价要素：劳动出勤、劳动态度及劳动质量。根据《学生校内劳动记录评价表》《学生校内技能提升劳动记录评价表》《学生校外公益劳动记录评价表》《学生家务与自我服务劳动记录评价表》《学生期末劳动总评价表》等，既注重学生学期末参与劳动总得分的终结性评价，又关注每次劳动得分的过程性评价。一学期下来，每个学生参与劳动的多与少、劳动态度的优与劣、劳动效果的好与差等，一清二楚、一目了然，可记录、可追溯、可视化。

《学生家务与自我服务劳动记录评价表》如表1-1所示。

表1-1 学生家务与自我服务劳动记录评价表

班级			姓名				
一级目标	二级指标	状况 A：会做，坚持常做 B：会做，偶尔做 C：不会做，在学习 D：不会做，不愿意学	评价				评价人
			优	良	一般	差	
自我服务劳动	1. 生活自理（洗衣、收拾房间等）						
	2. 熨烫衣物、钉扣子、缝针线						
家务劳动	1. 洗米、煲饭，洗菜、炒菜，洗碗、洗锅等						
	2. 照顾老人和病人						

《学生期末劳动总评价表》如表1-2所示。

表1-2 学生期末劳动总评价表

班级			姓名		期末总得分（各类折算分相加）：	
劳动实践（80分）	校内劳动（30分）	环境卫生劳动（20分）	学生值日劳动（15分）	汇总得分		折算分
			校园集体清洁劳动（3分）	汇总得分		折算分
			其他劳动（2分）	汇总得分		折算分
		专业实训项目（10分）	实训基地劳动	汇总得分		折算分
	校外公益劳动（15分）			汇总得分		折算分
	校外社会实践（15分）			汇总得分		折算分
	家务劳动（20分）			汇总得分		折算分

续表

技能提升 （20分）	技能竞赛（10分）	汇总得分	折算分
	创业创新（10分）	汇总得分	折算分
自我评价			
同学评价			
家长评价			
教师评价			

一、劳动教育课程评价应重点关注的指标

《意见》指出：要健全劳动素养评价制度。将劳动素养纳入学生综合素质评价体系，制定评价标准，建立激励机制，组织开展劳动技能和劳动成果展示、劳动竞赛等活动，全面客观记录课内外劳动过程和结果，加强实际劳动技能和价值体认情况的考核。建立公示、审核制度，确保记录真实可靠。把劳动素养评价结果作为衡量学生全面发展情况的重要内容，作为评优评先的重要参考和毕业依据。

劳动教育课程评价应重点关注两大指标：一是学生参与劳动的过程性指标，比如：劳动中的态度、参与的时间等；二是学生取得的劳动结果性指标，比如：劳动技能、劳动作品、劳动价值（观念、精神、习惯等）。

二、正确认识劳动教育评价的作用

劳动教育评价活动，就是对学生参与劳动活动的过程和结果进行评价，它的作用主要体现在以下三个方面。

（1）明确学生在劳动教育活动中的发展状况。通过劳动教育评价，可以全面、真实地反映学生劳动教育活动的过程和结果，由此得到每个学生劳动素养的发展状况。

（2）明确劳动教育课程设计与实施的质量状况。通过了解学生劳动素养的发展状况，对照劳动教育课程的目标，看哪些目标达成度高，哪些目标的达成度低，从而对劳动教育课程的质量状况做出客观评价。

（3）为及时地改进教和学提供依据。劳动教育评价活动要贯穿劳动活动的全过程，以此反映学生劳动素养的发展状况以及劳动教育课程设计与实施的质量状况。在此基础上，

针对存在的问题及时进行教和学的改进。

三、如何设计并实施劳动教育活动的评价

开展有效的劳动教育活动评价，需要做好以下三个方面的工作。

（1）设计高质量的评价活动载体。所谓评价活动载体，就是有利于表现学生劳动素养（劳动态度、能力、价值体认等）的活动或作品。这样的评价活动载体要基于劳动教育课程目标进行设计。

（2）设计科学的评价标准。针对学生在评价活动载体中产生的种种表现，哪些是好的，哪些是不好的，设计具有区分度的评价标准。

（3）学生也是评价活动的主体。评价活动的主体可以是教师、家长以及其他劳动教育指导人员，更应该是学生自己，他们是当然的评价活动主体。

四、评价实施的注意事项

1. 劳动评价目标注重个性与共性有机结合

劳动教育课程的评价应以每个学生的基本能力为出发点，充分尊重学生的个性特点，整合全体学生要达成的班级学习目标。双管齐下，既要关注学生的个人目标，也要关注集体目标，做到集体评价和个人评价有机结合，相辅相成。

2. 评价主体既要有发展性评价也要有形成性评价

学习过程和学习成效有着千丝万缕的联系，在关注学习过程的同时也要关注学习成效。通过过程中的发展性评价与成效的形成性评价相结合的方式，全面客观地反映学生客观生活与劳动课程的学习状态与水平。

3. 评价主体与标准注重多元化

评价主体多元化，评价主体既可以是教师，也可以是家长以及其他相关的教辅人员，甚至是本人、同班级同学。评价从多个维度出发，采用多种类型相互结合的评价方式。评价的标准多元化，根据学生能力的不同，评价标准也因人而异。采取多元化评价标准，关注每一个学生在原有水平上的纵向发展，尊重学生差异性。

4. 评价注重客观性和指导性

客观的评价结果能真实反映学生的不同发展水平，教师根据评价结果，仔细分析学生的发展优势以及不足，并以此为基础，为学生制定符合自身实际状况的个人目标，选择合适的劳动教育内容，从而帮助学生加深学习体验，掌握劳动技能。

展望未来，劳动教育评价作为教育质量评价不可或缺的一部分，其价值追求应始终坚持以人为本，评价目标彰显育人性，评价内容融入时代特征，评价方式倡导多元创新，从而构建"以评促劳、以评促改、以评促研"的可持续发展评价体系。

劳动体验

宿舍是我家——争做文明寝室

一、活动名称

宿舍是我家——争做文明寝室。

二、活动主旨与意义

寝室是大学生日常生活的地方。发起"争做文明寝室"这一劳动体验活动,是为了让学生养成日常的寝室劳动习惯。学生将生活区域整理得干净整洁,既可营造一个舒适的生活环境,又可培养自己的劳动意识。

三、活动内容

周五下课后,教师统一组织全班学生在教室内开会,说明本次劳动的具体任务。全班同学以寝室为单位,在明确任务后开始分组,并指定每组的劳动内容,然后打扫寝室(用时1~2小时),教师及时评分。具体内容如下。

(1)打扫寝室的地面、墙面、阳台、卫生间。

(2)整理个人床铺、床底和书桌。

(3)打扫需要各寝室负责的公共区域的卫生。

周一早上上课前,教师再次检查全班各寝室的卫生情况,并再次评分。综合两次评分,评选本次活动的文明寝室。

四、活动要求

(1)文明寝室的环境总体应达到"六净""六无""六整齐"的目标。

"六净":地面干净、墙面干净、门窗干净、玻璃干净、桌椅橱干净、其他物品整洁干净。

"六无":无杂物、无烟蒂、无乱挂现象、无蛛网、无酒瓶、无异味。

"六整齐":桌椅摆放整齐、被褥折叠整齐、毛巾挂放整齐、书籍叠放整齐、鞋子摆放整齐、用具置放整齐。

(2)每天应自觉做到"六个一",自觉遵守"六个不",维护寝室良好生活环境。

"六个一":叠一叠被子,扫一扫地面,擦一擦台面,整一整柜子,理一理书架,倒一倒垃圾。

"六个不":异性寝室不进出,外人来访不留宿,危险物品不能留,违规电器不使用,公共设施不损坏,果皮、纸屑不乱扔。

(3)在寝室应杜绝不文明行为,不养宠物,不在寝室楼内抽烟,不在门口丢放垃圾,不乱用公用洗衣机等。

五、活动测评

你在本次活动中体验了与小组同学交流、配合的过程。请你客观评价本次劳动的成效，评价自己在劳动过程中的积极性、诚实性、知识与技能、沟通能力、团队管理能力、合作意识和个人价值等情况，然后思考自己的不足之处，并提出改善计划，填入表1-3中。

表1-3 文明寝室活动测评表

小组成员：		
劳动内容：		
评价项	评价内容	改善计划
劳动过程中积极主动		
劳动过程中认真踏实		
知识与技能的展示		
沟通能力的表现		
团队管理能力的表现		
合作意识的体现		
个人价值的体现		
不足之处		

课后拓展1

劳动教育现状调查

请填写职业院校劳动教育现状调查表，在教师的指导下分析调查结果。

1. 你是否听说过"劳动教育"？
   □A. 是　　　　　　□B. 否
2. 你觉得劳动教育是否必要？
   □A. 是　　　　　　□B. 否
3. 你觉得劳动教育可以带给你哪些帮助？【多选题】
   □A. 职业精神　　　□B. 锻炼身体
   □C. 思想教育　　　□D. 劳动技能

E. 其他

4. 请问你更关心自己哪方面的发展？【多选题】
   - □A. 体育
   - □B. 美育
   - □C. 智育
   - □D. 劳动教育
   - □E. 德育

5. 你认为学校目前提供的各种劳动实践岗位多吗？
   - □A. 很多
   - □B. 不多，只有少数学生享有
   - □C. 没有关心过

6. 你认为劳动教育在职业院校学生教育中能起什么作用？【多选题】
   - □A. 有助于养成吃苦耐劳精神
   - □B. 有助于养成良好的生活习惯
   - □C. 有助于形成正确的人生观和价值观
   - □D. 有助于锻炼意志品质
   - □E. 不能起什么重要作用

7. 你认为当前职业院校学生在劳动素质方面存在哪些问题？【多选题】
   - □A. 劳动价值观出现偏差，如轻视体力劳动、看不起体力劳动者、劳动功利化
   - □B. 劳动习惯和劳动能力差，好逸恶劳，存在铺张浪费及不珍惜他人劳动成果的现象
   - □C. 缺乏勤劳朴素的劳动品质和艰苦奋斗的劳动精神
   - □D. 劳动技能差，同时对未来就业感到迷茫

8. 你认为职业院校学生参加劳动有没有必要？
   - □A. 没有必要，大学生应以学习为重
   - □B. 可有可无，因为劳动习惯自然养成
   - □C. 很有必要，因为劳动创造未来
   - □D. 想参加劳动，但这样的机会很少

9. 教学过程中老师进行过有关劳动价值观的教育吗？
   - □A. 有，有些课程提到的较多
   - □B. 偶尔提到过
   - □C. 从未有过

10. 你认为职业院校应该增加劳动教育的相关内容吗？
    - □A. 很有必要
    - □B. 没有必要
    - □C. 无所谓

11. 在校期间，你参加过哪些劳动实践活动？【多选题】
    - □A. 学生公寓、教室卫生清洁
    - □B. 植树活动日

□C. 学校义务劳动
□D. 校外义务劳动
□E. 校外兼职
□F. 勤工俭学
□G. 校外专业实习

12. 你所在的学校主要开设了哪些劳动教育课程？【多选题】
　　□A. 必修课程　　　□B. 选修课程
　　□C. 相关讲座　　　□D. 系统的劳动教育教材

13. 你所在的学校是否配有专门的劳动教育教师？
　　□A. 有
　　□B. 没有
　　□C. 其他课程教师兼任劳动教育教师
　　□D. 不了解

14. 你所在的学校配有几名劳动教育教师？
　　□A. 1 名　　　　　□B. 2 名
　　□C. 3 名　　　　　□D. 3 名以上
　　□E. 不了解

15. 你认为学校劳动教育的平台是否充足？
　　□A. 匮乏　　　　　□B. 差不多
　　□C. 很充足　　　　□D. 不了解

16. 请问你所在学校的教师对于现今课程改革的态度是怎样的？
　　□A. 积极响应并做出改变，效果很好
　　□B. 努力探索课程改革与自己课程特点的结合，形式不固定，处于探索期
　　□C. 更注重形式，实际结合效果并不好
　　□D. 敷衍了事

课后拓展 2

调查样本分析

表 1-4 和表 1-5 是某职业院校劳动教育课程开设的时间和学校（班级）组织过的劳动实践调查统计表。调查样本仅限该职业院校的学生，有一定的局限性。但该职业院校在职业教育领域具有一定的典型意义。请你就职业院校开展劳动教育课程，以及劳动教育与思政课程、专业课程融合等情况谈谈自己的看法和理解。

表 1-4　学校劳动教育课程开设时间（有效填写人次 1334）

选　项	小　计	比　例
每周一节，按时上	402	30.13%
每周两节，按时上	193	14.47%
偶尔上	485	36.36%
从未上	254	19.04%

表 1-5　学校（班级）组织过的劳动实践（有效填写人次 1334）

选　项	小　计	比　例
打扫校内卫生	1155	86.58%
去学校的劳动实践基地劳动	413	30.96%
设计制作劳动教育手抄报	546	40.93%
广播站、黑板报等宣传劳动模范	665	49.85%
设计服装，手工活动	325	24.36%
种植花草或农作物	343	25.71%
参观工厂劳动	267	20.01%
参加烹饪课	172	12.89%
其他	447	33.51%

表 1-6 和表 1-7 是该职业院校对学生毕业后优先考虑选择的工作和学生参加学校组织的劳动活动或劳动实践的动机的调查统计表。请你就职业院校学生劳动观及劳动动机等情况谈谈自己的看法和理解。

表 1-6　毕业后你优先考虑选择的工作（有效填写人次 1334）

选　项	小　计	比　例
体力工作	42	3.15%
生产工作	252	18.89%
行政管理工作	731	54.80%
销售业务工作	309	23.16%

表 1-7　参加学校组织的劳动活动或劳动实践的动机（有效填写人次 1334）

选　项	小　计	比　例
综测学分	324	24.29%
个人兴趣爱好	402	30.13%
个人身心发展	579	43.40%
奖学金	29	2.17%

课后拓展 3

劳动教育，有必要吗？

情景一

小朱是某高校的一名大学生，听说学校要开展劳动教育时，发表了自己的看法："现代科技越来越发达，很多传统劳动都可以被科技产品替代，我觉得没必要把时间浪费在学习这些生活技能上，因为对每个人来说，都应该做自己最擅长、能为社会做出最大贡献的事。"

情景二

小包参加了学校组织的学农活动，度过了一周与田野大地、农作生活亲密接触的时光，回校后写的作文还获得了高分。"虽然累，但是很开心，比农家乐还有意思。"小包回到家后对父亲说。当被问到对学农、职业体验活动等一系列劳动教育深层次的感受时，小包一脸严肃地说："体力劳动实在太辛苦了，所以我得用功学习，上好大学、选好专业，成长为高端人才。"

【想一想】

（1）你赞同小朱和小包的看法吗？为什么？

（2）劳动教育有何意义？请结合自身的经历或见闻谈谈你对劳动教育的看法。

课后拓展 4

下面为某大学的《公益劳动实践报告手册》（见表1-8）、《公益劳动实践情况记录卡》（见表1-9）和《社会实践活动写实记录及考核登记表》（见表1-10）。

你觉得这样设计可以吗？请进行完善。

表1-8　公益劳动实践报告手册

学院		班级		学号		姓名	
劳动主题							
劳动时间							
劳动地点							
劳动证明（包括证明人或单位的签名或盖章）、照片（2张以上照片，从不同角度反映参加公益劳动的内容及特点，并配上照片注释）或者其他相关材料粘贴处							
公益劳动感想撰写，可附页							

表 1-9 公益劳动实践情况记录卡

学院		班级		学号		姓名	
劳 动 情 况 记 录						学 期 记 录		
序号	日期	地点	劳动内容	时数	组织单位签字	学期	起止序号	时数小计
1						一		
2						二		
3						三		
4						四		
5								
6								
7								
合计									
成绩评定								

表 1-10 社会实践活动写实记录及考核登记表

学院		班级		学号		姓名	
活动名称							
组织形式	（　）分散活动			（　）团队活动，分工：			
活动类别	□科技服务　□文化服务　□卫生服务　□支教　□社会调查 □关爱农民工子女行动　□公益劳动和文明建设　□其他						
活动主题和内容							
活动时间	□学期内　　　□寒假　　　□暑假						
活动地点、区域或路线							

续表

活动记录(以天为单位简要记录活动的地点、区域，活动内容及体验、收获与感受，时间超过6天可另附页)	第一天：
	第二天：
	第三天：
	第四天：
	第五天：
	第六天：

活动总结与成绩成果	

接收单位信息及评价意见	单位名称	
	负责人姓名和电话	
	接收单位负责人签名（盖章）： 年　月　日	

指导教师信息及评价意见（参加分散活动的不需填写）	姓名		电话	
	指导活动总时长_____小时		团总支书记签名：	
	指导教师签名： 年　月　日			

活动总时长	_____小时 （参加分散活动的由团总支书记根据学生活动记录计算填写，参加团队活动的由指导教师根据学生活动记录计算填写）
申报材料清单	□社会实践申报书　　　□社会实践调查报告 □社会实践PPT　　　　□社会实践活动照片 □社会实践活动写实记录及考核登记表
申报等级	优秀（　） 良好（　） 合格（　）
团总支评议意见	优秀（　） 良好（　） 合格（　） 不合格（　） 　　　　　　　　　　　　　团总支书记签名： 　　　　　　　　　　　　　　　　年　月　日

续表

学校团委考核意见	优秀（　）　良好（　）　合格（　）　不合格（　） （盖章） 　　年　　月　　日
本人承诺	本人自愿参加学院学生社会实践活动，并保证本人身体和心理状况适合参加本次社会实践活动，对本次社会实践活动的目的、性质、活动地点的情况以及可能的风险有清楚的了解，详细阅读并全部理解教育部令第 12 号《学生伤害事故处理办法》（2002 年 9 月 1 日生效）。在社会实践活动期间，本人承诺将自觉遵守国家法律法规和学校纪律，严格执行学校关于社会实践承诺的各项规定。 　　　　　　　　　　　　　　　　　　　　学生本人签名： 　　　　　　　　　　　　　　　　　　　　　年　　月　　日

填写须知

（1）本表用于写实记录和考核我校学生的社会实践活动经历，由学生本人、接收单位负责人、指导教师、团总支书记、学校团委等分别填写，一律用钢笔或签字笔填写，打印无效。

（2）本表每学年开学后第四周，由学校统一下发，平时由学生自己保存。每学年开学后第一周收回上一学年所发表格，并收取社会实践活动报告及辅助性证明材料，完成成绩考核后，以班级团支部为单位按照必修课试卷归档要求装订成册，统一报送学校团委。

（3）表中所有内容须如实填写，所附材料须真实可信，在社会实践活动考核工作中经他人反映或抽查回访发现存在弄虚作假现象的，包括虚构、伪造社会实践活动经历，虚构、伪造社会实践活动报告或辅助性证明材料，提交的社会实践活动报告或辅助性证明材料违反学术纪律的，当年社会实践活动考核成绩一律认定为不合格，并按《学生违纪处分实施细则》中违反考试纪律或违反学术纪律的有关条款进行处理。

模块二 劳动素养

劳动导语

《大中小学劳动教育指导纲要（试行）》中明确规定，准确把握社会主义建设者和接班人的劳动精神面貌、劳动价值取向和劳动技能水平的培养要求，全面提高学生劳动素养，使学生树立正确的劳动观念，具有必备的劳动能力，培育积极的劳动精神，养成良好的劳动习惯和品质。

扫码看视频

历届世界技能大赛的冠军们去哪儿了？他们为推进制造强国建设做了哪些贡献？

用奋斗定义人生价值，在奔跑中抵达新的远方。今天，让我们来看看第45届世界技能大赛综合机械与自动化项目冠军郑玉辉的故事。

扫码看视频，第45届世界技能大赛综合机械与自动化项目冠军郑玉辉的故事

（资料来源：世界技能大赛中国组委会官方网站）

学习进行时

习近平谈劳动

劳动者素质对一个国家、一个民族发展至关重要。技术工人队伍是支撑中国制造、中国创造的重要基础，对推动经济高质量发展具有重要作用。

2019年9月
习近平对我国技能选手在第45届世界技能大赛上取得佳绩做出重要指示

劳动创造幸福，实干成就伟业。

2021年4月
习近平向全国广大劳动群众致以节日的祝贺和诚挚的慰问

扫码看视频，习近平寄语劳动者

（资料来源：人民网；图片来源：新华网）

第一部分　劳动素养概述

【劳动榜样】

阎敏：导弹"咽喉主刀师"

阎敏长期承担着航天型号产品关键件、新型号的首件加工任务。30多年来，阎敏因为高超的技能被称为导弹"咽喉主刀师"。图2-1所示为工作中的阎敏。

图 2-1　工作中的阎敏

在航天三江江北公司的生产车间里，阎敏正准备对一件用于新型武器装备的零部件进行车削。这个零件是为我国运载火箭和导弹提供能量转换的重要装置——喷管。

喷管负责将火箭发动机推进剂燃烧喷射出的火焰转化为动力。行内人常将喷管称为火箭的"咽喉"。为了保证发动机的工作安全可靠，喷管关键部位的加工精度要求控制在0.005毫米。阎敏经手的"咽喉"型号产品合格率一直高达100%，然而他这一身真功夫，却是从磨刀开始的。

为了练就精湛的磨刀技艺，阎敏付出了常人难以想象的努力。正是凭借这一把把磨制准确、精巧的刀，阎敏可以将直径50毫米的圆柱体精确车削到细如发丝却不折断。作为第一批学习数控车床的技术工人，阎敏凭借着"人机合一"的功底，一直承担着重点型号导弹关键部位的首件产品加工重任。他总结了一套复合材料异形曲面的加工技术，突破了数控车床0.02毫米的精度，并且创下了0.005毫米的极值。

30多年来，阎敏凭借着"干一行、爱一行"的精神，不断学习和掌握新的知识与技能，他的劳动能力不断精进，磨炼了无可取代的精湛技术，获得了100多项奖项，更被誉为导弹"咽喉主刀师"。

阎敏曾说，我们国家需要大量的航空航天技能人才。一代工匠有一代工匠的使命，他们这代工匠有更多的责任把身上的技能和经验毫无保留地传授给年轻人，带出更多的高水平的技能人才，为国家做出更大的贡献。

（资料来源：2022年5月3日，央视网《新闻联播》，有改动）

一、劳动素养的内涵

（一）素养的内涵

"素养"不是一个单一性的概念，而是涵盖知识、技能、情感、态度与价值观等各个方面能力的要求，已经成为个体适应未来社会的一种基本保障。素养是人类在解决复杂问题时的一种适应不可预测情境的高级能力和人性能力，同时也是人们应当具备的适应未来社会变革的关键能力。素养不等于知识，不等于技能，不等于某一种能力或品质，而是一种指向未来发展的综合性衡量指标。它是指一个人的修养，主要包括道德品质、外表形象、知识水平与能力等方面。在经济发达的今天，我们对人的素养的含义进行了拓展，主要包括思想政治素养、文化素养、业务素养、身心素养等各个方面。

《中国学生发展核心素养》中提出：学生发展核心素养主要是指学生应具备的、能够适应终身发展和社会发展需要的必备品格和关键能力。核心素养以培养"全面发展的人"为核心，分为三个方面（文化基础、自主发展、社会参与）和六大素养（人文底蕴、科学精神、学会学习、健康生活、责任担当、实践创新），六大素养又分别包括如下要点。

（1）人文底蕴：人文积淀、人文情怀、审美情趣。
（2）科学精神：理性思维、批判质疑、勇于探索。
（3）学会学习：乐学善学、勤于反思、信息意识。
（4）健康生活：珍爱生命、健全人格、自我管理。
（5）责任担当：社会责任、国家认同、国际理解。
（6）实践创新：劳动意识、问题解决、技术运用。

可见，个体的素养体现着一个人的综合素质与能力，是新时期面对新挑战的必备要素，也体现着教育活动的育人价值。

（二）学生的劳动素养

教育部《义务教育劳动课程标准（2022年版）》指出，劳动课程要培养的核心素养，即劳动素养，主要是指学生在学习与劳动实践过程中逐步形成的适应个人终身发展和社会发展需要的正确价值观、必备品格和关键能力，是劳动课程育人价值的集中体现，主要包括劳动观念、劳动能力、劳动习惯和品质、劳动精神。

1. 劳动观念

劳动观念是指在劳动实践中逐渐形成的，对劳动、劳动者、劳动成果等方面的认知和总体看法，以及在此基础上形成的基本态度和情感。主要表现为：能尊重劳动，尊重普通劳动者，了解不同职业劳动者的辛苦与快乐，理解"三百六十行，行行出状元"的道理；能正确理解劳动对于个人生活、家庭幸福、社会进步、国家富强和人类发展的意义，懂得劳动创造人、劳动创造财富、劳动创造美好生活的道理；能崇尚劳动，牢固树立劳动最光荣、劳动最崇高、劳动最伟大、劳动最美丽的观念。

2. 劳动能力

劳动能力是指顺利完成与个体年龄及生理特点相适宜的劳动任务所需的胜任力，是个体的劳动知识、技能、行为方式等在劳动实践中的综合表现。主要表现为：学生具备基本的劳动知识和技能，能正确使用常用的劳动工具；能在劳动实践中增强体力，提高智力和创造力，具备完成一定劳动任务所需要的设计能力、操作能力及团队合作能力。

3. 劳动习惯和品质

劳动习惯和品质是指通过经常性劳动实践形成的稳定行为倾向和品格特征。主要表现为：学生具有安全劳动、规范劳动、有始有终等习惯；养成自觉自愿、认真负责、诚实守信、吃苦耐劳、团结合作、珍惜劳动成果等品质。

4. 劳动精神

劳动精神是指在劳动观念、劳动能力、劳动习惯和品质的培养过程中形成和发展的，在劳动实践中秉持的关于劳动的信念信仰和人格特质。主要表现为：学生能领会"劳动是一切幸福的源泉""幸福是奋斗出来的"的内涵与意义；继承中华民族勤俭节约、敬业奉献的优良传统；弘扬开拓创新、砥砺奋进的时代精神；感知爱岗敬业、甘于奉献的劳模精神；培育百折不挠、艰苦奋斗的革命精神，以及精益求精、追求卓越的工匠精神。

核心素养的四个方面相互联系、相辅相成，构成一个有机整体。

学校劳动教育的实施要针对学生劳动素养的培养来进行。劳动素养的培养与提升离不开劳动教育；反过来，劳动教育是劳动素养培育的主要方式和途径。

职业院校的劳动教育应与专业教学、专业技能相结合，开展具有不同专业特色的劳动教育课程；将劳动知识和技能巧妙地嵌入学科，培养学生崇尚劳动、甘愿奉献的精神，实现立德、增智、强体、育美的全面育人价值。

劳动素养的培养还需要与我国优良的劳动传统相结合，有机地把劳动教育与中华优秀传统文化结合起来。要了解我们先辈的伟大和智慧，发挥好传统劳动、工艺项目等的育人功能。

二、提升劳动素养的意义

劳动者素质对一个国家、一个民族的发展至关重要。我国是世界上人力资源最丰富的国家，但由于劳动力整体素养还有待提高，人口资源数量优势还没有转化为人力资源的现实优势。因此，加强人力资源开发已经成为事关我国经济发展后劲和增强国际竞争力的一项重大而紧迫的任务。现阶段，培养高素养人才、全面提升劳动者工作能力和水平已经成为一个企业乃至一个国家快速健康发展的重要手段。而认真分析总结提高劳动者素养的方法，对于科学高效地提高劳动者素养有重大的指导意义。

（一）劳动者素养是经济发展至关重要的因素

高素质的劳动力有科学、公平的劳动者素养，有助于提高劳动生产率和资本利用率，可以最大限度地吸收和组合各种生产要素以弥补资源的匮乏。尤其是在信息科技高度发达的未来，人们将会越来越依靠脑力而不是体力活动来创造新的财富，人口优势不再单纯地取决于人口数量的多少，而更应该依靠人口的质量，也就是人口素养。

（二）劳动者是建设资源节约型、环境友好型企业，实施可持续发展不可缺少的力量

绿水青山就是金山银山，节约能源、保护环境既关系到全民族的切身利益，也关系到整个社会的生存发展。企业是经济发展的主要力量，而劳动者是企业经济效益的创造者，建设资源节约型、环境友好型企业是绿色经济发展的内在要求和必由之路，也是每位公民义不容辞的责任。所以，我们更加需要高素养的劳动者，以助企业全面加强能源资源节约和生态环境保护，增强国家的可持续发展能力，这也是当前社会发展的迫切需要和现代社会的发展方向。

（三）劳动者素养的提高是促进个人的全面发展、实现社会主义现代化强国建设目标的内在需求

在大中小学中大力而广泛地开展劳动教育活动，是发展先进生产力和先进文化的有效途径和平台，是落实科教兴国战略和人才强国战略的重要举措，必将推进广大劳动者文化和劳动素养的全面提高。我们要深刻领会劳动素养的真正内涵，大力传播劳动知识，弘扬劳动精神，宣传劳动思想，倡导科学的劳动方法。劳动者是改造世界的主力军，只有劳动者的素养提高了，国家的劳动服务能力才能整体提高，才有力量促进国家的发展。因此，建设、打造一支高素养劳动者队伍，有利于实现社会主义现代化强国建设目标。

三、提升劳动素养的途径

劳动教育借助课程落实到学生的教育教学中，就必须要提供适合学生学习的劳动项目，让学生在实践的过程和体验中了解、认识劳动，劳动素养的提升是在劳动实践中不断养成的。学生应当通过校园生活和日常自我管理等多种渠道培养劳动素养。

专业不同，学生的身心特点和教育需求也不一样。在学习过程中，要设定适宜的劳动目标，分阶段完成既定目标，分段教育目标越清晰，劳动能力得到提升的效果越明显。学校在开展劳动教育时，要重点突出以学生为中心的教学理念，要发挥学生的主体作用，重在激发学生的劳动兴趣，轻指令性的教导和强制性要求。在开展劳动项目时，需要分清主次，合理有序地进行落实。简单地延长劳动时间、随意地将劳动强度加码，这些并不是提升劳动教育质量的方法，提升劳动素养最好的途径是激发学生劳动的兴趣，引发学生对劳

动的思考，让学生享受劳动带来的各种乐趣。

职业学校的劳动教育也要体现时代特性。随着科技发展、产业变革和人工智能时代的到来，劳动形态不断变化，要充分尊重体力劳动和脑力劳动，也要尊重不同职业，鼓励创新，充分感受开拓创新、砥砺奋进的新时代精神，提升个人劳动素养。

（一）加强学习，认同劳动的意义

《意见》指出：劳动教育是中国特色社会主义教育制度的重要内容，直接决定社会主义建设者和接班人的劳动精神面貌、劳动价值取向和劳动技能水平。

加强职业院校的劳动教育是培养德智体美劳全面发展的社会主义建设者和接班人的重要举措，是弘扬工匠精神和贯彻工学一体教育理念的内在要求，是提升高素质人才培养的有效途径。要引导职业院校学生在日常的学习生活中形成崇尚劳动、尊重劳动的价值观念，引导学生把德智体美劳全面发展的高素质技能人才作为成长目标，通过不断的学习，让"劳动最光荣、劳动最崇高、劳动最伟大、劳动最美丽"的观念内化于心、外化于行。引导学生深刻理解和领会马克思主义关于劳动创造人、劳动促进人的全面发展等劳动观，通过加强思想政治学习和专业学习，提高参加劳动实践、接受劳动锻炼的自觉性和主动性。

劳动教育的核心目标是劳动价值观的培育，要通过劳动教育，加强学生对劳动的认识，改变学生对劳动的态度，培养学生对劳动的情感，最终让学生树立尊崇劳动、热爱劳动的价值观。

（二）培养良好的劳动品德

劳动品德是指人们在劳动过程中表现出来的对他人和社会的稳定的心理特征或倾向。我们要深刻理解新时代的劳动者"不仅需要有力量，还要有智慧、有技术，能发明、会创新"的道理。

（三）加强劳动技能学习

加强劳动技能学习，用系统的科学知识为劳动素养的提升奠定坚实基础。大学生毕业后，将面临就业和步入社会，为了更好地适应职场生活，学生在校期间务必重视对自身劳动技能的学习和训练。

（四）主动加强劳动实践锻炼

加强劳动实践锻炼，养成良好的劳动习惯。学校要引导学生积极参加家庭劳动、学校组织的劳动教育和劳动锻炼，并积极寻找社会劳动、公益实践、勤工助学、校外实习、假期工作等劳动机会，在劳动过程中训练劳动技能。

学生应当在学校的倡导下，紧扣所学专业，整合家长、社区等资源，开辟劳动实践基地，通过3D虚拟仿真的方式，积极开展劳动实践体验。

（五）学习劳模精神、提高自身劳动意识

弘扬劳模精神、劳动精神、工匠精神，实现劳动教育与校园文化建设相融合，是技术人员提高精神认识的有效方法。通过主动向榜样学习，参加学校开展的关于劳模宣传的专题活动等，学生能够近距离地和劳动模范进行接触，聆听模范背后的故事，感受榜样的力量，从而产生崇敬、学习劳模，崇尚、热爱劳动的情感，能够虚心向具有劳模精神的先进榜样学习，反思自我。

（六）在校园生活和日常自我管理中培养劳动素养

学生要坚持在校园生活、日常管理中培养自身的劳动素养，也可以通过定期参加校内外劳动实践活动，如参加校企合作生产性实训基地的工作、参与校内的勤工俭学、进行宿舍劳动等，加强劳动素养的培养。同时，应尽量利用寒暑假进行一定的实习和锻炼，并提交有关的劳动实践报告，把劳动实践和专业的校内外实践、实习结合起来，全面提升自己的劳动素养。

【课堂活动】

发生在某大城市一名"高才生"身上的故事令人深思。这名"高才生"从小学到大学均由母亲陪读，生活中的一切事务都由母亲包揽，其学业成绩一直很优异，全家人都引以为傲。大学毕业时，他获得英国剑桥大学公费留学名额。20多岁的男子汉终于要独自踏上征程。正当人们羡慕不已，仍连连称赞之际，他突然从英国回来了，并带回满箱子的脏衣服，说自己完全适应不了那边的生活。"高才生"或许可以从书本中产生，但高素质人才只能生长在劳动的土壤里。

请你对以上案例进行分析。

第二部分　劳动知识和能力

【劳动榜样】

担当青年本色　弘扬技能之光

1994年出生的杨金龙（见图2-2）出生在云南保山农村家庭，家里靠父母务农维持生计。中考失利后，他抱着想学一门技术，早点帮家里减轻负担的想法，进入保山市隆阳区职业技术学校学习汽车维修。一年后，通过选拔，他来到杭州技师学院学习汽车喷漆与整形。通过不懈努力，杨金龙凭借高超的技术，一举夺得第43届世界技能大赛汽车喷漆项目

金牌，为中国在世界技能大赛上实现了汽车喷漆项目金牌零的突破，并因此成为杭州技师学院的一名教师。2018年，杨金龙当选全国人大代表。2021年，杨金龙荣获全国五一劳动奖章。

图2-2　全国五一劳动奖章获得者杨金龙

杨金龙是技校生技能成才、技能报国的典型。当今社会，"劳动光荣、技能宝贵、创造伟大"的时代新风尚已经形成，拥有一技之长，照样受人尊重，得到社会认可。

（资料来源：2021年5月6日，杭州交通信息网，有改动）

《大中小学劳动教育指导纲要（试行）》中明确规定，使学生具有必备的劳动能力。掌握基本的劳动知识和技能，正确使用常见劳动工具，增强体力、智力和创造力，具备完成一定劳动任务所需要的设计、操作能力及团队合作能力。

一、劳动知识

（一）劳动伦理知识

就马克思主义劳动价值观而言，劳动伦理是指以人性需要为价值导向，劳动在创造人的同时，也创造了人这个道德主体，以及由人展开的各种伦理关系。

1. 有尊严地劳动

1）必须充分尊重劳动者的主体地位

人民群众是历史的创造者和推动着。《尚书·五子之歌》中有云："民惟邦本，本固邦宁。"工人阶级是我国先进生产力和生产关系的代表，是我们党最坚实、最可靠的阶级基础，是社会主义中国当之无愧的领导阶级，是全面建设小康社会、坚持和发展中国特色社会主义的主力军。只有充分尊重工人阶级和广大劳动群众的主体地位，扩大人民民主，保障他们的知情权、参与权、表达权、监督权，才能切实保障劳动平等和自由，增强他们劳动的责任感和光荣感，才能有效地激发他们的聪明才智和创造活力。因此，必须增强"民本"意识，既要保障他们的劳动权利，切实实施积极的就业政策，创造更多就业岗位，还必须相信群众，依靠群众，尊重劳动群众的首创精神。同时，要维护他们在劳动中的合法权益。

2）加深对劳动人民的理解，培养与劳动人民的思想感情

劳动人民是历史的创造者，是社会主义建设的主力军，是他们通过劳动创造了财富，推动了历史的发展。大学生应树立尊重劳动人民的观念，加深对劳动人民的理解，培养与劳动人民的亲密感情。

尊重劳动人民，要树立全心全意为人民服务的思想，培养与劳动人民同苦共甘的思想感情。现代著名作家赵树理深入农村，和农民一起生活了十几年，虚心学习农民勤劳、善良、质朴的优秀品质，自己的感情、自己的衣食住行和言谈举止已完全农民化，他就是怀着对农民群众的深厚感情，在深入体验生活的基础上写出了许多反映农村生活的著名的中长篇小说。高级农艺师、共产党员周君敏不恋上海的繁华，大学毕业后扎根胶东山区，一干就是近四十年，她生活俭朴、工作勤恳，六十多岁时仍为农村的果林建设而忘我工作，她为山区人民的致富流尽了汗水，也赢得了人民的尊敬和爱戴。这些前辈在与工农相结合的道路上，在全心全意为人民服务的思想作风上，为我们树立了光辉的榜样。

【课堂活动】

小芳的爸爸是某科研所的炊事员，平时，小芳只说爸爸在科研所工作，从不说他是炊事员，也不让爸爸参加家长会。

你知道小芳心里是怎么想的吗？

2. 自由劳动

自由劳动是劳动者获得完全自主性的劳动状态，劳动者可以根据自己的能力和喜好选择所从事的劳动，劳动活动对于劳动者来说不是压力下的劳累，劳动评价标准不是创造的价值，而是实现劳动者的发展，对于劳动者而言就是自我实现的享受。劳动真正成为人的存在方式和本质的展现，劳动不是为了资本增值，劳动成果的受益者不是少数人。

自由劳动的特征如下。

1）以继承性为基础的创造性

人的自由劳动不仅体现了对前人成果和能力的继承，还包括当代人在前人基础上的创造活动。人的活动和动物活动相区别的根本因素是人的主体性，最本质的因素就是创造性，劳动是人和其他动物相区别的根本因素。

2）以既定性为条件的自主性

马克思的实践唯物主义认为，人的自由自觉的活动既不是自然的活动，也不是他人的活动，更不是人的抽象主观思维的活动，而是基于实践基础上的主体客体化、客体主体化对象化实践活动，最一般的本质属性就是体现人的活动的自主性。

3）以个性为归宿的社会性

马克思主义自由观是基于实践基础上的自由，在自由主体特征上，呈现个人自由与社会自由即一切人自由的内在统一；也就是说，每个人的自由全面发展是所有人自由全面发展的条件。只有在自由的联合体内，人们真正的自由自觉的活动才能得以实现。

4）以工具性为前提的目的性

现实劳动也体现为一种谋生手段。虽然人们的基本需要包含在人们的劳动目的的追求之中，但是人们的劳动不仅是实现人们的劳动需要以外的需要的根本手段，而且是人们的劳动欲望和幸福本身及其基本目的的历史表现。

5）以他律性为约束的自律性

在现实生活中，人们的劳动总是受到市场压力、金钱、资本甚至法律和制度的支配和控制。物质生产劳动的他律性自然会在政治中得到体现。人们的政治活动受到法律和纪律的制约。在政治上，坚持民主和集中的统一，纪律和自由的统一。人们的文化活动表现为"双百"政策和"双为"方向的统一，主流文化和非主流文化的统一。他律性对自律性提供参照坐标和发展方向。他律性赋予人们争取自律性的活动以价值和意义。

3. 幸福地劳动

劳动是幸福的基础，要想幸福，就要付诸劳动。

1）人类本质的"劳动幸福"

所谓通过劳动获得的幸福，是指人们通过劳动获得的确认自身阶级本质的深层愉悦体验，反映了劳动收益与人们在劳动过程中对幸福的追求和期待的一致性，也反映了自我价值得以展现的程度。真正的劳动幸福是整个社会的发展。劳动幸福的程度取决于人自身的全面发展，也取决于人与劳动关系的发展程度，它随着人的解放程度的提高而不断提高，随着人的劳动尊严的提高而不断提高。衡量劳动幸福的客观状态可以从劳动发展、劳动解放、劳动尊严和劳动基本条件四个维度来进行。

2）马克思主义哲学的"劳动幸福"

马克思把人类真正的幸福归于劳动幸福，并提出了劳动幸福观的三个层次：一是人的自然生理功能发展需要得到满足的生理层次的幸福，即人在消费劳动产品时，带来的主体感官的满足和享受。这种从消费领域获得的满足和快乐，更多的是动物生理需要得到满足时所获得的快乐，这是快乐的最低层次。二是"主客体关系"层面的幸福。人们不仅在劳动中按照美的规律构造物体，创造丰富多彩的美丽产品，而且在主体化的生产劳动过程中获得体验美、感知美、创造美的幸福。三是"人与主体关系"层面的幸福。劳动不是自给自足的自我劳动，而是生产、服务他人的"为他人劳动"。

3）价值论视域中的"劳动幸福"

劳动是人类生存的方式。劳动不仅使人的体力和智力得到发展，而且使人在劳动的客观活动中实现自我。价值主体性深化了劳动幸福的内涵。劳动幸福与否，与主体的社会认知能力、理想信念和模式密切相关。价值的关系特征表明，价值只存在于主客体之间的现实关系中。在外部环境的影响下，这种关系中的主观幸福感也会发生变化，现实主客体关系的伦理特征也会对幸福感产生重大影响。总之，在价值论的观点中，劳动幸福是在人与世界、主客体的整体关系及其相互作用的动态发展中被考虑和认定的。

4）哲学批判角度的"劳动幸福"

所谓劳动幸福，可以理解为在劳动中生发的一种自由自觉的生活方式和情感体验，其本质是劳动者在劳动中以自由实现自己的内在意志和目的,实现存在与思考、理想与现实、主观与客观的统一,从而有意识地释放和展示自由的存在。劳动幸福作为一种自由自觉的生活存在方式和源于劳动的情感体验,是劳动意志的自觉实现和人的本质力量的自由表现。它的实现有赖于劳动者的胜任能力、人性化的劳动环境、公正的劳动分配和崇尚劳动的文化氛围。

5）马克思主义劳动人权的"劳动幸福"

在劳动幸福的基础上,马克思主义坚持四个核心命题:尊重劳动,即尊重创造,强调劳动是劳动的正当理由,以劳动保护人的尊严;底层关怀,强调人的主体性,把每个人的独立创造和发展作为关怀的最高形式,一个良好的社会应该以每个主体的内在动机动员为基础,辅以慈善关怀,以确保每个人都能实现劳动的幸福;缩小差异,强调需要消除各种人为的和不合理的差异,使每个人都能有获得感、实际的幸福感;人的联合,又称联合行动,强调人与人之间的合作和公众的意识,把个体的生存和社会的生存有机地统一起来,使个体的生存社会化,使每个人都能摆脱弱肉强食的规律。这四个核心命题都围绕着劳动幸福展开,缺少任何一个核心命题就不能保证一个社会的劳动幸福最大化。

4. 公平地劳动

古希腊哲学家柏拉图强调公平即和谐,正义是个人和国家的美德。

1）马克思和恩格斯公平观念

对于公平,马克思和恩格斯认为,任何社会的公平都不是抽象的、绝对的和永恒不变的,而是具体的、相对的和历史的,不同的社会存在着不同的公平观念。马克思在《哥达纲领批判》中指出:"权力决不能超出社会的经济结构以及经济结构制约的社会文化发展。"恩格斯在《论住宅问题》中指出:"公平则始终只是现存经济关系的或者反映其保守的方面,或者反映其革命方面的观念化的神圣化的表现。"

恩格斯曾精辟地指出:"希腊人和罗马人认为奴隶制度是公平的;1789年资产者的公平要求废除封建制度,因为据说它不公平。在普鲁士的容克看来,甚至可怜的行政区域条例也是永恒公平的破坏。所以,关于永恒公平的观念不仅因时因地而变,甚至也因人而异。"

"一切人,作为人来说,都有某些共同点,在这些共同点所及的范围内,他们是平等的,这样的观念自然是非常古老的。但是现代的平等要求与此完全不同;这种平等要求更应当是从人的这种共同性中,从人就他们是人而言的这种平等中引申出这样的要求:一切人,或至少是一个国家的一切公民,或一个社会的一切成员,都应当有平等的政治地位和社会地位。"

2）合理的收入分配制度是社会公平正义的最重要体现

工资的水平直接关系到普通劳动者的幸福指数,关系到他们的生活尊严。不断提高一线劳动者报酬是促进公平和谐的基础性工作。农民工等一线劳动者的工资长期在低位徘徊,国企高管等的收入远高于一线劳动者,收入差距逐步拉大,势必会挑战人们的公平观念,影响社会的稳定和谐。我国经济正处于企稳回升的关键时期,扩大内需尤其是消费需求,对确保经济又好又快发展尤为关键。改变劳动报酬过低的局面,有利于拉动消费、扩大内需。从这个角度来看,提高劳动报酬关系到我国经济发展的大局。不断增加劳动者的劳动报酬,肯定劳动价值,实现分配正义,让广大劳动者更多地分享经济社会的发展成果,这不仅是执政为民的体现,也是社会公平和国家长远发展的保障。

3)社会主义按劳分配制度

一个社会如何分配是经济发展的重要问题。"坚持按劳分配为主体、多种分配方式并存",社会主义分配制度既有利于鼓励先进,提升效率,最大限度激发活力,又有利于防止两极分化,逐步实现共同富裕,使人民群众共享改革发展成果。

党的十九届四中全会把"坚持按劳分配为主体、多种分配方式并存"作为社会主义基本经济制度的重要内容,既强调"坚持多劳多得,着重保护劳动所得",又坚持"健全劳动、资本、土地、知识、技术、管理、数据等生产要素由市场评价贡献、按贡献决定报酬的机制",更要求"合理调节城乡、区域、不同群体间分配关系"。这对于进一步完善我国的分配制度、激发社会活力、促进公平公正具有十分重要的意义。

不断完善我国的分配制度,既激励每个人都发挥其聪明才智,又朝着共同富裕方向不断迈进,就能有效推动收入分配更合理、更有序,促进经济高质量发展。

【课堂活动】

在一家竹产品销售公司,老板吩咐三个员工去做同一件事情:去供应商那里调查一下竹子的数量、价格和品质。

第一个员工5分钟后就汇报了情况,他没有亲自去调查,而是向别人打听了一下供货商的情况就回来复命了。第二个员工30分钟后回来汇报,他亲自去供货商那里了解竹子的数量、价格和品质。第三个员工90分钟后才回来汇报,原来他不仅亲自去供货商那里了解竹子的数量、价格和品质,而且根据公司的采购需求,对供货商最有价值的商品做了详细的记录,并和供货商的销售经理取得了联系。在返回途中,他还去了另外两家供货商那里了解竹子的商业信息,将三家供货商的情况做了详细的比较,制定了最佳购买方案。

讨论:第一个员工敷衍了事、草率应付,第二个员工只能算是被动听命,真正尽职尽责做事的是第三个员工。如果你是老板,你会雇用哪一个?你会赏识哪一个?如果要加薪、升职,你愿意把机会留给哪一个?

(二)新的劳动伦理形态——体面劳动

案例阅读

案例1:"在我们公司,当技师是特别荣耀的事。"山东豪迈股份有限公司电火花科研小组组长王钦峰说这句话是有底气的。作为高级技师,王钦峰为企业改进了80多项技术、装备,其中多项技术填补了专业空白。公司设立了奖励员工参股制度,基于此,他在公司成了响当当的"最富农民工"。

案例2:"收入很体面,上升有奔头,技术工人的春天来了。"凭着青岛市给高级技师的优惠政策,济南铁路局青岛动车段机械师刘波买到了自己的第一套住房。

案例3:获得中华技能大奖的荣誉后,中车长春轨道客车公司维修电工罗昭强多次被领导询问是否愿意去管理岗位,但他明确表示自己更愿意当工人。"我自己热爱技术,现在工人的收入也足以支撑体面的生活。"罗昭强这么说道。企业的首席技能专家最高可以拿到企业年人均工资的5倍,其他技术工人也可以拿到不同层次的技能奖励。

(资料来源:人民网,有改动)

所谓体面劳动,是指"在自由、平等、安全和有人类尊严的条件下,让所有男人和女人有更多的机会获得体面的、生产性的工作"。

1. 体面劳动概述

体面劳动的概念由胡安·索马维亚于1999年在《体面的劳动》中正式提出。提出体面劳动的初衷是通过建立政府、雇主和工会三方参与的关系,为实现社会公平而建立独立于市场经济规律的普遍劳动规范。体面劳动的目标是保证劳动者的劳动是公平的、公正的、自由的且有尊严的,提高社会保障、就业率及保证劳动者的权益,加大劳动者维权力度。

体面劳动实际上指劳动者能够自愿、自豪地为满足日益增长的政治、物质、文化等方面需要而有尊严地、有目的地创造财富的活动。体面劳动看似一种劳动,实际反映了一种劳动文化。要实现社会的体面劳动,不仅要在保护劳动者权益、体现劳动者的价值、创造劳动工作环境等打造体面劳动的氛围上下功夫,也要在打造德才兼备的劳动者队伍、提高劳动者素质上更努力。

体面劳动是双向的,社会要创造出体面劳动的氛围和环境,劳动者要体会到劳动的愉悦和幸福。

(1)没有和谐的社会基础不可能体现出体面劳动的社会价值。

(2)一个企业或组织没有和谐的劳动关系就难以实现体面劳动。

(3)没有高素质的劳动者不可能体会到劳动的愉悦和幸福,劳动者素质决定了体面劳动所体现的社会认可度和价值。

2. 体面劳动的内涵

1)聚焦社会现实的角度

努力实现劳动者体面就业和全面发展事关劳动者根本利益。尊重劳动,努力让劳动者实现体面劳动,已成为党和国家的核心价值取向。学者们主要从自由、公平、安全、生产性工作等方面理解体面工作的内涵,对其目标的研究主要从权利、就业平等、社会保障和社会对话四个方面展开。体面劳动一般是政府制定相应的法律法规和制度来保证劳动者的就业和发展;企业在保证其业务有效运行的同时,为员工提供安全的工作条件;劳动者拥有良好的工作和安全的工作环境。此外,劳动者应该得到尊重,有权利参与决策和维护自己的权利。

2）解读哲学本质的角度

体面的工作本质上是以人为本的工作。体面劳动内在意义上要求劳动者素质的提高，注重劳动者能力的建设，外在意义上则是一种有组织的维权力量。从伦理内涵上看，体面劳动是一种具有人的尊严、公平、权利保障、健康安全、自我实现的劳动。有学者从劳动哲学的角度论述了体面劳动是"以人为本的劳动"，即能够发挥和实现劳动者的本质力量，满足劳动者的全面需要的劳动。也有学者提出体面劳动是异化劳动向自由劳动转变的关键环节，体面劳动是社会主义初级自由劳动在中国的特殊表现。体面劳动是马克思劳动伦理学的重要内容和实践形式，其主要内涵是"工人因劳动而体面""工人只有劳动才体面""工人的劳动应当是体面劳动"，体面劳动是实现劳动解放的劳动。

3. 体面劳动的测量指标

对体面劳动的测量比对体面劳动内涵的理解更为重要，对体面劳动的研究也进入了可操作性指标测量阶段。体面劳动主要的衡量模式如下。

首先，采用主成分分析法将影响体面劳动的测度指标划分为经济、社会投入、社会保障和就业四个维度。有学者认为，社会应该重视对体面劳动的衡量，指标的确定必须基于国家劳工组织提出的四个战略目标：工作权、就业平等、社会保障和社会对话，这是实现体面劳动的四个战略目标，也是衡量体面劳动实现水平的四个维度。

其次，从劳动者的个人感受出发，可以归纳出七个结构维度：体面的工资收入、体面的就业保障、体面的工作氛围、体面的劳动强度、体面的民主参与、体面的职业发展、体面的社会地位。

4. 体面劳动的实现途径

1）树立正确的择业观

在现实生活中，大多数人认为体面劳动就是穿着体面、工作轻松、坐在办公室里拿着高薪、从事脑力工作。这些只是对体面劳动的片面理解，并没有真正深入理解体面劳动的本质。体面劳动首先要有劳动，也就是说劳动者只要从事劳动，不偷不抢、合法经营就是体面的，在此意义上，凡付出汗水的辛勤劳动都值得尊重和赞美，劳动本身并无体面和非体面之分。

2）提升职业能力

职业能力是知识、技能、才能和态度的综合，表现在一系列典型的工作任务情境中。具体而言，职业能力的提高可以促进工资收入的增加，就业保障更加稳定，就业机会更加广泛，能收获更优越的工作环境和上级、同事、客户的认可，工作更轻松、更愉快，有更多机会参与企业的生产经营决策，促进个人职业发展和自我价值的实现，提高职业社会地位等，让劳动者有尊严地劳动，幸福地生活。

【课堂活动】

观看视频《劳动者之歌：让农民工实现体面劳动》。有人认为，做建筑工人不体面。看了视频中彭心强由建筑小工成为技术骨干、全国劳动模范的成长历程,你觉得这种观点对吗?你是怎样理解体面劳动的?到底什么是体面劳动呢?

(三)劳动心理健康

案例阅读

减压无术

梁鹏是电影学院导演系的研究生,个子高高的,长得也很帅,但几年下来他有一个很悲观的想法:做导演需要出名,而真正出名的导演又有几个呢?而且自己家是外地的,从本科到研究生一路走来实在太累了,要协调各方面的关系,这种压力压得他喘不过气来。最终,他办理了退学手续。学校的老师、同学无不为他惋惜。

大学生面临的压力过大,心理的落差也比较大,这与整个社会发展的形势和家庭的影响是分不开的。首先是大学生的就业问题,扩招政策让一些学生在上学的时候就对毕业后的就业问题产生焦虑。其次,自我和家庭对学生前途所定的目标过高,有的学生有一种为家长读书的想法,想的是将来要怎样报答家长,有的是给自己定了一个不太符合实际的目标,这些都可能在最终结果上产生很大的心理落差。要缓解这些问题,需要学生找准自己的位置,要正确评价和认识自己,无论怎样,知足常乐是不变法则。另外,不要好高骛远,要脚踏实地一步步走好自己的路。

(资料来源:陕西理工大学心理健康教育中心,有改动)

劳动心理指的是劳动者在社会中所处的地位和人与人之间的关系对劳动者心理上的影响程度。正确处理人际关系、正确对待工作和生活的压力、不断克服心理障碍,才能调适心理状态,达到心理健康。劳动者的心理健康是健康的一个重要组成部分。

1. 精神压力

精神压力是心理压力源和心理压力反应共同构成的一种认知和行为体验过程。通俗地讲,精神压力就是一个人觉得自己无法应对环境要求时产生的负面感受和消极信念。

应对精神压力,关键在于树立正确的劳动观念,培养劳动精神。当劳动者养成辛勤劳动的习惯,能够践行爱岗敬业、无私奉献等劳动精神时,工作任务重不会对其造成心理负担,只会让其加倍努力。

压力过大、过多会损害身体健康。那么,当出现心理压力时,应该如何调整呢?

1)运动解压

运动可以让身体产生腓肽效应,能愉悦神经。腓肽是身体的一种激素,被称作"快乐因子"。腓肽效应让人感觉到高兴和满足,可以缓解压力和不愉快。所以运动是一个很好的减缓压力,让人保持良性的、平和的心态的方法。

运动解压需要一定的方法,如果方法不对,不但对解压没有帮助,反而可能会导致运动受伤。想通过运动缓解压力，可以先参加一些缓和的、运动量小的运动，使心情平静下来，再逐渐过渡到大运动量的运动。

如果压力来源于工作与学习，那么可以参加一些集体运动，如篮球、排球等，在这些运动过程中，可以体会到合作的愉快。

如果是经常在室内学习或工作的人，可以到户外去爬山，或者到小树林里跑步，会感到更加的轻松与愉快。

在安静的地方闭目养神，做几次深呼吸，可以达到很好的放松、减压效果。

2）冥想解压

通过冥想，想象自己所喜爱的地方，如大海、高山等，放松大脑，把思绪集中在想象物的"看、闻、听"上，让自己进入想象之中，就如同自己在大海、高山之中，享受那一份心灵上的放松。

3）饮食解压

饮食解压也是一个不错的选择，很多人在心理压力较大时，会通过饮食来调整。

4）按摩解压

当压力过大时，可以试着做一做按摩。身体上的紧张与压抑也会导致心理上的紧张与压抑，当身体通过按摩放松后，心理压力也会跟着减少。

2. 心理疲劳

心理疲劳又称为精神疲劳，是指由脑力劳动繁重、神经系统紧张程度过高或长时间从事单调、厌烦的工作而引起的精神疲怠现象，表现为心绪不安、动机丧失、注意力不易集中、思维迟钝、情绪低落、工作效率低、反应时延长、工作正确率降低等，其持续发展，将导致头痛、头晕、失眠及心血管系统、呼吸系统和消化系统功能紊乱等。其产生与工作特征和个体的情绪因素密切相关，也与工作者的工作态度、期望和动机有关。

应对心理疲劳，一方面我们需要以良好的劳动价值观作为职业引导。在工作中，如果发现自己对本职工作和一些项目不感兴趣，也不必紧张、忧虑而形成思想负担，应想办法努力培养自己的兴趣。另一方面我们还需要建立合理的劳动节奏，保证休息时间，并学会放松，这样才能以乐观的姿态投入劳动中，创造出更多的价值。

工作时要合理安排时间和工作的轻重缓急，生活要有规律，重视积极性休息，适时参加一些体育锻炼，如跑步、游泳、打球和步行等，以提高肌体的活力、精力和人体在应付复杂枯燥工作时的适应能力，从而避免因从事的活动过于单一而产生单调、消极的心境。同时，每天尽可能保证7~8小时的睡眠，这对消除疲劳有明显的效果。

3. 劳动对大学生心理健康的积极意义

人的一切智慧、成就、财富、幸福都始于健康的心理。现代社会节奏快、竞争激烈、压力增加，如果我们没有一个良好的心态，就很难应对时代的挑战。正确的劳动观点和劳动态度、热爱劳动和劳动人民的情感、良好的劳动习惯能促进我们健康心理的形成和发展。

劳动教育的心理育人价值与作用主要体现在以下几个方面。

1）有利于培养学生的心理品质

劳动教育的作用既有显性的，人们可以直接看到、感知到，如强身健体、增强学生身体素质；也有隐性的，如促进个人的身心和谐，增进人际交流，提高审美判断能力等，促进心理健康发展，培养健全的人格；更有关系个体长远发展、影响人的一生的作用，如通过劳动教育、参加劳动实践锻炼，促进理论与实践的紧密结合，培养学生发现问题、分析问题、解决问题的能力，有利于养成独立自主、迎难而上、开拓创新、吃苦耐劳的心理品质，指导人生的长远发展和人生价值的实现。

2）有利于增强学生的心理调节能力和心理韧性

大学生的心理健康问题媒体多有报道，也引起了社会的广泛关注和讨论，如何加强大学生心理教育成为高校面临的重要问题。学校教育涵盖了德、智、体、美、劳五个方面，其中劳动教育具有综合育人的特点，可以为学生提供开放的教学环境，在劳动中，学生的主体性得到充分发挥，其自主学习的意识充分激发，有利于良好习惯的养成，以及心理调节能力的提升，有能力面对繁重的学业和就业压力。

3）能够释放学生心理压力、缓解心理紧张的情绪

现代生活中每个人都面临来自社会、生活和竞争的压力。压力过大、过多会损害身体健康。只有通过劳动，才能放松身体、释放压力、缓解心理紧张的情绪。

4. 影响劳动心理健康的因素

人的劳动心理健康是一个相对独立的、极为复杂的和动态的过程，影响因素有很多，主要有以下几个方面。

1）社会因素

近年来，随着全球化竞争时代的到来，经济、科技飞速发展，知识经济蓬勃兴旺，高技术企业迅猛发展，人们的工作、生活节奏越来越快。数字时代海量信息的冲击、人口爆炸带来的严峻就业形势、生态环境的恶化、林林总总的诱惑和选择、未来社会政治经济发展预期的不确定性……这一切都使劳动者的心理健康问题越来越突出，心理亚健康、不健康现象越来越普遍。有些劳动者长期处于高度紧张状态下，如果得不到及时的调适，会感觉身心疲惫。久而久之，则出现焦虑不安、抑郁症、精神障碍等心理问题和疾病。

近些年来，许多企事业单位启动和推进"员工援助计划"及"员工心理关爱计划"，但这些项目在组织中的落地尚存在很多挑战。

2）文化因素

文化因素对劳动者的心理有着非常重要的影响。心理咨询在西方发达国家属于普及性的公众保健性服务，人们对心理咨询的接纳程度相对较高，遇到问题寻求专业的心理咨询与心理治疗服务，帮助自己和家人摆脱心理困境这个理念已经被全社会广泛接受。相比之下，内敛含蓄的中国人出现了心理问题，则很少有人会想到寻求专业的心理咨询人员帮助。当压力像洪水一样不断地积蓄时，人的心理承受力就像容量有限的蓄水坝，总有崩溃的一天。

3）劳动者自身的因素

社会因素和文化因素都不是决定因素，心态的好坏最终取决于劳动者自身。影响劳动

者心理健康的因素如下。

（1）个人性格和情绪。偏执、心存疑虑、易焦虑、紧张、追求完美、缺乏弹性等性格。有一些劳动者由于从事非自己喜欢或者非自己所擅长的工作，在日常工作中找不到丝毫的乐趣而情绪低落。

（2）个人目标。低自信、自我期望不合理、目标不清甚至没有目标的人。人生目标太过远大而不切实际，心理承受能力太过脆弱。

（3）生物学因素。该因素主要有遗传因素、化学中毒或脑外伤、病菌或病毒感染、躯体疾病或生理机能障碍等，也是影响心理健康的因素之一。

5. 培养健康劳动心理的基本方法

1）参加家务劳动，提高自立自强的意识和能力，学会珍惜与感恩

经常参加一些力所能及的家务劳动，不仅不会影响学生学习，反而会促进其学习。学生结束了一天的紧张学习后，回家帮助父母拖拖地、洗洗碗、洗洗衣服，可以消除学习中的紧张感，减轻疲劳，从而使自身精力更充沛。同时，学生和父母一起参加家务劳动，还是一个沟通的好机会。通过劳动中的谈心、聊天，可以拉近和父母的心理距离，亲情的交融会给学生在学习、生活、精神上增添新的力量。

2）参加学校劳动，培养集体荣誉感

学校要发挥主导作用，安排集体劳动。集体劳动可以使学生体会到集体的力量、集体的温暖，同时，让学生对劳动有一个更深入的认识，亲身体会劳动的艰辛和光荣，让学生重视劳动，珍惜自己的劳动成果。

3）参加公益劳动，培育社会公德

公益劳动是不计报酬、不谋私利、不斤斤计较的劳动。学生参加公益劳动可更加关心公共事业，提高社会实践能力，更好地接触、了解社会。学校要定期开展校内外公益服务劳动，做好校园环境秩序维护，运用学生专业技能为社会、为他人提供相关公益服务，培育学生的社会公德，厚植爱国爱民的情怀。

4）依托实习实训，增强职业认同感和劳动自豪感

职业认同感是指对个人职业的肯定。通过参与真实的生产劳动和服务劳动，学生可增强职业认同感和劳动自豪感，同时，在学以致用的过程中，激发学习兴趣，提高实践能力，加深对学科知识的理解，即提升创意物化能力，并且培育不断探索、精益求精、追求卓越的工匠精神和爱岗敬业的劳动态度。

二、劳动能力

案例阅读

"英雄机长"刘传健

图2-3就是四川航空3U8633航班的"英雄机长"刘传健。

图 2-3 "英雄机长"刘传健

2018年5月14日，四川航空3U8633航班在9800米的高空飞行时，驾驶舱右侧的风挡玻璃突然爆裂脱落，紧接着飞行仪表失灵，飞机开始剧烈抖动、失压，一场空难眼看就要发生。机长刘传健在生死关头，面对每小时800千米的强气流和-40℃的极端低温环境，迅速恢复理智，凭借长期磨炼的专业技术和超强的心理素质，在十几秒的时间内准确无误地完成了36个完整动作，在半个多小时内，强忍低温、缺氧、强风的恶劣条件，全手动操纵飞机飞越高原高山地形，最后平安着陆，拯救了飞机上所有旅客和机组人员的生命，创造了航空史上的奇迹。

2018年9月30日，习近平总书记专门邀请刘传健等"中国民航英雄机组"全体成员参加庆祝中华人民共和国成立69周年招待会。习近平总书记对他们说："生死关头，你们临危不乱、果断应对、正确处置，确保了机上119名旅客生命安全。危难时方显英雄本色。你们化险为夷的英雄壮举感动了无数人。得知你们的英雄事迹，我很感动，为你们感到骄傲。授予你们'英雄机组''英雄机长'的光荣称号，是当之无愧的。""你们不愧为民航职工队伍的优秀代表。我们要在全社会提倡学习英雄机组的英雄事迹，更要提倡学习英雄机组忠诚担当、忠于职守的政治品格和职业操守。"

发生事故时，刘传健面对巨大的身体压力和心理压力，一个微小的疏忽都会导致空难发生，100多条鲜活的生命将永远消失。但是，刘传健过硬的心理素质和专业素质保证了事故发生时他的每一步操作都准确无误，最终避免了一场灾难，挽救了机组人员和全体乘客的生命。

（资料来源：2021年11月5日，人民网，有改动）

广义的劳动能力既包括生产、生活和服务中的一般性知识、劳动技能和劳动素养等，还包括职业和专业领域中的特殊知识、专业技能和职业素养。

狭义的劳动能力是指人们进行生产活动的能力，包括体力和脑力两个方面，是体力和脑力劳动的总和；是劳动者以自己的行为依法行使劳动权利和履行劳动义务的能力，即法律上所指的劳动行为能力。劳动行为能力丧失意味着不再具有劳动的能力。

劳动能力分类如下。

（1）一般性劳动能力，多指日常所需的劳动能力，包括为自己服务的穿衣、吃饭等以及为他人服务的简单体力及脑力劳动。

（2）职业性劳动能力，是指需经过专业训练，具备专门知识的劳动能力（如工程师、教师等）。

（3）专门的劳动能力，是指有些职业需具备的专长性很强（如歌唱家、钢琴师等）的劳动能力。

（一）大学生劳动能力的构成

冰山模型（见图2-4）是美国心理学家麦克利兰于1973年提出的一个著名模型。冰山模型是将人的个体素质的不同表现划分为冰山水上的部分和冰山水下的部分，其上部分包括基本知识，也就是我们讲的专业知识能力，主要是事实和原理的知识，存在于书本，可以通过培训来改变和发展；另一部分是深藏起来的、看不到的冰山的水下部分，其本质是理解、领悟和行动，存在于个人经验和实践活动，包括方法能力、社会能力、自我发展能力等，是人内在的、难以测量的部分，不容易受外界的影响而改变，但却对人们劳动能力的高低和表现起着重要作用。

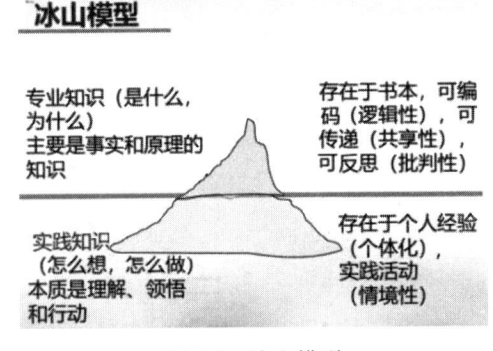

图2-4 冰山模型

大学生不仅需要具备较强的专业知识能力，还需要具备较强的人际沟通能力、自我管理能力、团队合作能力、学习和创新能力、社会适应能力和解决问题的能力等，这些能力都是劳动能力的主要内容和表现。

1. 专业知识能力

专业知识能力强调的是应用性和针对性，主要包括从事某种劳动必备的专业知识技能能力，是应将劳动的内容变换的能力，将工程技术、安全经济、美学等方面的知识运用于实际的能力。比如，机械工程专业的学生不仅要会看装配图，还要学会绘制相应图纸；法律专业的学生要将相关的法律知识熟记于心；财务管理专业的学生要看懂财务报表，掌握财务分析的能力。

2. 人际沟通能力

1）人际交往

人际交往是指人们为了相互传递信息、交换意见、表达情感和需要等，运用语言、行为等方式而进行的人际联系和人际接触的过程，即通常所说的人际关系。人际交往能力指的是向他人传递思想、感情与信息的能力。对于正在学习、成长的大学生来说，良好的人际交往能力不仅是大学生活的需要，更是将来适应社会的需要。对于一个组织来说，成员具有良好的人际交往能力有助于营造良好的组织氛围，而良好的组织氛围可以促进组织成员之间的沟通与交流，可以促进组织内部与外部成员之间的人际关系，扩大组织与社会的联系面，使组织掌握更多的社会资源，进而有助于组织目标的顺利实现。因此，在其他条件相同的情况下，用人单位往往更愿意接收和使用人际交往能力强的人。

2）表达沟通

表达沟通能力是通过听、说、读、写等方式，利用演讲、会见、对话、讨论、信件等形式将个人的思想、观点、意见或建议用语言或文字准确、恰当地表达出来，促使对方接受自己的能力。

沟通就是信息的传递和理解，沟通技能包括听、说、读、写多种技能。沟通的形式多种多样，最主要的方式是语言沟通，包括口头的和书面的，是大学生必须具备的基本能力。能够用准确、流畅的语言讲述事实、表达观点，能够撰写计划、总结、调查报告、公函等文书，这是用人单位对大学生表达能力的基本要求。除了语言，非语言方式也是沟通的重要组成部分。非语言沟通也常常被称为身体语言，包括衣着、表情、神态、姿势、动作等。能够准确、高效地将信息传递给信息的接收方，并能正确理解对方的信息，这是大学生就业必须具备的能力。良好的沟通能力是大学生在职场中通向成功的重要条件。

提升沟通能力的方法有很多，在劳动过程中，可按如下步骤实施。

1）明确目标

在实际劳动过程中，80%的问题都需要通过沟通来解决。沟通的前提是要清晰沟通的目的。比如，要完成一项家庭劳动任务，我们首先要明确做什么，怎么做，什么时候完成，要达到怎样的效果。

2）达成共识

沟通的过程是双向的，一个是信息发送者，一个是信息接收者。二者在整个过程中互为发送者和接收者，并且这个过程会有很多干扰因素，这就要求二者能够就沟通的问题达成共识。

3）有效反馈

在劳动过程中沟通时，往往是一个人在说、一群人在听，说的人很少能获得及时有效的反馈。这个时候，听的人就要把自己想表达的、自己的情感，以及对对方的理解及时反馈给对方，使双方保持在同一个频道上，这样有助于提高沟通效率。

3. 自我管理能力

自我管理能力是指依靠主观能动性，按照社会目标，有意识、有目的地对自己的思想、行为进行转化控制的能力。在劳动过程中，自我管理能力主要包括以下几个方面。

1）心态管理

心态决定行为，行为决定习惯，习惯决定性格，性格决定命运。心态管理就是让自己的积极心态成为自己的主导，让自己的消极心态通过一个不损害他人的方式疏通，或通过修身律己而改变。劳动者的心态管理就是通过了解劳动者的心态差异，在充分尊重本人尊严、价值及情感的基础上，不断提高劳动者对组织的满意度和认可度，让劳动者无论是在独立工作，还是在团体合作劳动的情况下，都能有强烈的责任感、归属感和自由感。

2）自我激励

自我激励是潜藏的一种神秘而有趣的力量。在劳动过程中应不断地自我激励，始终保持前进的动力，学会运用"目标卡""名言警句"等实现自我激励。尤其是在劳动过程中感到比较困难和艰苦时，更需要进行自我激励。

3）情绪管理

在劳动过程中，要学会控制、化解不良情绪。用合理的方法、正确的方式调整和控制自己的情绪，保持乐观的劳动心态，理解自己的情绪，适度放松自己的情绪。

4）自我反思

反思是成长的加速器，在劳动的过程中，要留有足够的时间去反思。学会反思成功过程，积累经验；反思失败做法，纠正不良的劳动方法和习惯。自我反思是劳动中的探照灯。人总是有比较之心的，与同龄人比、与同事比，这不是坏事。自我反思就如探照灯一样，让你在反思中学习和借鉴。它会带给你希望并指明方向，它会让你局限的目光放远、放宽。

4. 团队合作能力

所谓团队合作能力，是指建立在团队的基础之上，发挥团队精神、互补互助，以达到团队最大工作效率的能力。对于团队的成员来说，不仅要有个人能力，更需要有在不同的位置上各尽所能、与其他成员协调合作的能力。

那么如何提升团队合作能力呢？团队强调的是协同工作，所以团队的工作气氛很重要，它直接影响团队成员的合作效果。没有完美的个人，只有无敌的团队，团队成员取长补短，相互协作，才能造就出一个好的团队，所以有"三个臭皮匠，赛过诸葛亮"之说。在一个团队中，每个成员都有自己的优缺点，作为团队的一员应该主动发现团队成员的优点和积极品质，如果团队的每位成员都主动发现其他成员的积极品质，那么团队的协作就会变得很顺畅，工作效率就会提高。团队精神的最高境界是"不抛弃，不放弃"，打造团队精神的具体做法如下。

1）包容成员

团队工作有时需要成员在一起不断地讨论，如果一个人固执己见，无法听取他人的意见，或无法和他人达成一致，团队的工作就无法进行下去。团队的效率在于配合的默契，如果达不成这种默契，团队合作就不可能成功。为此，对待团队中其他成员时一定要抱着宽容的心态，讨论问题时对事不对人，即使他人犯了错误，也要本着大家共同进步的目的去帮助对方改正，而不是一味斥责。同时，也要经常自我反思，如果意识到了自己的缺点，不妨坦诚地讲出来，承认自己的缺点，让大家共同帮助你改进，这是最有效的方法。

2）获得支持

要想使自己的工作得到大家的支持和认可，而不被反对，那就要让大家喜欢你。要与团队成员在工作和生活中互相支持、互相鼓励、互相关心。

3）保持谦虚

骄傲自大的人在团队合作中不会被大家认可。可能你在某个方面比其他人强，但你更应该将自己的注意力放在他人的强项上，只有这样，才能看到自己的短板。因为团队中的任何一位成员都有自己的专长，所以必须保持足够的谦虚。

4）资源共享

团队作为一个整体，需要的是整体的综合能力。不管一个人的能力有多强，如果个人能力没有充分融入团队中，也不利于团队综合能力的提升。资源共享作为团队工作中不可缺少的一部分，可以很好地评估团队的凝聚力和团队的协作能力。故提高团队的资源共享度是让团队健康发展、稳定发展的基础。

5. 学习和创新能力

学习能力是人们在学习、工作及日常生活中必须具备的能力之一。现代社会对人们学习能力的要求越来越高，应届大学毕业生基本上都要经过系统培训才能具备业务操作能力。因此，是否具备良好的学习能力和强烈的求知欲望是用人单位十分重视的，也是用人单位重点考察的内容之一。

创新能力是人们革旧布新、创造新事物的能力，包括发现问题、分析问题和解决问题以及在解决问题过程中进一步发现新问题，从而不断推动事物发展变化的能力。创新能力最基本的构成要素是创新激情、创新思维和科技素质。创新激情决定着创新的产生，创新思维决定着创新的成果和水平，科技素质则是创新的基础。

创新性劳动的价值和特点，以及创新性人才的特点如下。

1）创新性劳动的价值

建设创新型国家，从根本上要依靠创新性劳动。对创新性劳动及其相关范畴的深刻认识，不仅可以提高我们建设创新型国家的自觉性，而且可以提高我们认识社会发展规律的能力。

（1）创新性劳动是人类进化的决定性因素。在人类发展早期，创新性劳动还只是偶然发生。人类有了创新性思维后，才发生了创新性的劳动加工。随着人类劳动向高级形态发展，其最主要的标志就是创新性劳动数量的增加和水平的提高。创新性劳动的不断增长，构成了社会生产力进步的核心内容，并驱使经济和社会关系不断演变。

（2）创新性劳动是现代经济演变的主要动力。从生产力的观点看，生产的积极和消极的方面都源于剩余价值产生，正是剩余价值推动了生产力的迅速发展。因为工人的收入大大低于其所创造的价值，从而使生产条件进行较高的积累和扩大，使人类创新性劳动所带来的文明成果得到快速扩展。

（3）创新性劳动是理解未来社会发展的关键。随着创新性劳动的发展，新的生产领域会越来越多,生产分工就会越来越细致。因此从生产力角度看,分工永远不会消失,消失的是人们被动服从分工的现象,是脑力劳动与体力劳动的对立,以及劳动不再仅仅是谋生的手段,而成为生活的第一需要等条件的实现。

2)知识经济时代创新性劳动的特点

知识经济时代的创新性劳动不仅能够应用已有的科学知识解决简单劳动不能解决的比较复杂的问题,而且能够把实践中新积累的、分散的、零碎的经验上升为新的理论和科学,揭示事物的本质,探测事物的发展趋势,阐明事物之间的必然联系和发展规律,从而使生产过程从简单的劳动过程转化为驱使自然力为生产服务并为人类需要服务的科学过程,创新性劳动具有更大的生产力、创造力,能够创造更多的价值。

3)创新性人才的特征

创新性人才要有创新精神和创造力。创新精神主要表现为敢于提出问题和善于解决问题;创造力则表现为发现问题和解决问题的能力,创造力的核心内容是创新性思维。新时代的创新性人才的主要特征表现为独立、好奇心强,以及具有创新精神、竞争意识和健全人格。

面对日新月异的科技进步,面对繁重复杂的发展任务,新时代劳动者不仅要爱劳动、会劳动,而且要懂技术、能创新。提高劳动者创新性劳动能力,要培养劳动者的创新劳动意识,扎实推进创新性劳动教育,加强创新型实验建设,鼓励开展创新劳动训练,强化敢闯会创能力培养;注重新知识、新技术、新工艺、新方法在劳动中的应用,鼓励劳动者创新性地开展劳动和技能实践。

6. 社会适应能力

社会适应能力是指人为了在社会中更好地生存而进行的心理、生理以及行为上的各种适应性的改变,与社会达到和谐状态的一种执行适应能力。

1)社会适应能力的内涵

一般认为社会适应能力包括以下方面:个人生活自理能力、基本劳动能力、选择并从事某种职业的能力、社会交往能力、用道德规范约束自己的能力。从某种意义上来说是指社交能力、处事能力、人际关系能力。同时,社会适应能力是一个人综合素质能力高低的间接表现,是一个人融入社会、接纳社会能力的表现。

2)提高社会适应能力的具体方法

(1)要主动接触社会、积极适应。首先要主动地投入到社会环境中去,不管现实环境多么令人不愉快。只有接触社会,才能认识自己所处的环境和适应环境。最好的办法是随着年龄的增长,有目的地进行一些有益的社会实践活动,有意识地锻炼自己,进一步认识自己,认清自己在社会环境中所处的位置。适应社会环境还分为主动适应和被动适应。被动适应会表现出对环境的无可奈何,产生消极、忧郁、焦虑,甚至逃避的负面情绪。主动适应则能发挥自己的主观能动性和无限的创造力,努力克服各种困难,从而产生积极向上、愉快、满意、充实的正面情绪,这不仅能够使我们很好地适应环境,也有利于身心健康。

(2)要积极调整自我,提高应对的技巧。在接触社会环境的过程中,肯定会遇到或产生社会环境和自身条件之间的矛盾和冲突。如果我们能够审时度势，选择有利的环境条件，抓住机遇，积极地调整自我，学习有关的技能，提高应对的技巧，这样我们就能较快、较好地适应环境，并且取得成功。

（3）要利用社会支持系统，积极寻求帮助。大学生在积极地接触社会的过程中，会遇到各种问题，出现各种心理上的苦恼与困扰。为了更好地适应社会，除了及时地进行自我调整之外，有效地利用社会支持系统，寻求老师、同学或家长的帮助也很重要，俗话说"一个好汉，三个帮"。有社会的支持，有亲朋好友的帮助，就没有克服不了的困难。因此，我们要学会利用社会支持系统，帮助自己适应社会。

7. 解决问题的能力

在劳动过程中要善于分析问题，增加知识储备，以问题为中心，进行深入的思考。当然，这种能力的培养需要一个渐进的过程，需要在实践中不断地积累和磨砺。要提高解决问题的能力，可以遵从以下步骤进行。

1）分析问题

分析问题最快的方法就是拆分问题。当遇到一个问题时，首先要了解这个问题的原因、背景、解决的关键点，然后将问题拆分成几个可解决且易分析的问题。例如，遇到一个技术难题，可将其拆分成 3 个要素：第一，事实是什么；第二，难题产生的原因是什么；第三，解决问题的关键点和突破口在哪里。

2）快速迁移

快速迁移是提高解决问题能力最关键的一步。遇到一个问题时，可以联想这个问题和以往哪些问题类似；有哪些方法可以解决类似的问题等。当然，也可以请教或寻求外界帮助。

3）提出方案

要解决问题，在了解了问题产生的真实原因之后，可寻求多种解决问题的方式，并制定相应的方案。

4）做出决策

知道问题产生的原因和解决问题的目的，才能做出最佳的决策。

5）总结问题

多进行总结，解决问题的能力会快速提高。

【课堂活动】

小王是某高职院校汽车工程系的学生。他在高考填报志愿时选择了汽车工程专业。他了解到在与本专业相关的工作中，汽车销售的工资由基本底薪和提成组成，且上不封顶，待遇优厚，这使他下定决心毕业后要从事汽车销售工作。

毕业后，他如愿来到一家汽车 4S 店从事汽车销售工作。几个月下来，这个岗位的工作不仅没有给他带来丰厚的薪酬，反而使他心灰意冷，对自己的能力产生了怀疑。

原来小王性格内向，不善于沟通交流。见到客户时，经常表现拘谨，语无伦次。自然，他每月只能拿到2000元左右的底薪。这几个月可谓入不敷出，捉襟见肘。面对优厚的待遇目标，自己却难以胜任这份工作，他陷入了进退两难的尴尬境地。

替小王想想，他该怎么办？

（二）大学生劳动能力的培养

案例阅读

一个值得分享的择业故事

张兵在高中时是个成绩还不错的学生，他选择了理科，并在考大学填志愿时选择了某电子科技大学的电子信息专业。他对自己的要求比较严格，大学期间他慢慢意识到，要在自己所选的专业领域有所建树，需要拿到博士学位。而且，如果自己将来选择进入外企或国企工作，还需要优秀的综合管理能力，这样就需要系统学习管理方面的知识。

综合各方面考虑，张兵决定硕士研究生毕业后就选择就业，同时为了方便毕业后就地就业，他选择回家乡读研，并选择了某大学的管理科学与工程专业。有了清晰的规划，张兵开始按照计划努力起来。后来，张兵选择进入一家世界500强外企实习，由于该企业管理比较完善，薪资待遇也不错，如无意外，待研究生毕业后张兵就会和这家外企签订劳动合同。

然而，张兵在外企实习了一段时间后发现，他并不适合在外企工作。原因在于，这家外企的管理异常完善，以至于从哪扇门进入、乘坐哪一部电梯都规定得清清楚楚。工作方面，只需要掌握相应的办事规定和方法，然后埋头苦干即可。这让张兵感觉这份工作很难有自己发挥的余地。实习了大半年后，张兵重新开始选择适合他的企业。后来，张兵在网上发现了一家正在成长期的企业，入职薪水是现在的一半。但是，张兵认为目前中国正处于能源产业升级的大发展阶段，这家企业今后的发展前景不可限量。于是他决定进入这家企业，正式与该企业签订劳动合同，成为一名管理培训生。5年过后，张兵在企业一线岗位摸爬滚打，从一个管理培训生成长为一名有两年主管经验的企业骨干人才，与企业一起不断"茁壮成长"。

张兵给自己制定了非常清晰的规划，因此在择业时他显得非常坚定。拿到硕士学位后就业还是继续攻读博士学位？他选择了前者。选择待遇高的外企还是更有发展前途但薪水较低的国内企业？他选择了后者。凭借着这种正确的择业观，张兵的事业蒸蒸日上。

（资料来源：应届毕业生网，有改动）

大学生劳动能力的培养以满足社会和市场的需要为主要目标，因此，劳动能力培养的重点是各种能力在生产、建设、管理、服务等领域的具体职业活动中的应用。

大学生该如何进行劳动能力的培养呢？一般可以按以下步骤进行：合理的自我分析—科学进行职业生涯设计—勇于参加社会实践。

1. 合理的自我分析

大学生可以运用 SWOT 分析法进行自我分析。SWOT 分析法是从优势、劣势、机会、威胁四个方面进行分析，通过分析，全面认识自己的职业兴趣、气质、性格能力等，了解自己的优势与劣势、特长与不足、成长环境的机会与威胁。在此基础上，明确综合劳动能力以及自我培养的内容、途径和方法，重点培育职业能力、交往与合作能力、心理承受能力、计算机应用能力、创业与创新能力、自我管理能力等，这是企业对大学生的第一要求，也是大学生必须具备的能力。

SWOT 分析法又称强弱危机分析法、优劣分析法等，是一种企业竞争态势分析方法，是市场营销的基础分析方法之一。其通过评价自身的优势（strength）、劣势（weakness）、外部竞争上的机会（opportunity）和威胁（threat），对研究对象所处的情景进行全面、系统、准确的研究，根据研究结果制定相应的发展战略、计划以及对策等。SWOT 分析法如图 2-5 所示。

	积极	消极
内部	优势(strength) 独特能力 特殊资源	劣势(weakness) 资源劣势 经济劣势
外部	机会(opportunity) 优势条件 对手的劣势	威胁(threat) 劣势条件 对手的不良影响

图 2-5　SWOT 分析法

2. 科学进行职业生涯设计

个人职业生涯设计是指一个人在掌握自己的职业兴趣、爱好、特长等前提下，在认真分析自己的性格、能力特点和内外部环境因素的基础上，结合自己所学专业及知识结构，以实现个人发展的成就最大化为目的，而做出的行之有效的安排。职业生涯包括一个人从职业学习开始，到职业劳动，直至最后结束这一生的职业工作所经历的全部过程。

职业生涯设计可分为六个步骤：自我评估——职业生涯机会的评估——确定职业发展目标——选择职业生涯发展路线——制定职业生涯行动计划与措施——评估与反馈。职业生涯规划中确立的目标应该是可预想的、有一定实现可能的最长远的目标，包括终极目标、长期目标、中期目标和短期目标。制定职业发展目标应遵循 SMART 原则，使制定的目标可衡量、可确定、有时间限制、现实可行、可接受。大学时期是职业发展的准备期和探索期，大学生应该充分利用这段时间科学地进行职业规划，制定职业生涯行动计划和措施，积累劳动能力，不断尝试完成每个阶段的任务。

SMART（specific、measurable、attainable、relevant、time）原则是现代管理学之父彼得·德鲁克提出的一种理论。这种理论利于员工更加明确高效地工作，为管理者对员工实施绩效考核提供了考核目标和考核标准。它使考核更加科学化、规范化，更能保证考核的公正、公开与公平。SMART 原则如图 2-6 所示。

S	specific（明确性）	制定的目标一定要明确且具体，不能模棱两可。
M	measurable（可量化）	不能量化的目标后期无法追踪、考核或评估。
A	attainable（可实现）	目标制定务必现实，好高骛远的目标没有意义，相反，目标过低也不行。
R	relevant（相关联）	目标和完成目标的人必须紧密相关才有意义。
Y	time（时效性）	将目标拆分成几个小的目标及对应的完成时间节点。

图 2-6　SMART 原则

就大学生而言，其在大学期间各阶段的任务是：大学一年级，了解自我，学会自我管理，养成良好的学习和生活习惯，探索职业兴趣，确定职业发展方向，进行个人职业生涯设计，培养综合劳动能力；大学二年级到三年级，培养劳动能力和劳动技能，重点培养解决实际问题的能力，塑造创新品质；大学四年级，不断强化劳动能力，到企业实习，主动择业，争取获得理想的岗位。

事物都处在变化中，绝大部分变化是难以预见的。现实社会中存在种种不确定因素，因此制定好职业行动计划和措施后，还要根据自身的发展情况和外界因素进行评估和调整，及时修正规划目标，并调整行动方案。

3. 勇于参加社会实践

大学生要结合所学专业，勇于参加社会实践。社会实践是大学生走进社会、提高劳动能力的一个重要途径。

（1）社会实践有利于培养大学生的主动意识。社会实践可以引导涉世未深的大学生更好地了解社会，从而正确地认识自己主动提高自身劳动能力，使自己成为一个社会需要的人才。

（2）社会实践有利于大学生提前熟悉行业，在就业时更有针对性。社会实践能够帮助大学生提前接触行业，加强对行业的了解，有利于大学生在就业时选择自己喜欢的方向；社会实践有利于提高大学生的专业实践能力，可以让大学生加强对课本上理论知识的运用，在实践中学到与专业知识相关的内容。

（3）社会实践有利于提高大学生的综合素质。在传统的教科书式教育模式下，大学生普遍与社会脱节，而社会实践可以让大学生在与社会各阶层的精神接触与交流中获得真切的体验，从一个个鲜活的典型事例中得到深刻的教育与锻炼，促进大学生综合素质的全面提高，增强其劳动的核心竞争力。

【课堂活动】

> 小李是某技师学院商务英语专业的一名学生。她勤奋刻苦，喜欢与人打交道，对英语专业充满了热爱。上学期她夺得了校英语辩论赛的冠军，并立下了以后要去外企从事翻译工作的志向。理想很丰满，然而现实很骨感，临近毕业时她几次面试都碰了壁，她的家人也坚持认为，女孩子要找个相对稳定、压力较小的单位。为此，小李同学非常苦恼。你认为小李应该怎么办？为什么？

三、劳动常识、专业知识与工具

案例阅读

磨豆子缝了8针

小刘回忆起小时候和母亲一起用石磨磨豆子的事情。他说，当时家里的石磨是由架着的一个"丁"字形的木推杆来带动旋转的，母亲推杆转动石磨，小刘就负责往磨眼里添料。添料也是很讲究的，只要推杆从身前绕过，就要迅速且准确地将豆子和水按一定的比例添加到磨眼中，并在推杆再次经过前抽回添料的勺子，为下次添料做好准备。有一次，小刘在不熟悉石磨的情况下，强烈要求母亲让他来添料，母亲没有办法只好同意。小刘搬来一张小竹凳站在上面，刚好能够完成添料，就在他沉浸在添料的喜悦中时，由于忘记收回手，手臂被石磨的推杆撞到，疼痛使他的身体自然往旁边倾斜，脚一滑就从凳子上摔了下来，额头正好撞在了旁边的砖头上，顿时血流如注。最后他被送到医院，伤口缝了8针。

今天的小刘早已成家立业，但额头上的伤疤依然在不断地提醒他，做任何事之前都必须做好充分的准备，否则就可能造成不必要的伤害。

我们可以从小刘的故事中了解到，如果不熟悉劳动工具，就有可能在劳动中出现危险。因此，在劳动中一定不能轻视劳动工具的使用方法，要注意安全。

（资料来源：搜狐号，有改动）

（一）劳动常识

劳动常识是我们应当具备的劳动基础知识。在日常生活和工作中，我们即使面对的是简单的劳动任务，也需要一定的劳动常识。

通常，我们可以通过自我学习、借鉴他人的劳动方法和经验或者劳动实践等途径来掌握劳动常识。

（二）劳动专业知识

不同的劳动有其对应的专业知识，一般可以通过学校的专业课程学习、各种渠道的培训（如岗前培训、专业培训）等途径来掌握劳动专业知识。

劳动常识和专业知识这里不在赘述，有兴趣的同学可查阅相关资料。

（三）劳动工具

劳动工具即生产工具，是人们在生产过程中用来直接对劳动对象进行加工的物件。劳动工具在劳动者和劳动对象之间起传导劳动的作用，是劳动资料的基本和主要部分，是机械性的劳动资料。劳动工具不仅是社会控制自然的尺度，也是生产关系的指示器。常见的劳动工具有电工类、木工类和农具等。

1. 电工类常见工具

电工是专业性较强的工种，从业人员需要具备基本的操作常识才能保证安全。在日常劳动中使用的大多是一些基础电工工具。电工类常见工具如表 2-1 所示。

表 2-1 电工类常见工具

名　　称	外　　观	作用和用法
试电笔（测电笔）		检查导线和电器设备是否带电。笔体中有一个氖泡，测试时如果氖泡发光，说明检查对象带电。需要注意的是，测试时一定要用手触及试电笔末端的金属部分，否则，氖泡会因带电体、试电笔、人体与大地没有形成回路而不发光，导致误判
螺丝刀（改锥）		常见的螺丝刀有一字螺丝刀和十字螺丝刀（或称梅花螺丝刀），主要用于拧螺丝，其操作利用了轮轴的工作原理，当轮越大时越省力，所以使用粗把的螺丝刀比使用细把的螺丝刀拧螺丝更省力
电工刀		是电工常用的一种切削工具，主要用来剖切导线、电缆的绝缘层。电工刀是可折叠的，使用后应将刀刃折回刀柄
尖嘴钳		是一种常用的钳形工具，主要用来剪切线径较小的单股与多股线，以及给单股导线接头弯圈、剥塑料绝缘层等，优点是能够在较狭小的工作空间操作

续表

名称	外观	作用和用法
老虎钳（钢丝钳）		是一种夹钳和剪切工具，属于省力杠杆，多用来起钉子或夹断钉子和铁丝等
扳手		是一种常用的安装与拆卸工具，利用杠杆原理来拧转螺栓、螺钉、螺母等。使用时可通过大拇指拨动螺纹调节器，调整扳手的开口大小，以适合待拧转对象的大小

2. 木工类常见工具

木工劳动是生活中较常见的劳动，木工类常见工具如表 2-2 所示。

表 2-2　木工类常见工具

名称	外观	作用和用法
羊角锤		可用于敲击、锤打，以及起拔钉子。钉钉子时，锤头应平击钉帽，使钉子垂直进入木料；起拔钉子时，宜在羊角处垫上木块，增强起拔力；锤打时应注意锤击面的平整完好，以防钉子飞出或锤头滑脱伤人
手工锯		是一种用来把木料或其他需要加工的物品锯断或者割开的工具，使用时用手握住手柄，在对象上来回推拉
电钻		有手电钻、冲击钻、锤钻等之分，手电钻的功率最小，仅用于钻木；冲击钻能在砖、混凝土等脆性材料上钻孔；锤钻则可在多种硬质材料上钻洞，使用范围最广。使用电钻时，应先准备好大小合适的钻头，并转动电钻下方齿轮的转环，然后松开电钻的夹头，增加夹柱之间的缝隙后放入钻头，旋紧钻头上面的小孔后，插上电源，接着按下电钻把手上的电源开关即可钻孔。钻孔时压得越重，电钻转速就会越快
卷尺		是一种度量工具。常用的是钢卷尺，使用时可以将卷尺拉出，然后按下制动按钮，测量完毕后，释放制动按钮，小心且缓慢地将卷尺收起来

续表

名称	外观	作用和用法
斧头		是一种金属切削工具,主要用于伐木和切削木材。当需要砍伐时,应双手握住手柄大力操作;当需要切削时,可单手握住手柄精细操作
砂纸		一种供研磨用的材料,用以研磨金属、木材的表面,使材料表面光洁平滑。其中,干磨砂纸(木砂纸)用于磨光木器、竹器的表面;耐水砂纸(水砂纸)用于在水中或油中磨光金属或非金属工件的表面。使用时将有砂砾的一面接触对象,并来回打磨
锉刀		是一种用于锉削木料、金属、皮革等对象表层,使材料表面光滑平整的小型加工工具,有平锉、半圆锉、方锉、三角锉、圆锉之分。使用时,一手握着刀柄,一手按压锉刀前端,并来回推拉

3. 常见农具

在进行农业劳动前,应该学会使用一些常见的农具来提高劳动效率。常见农具如表2-3所示。

表2-3 常见农具汇总

名称	外观	作用和用法
扁担		是一种扁圆长条形的工具,用于放在肩上挑东西或抬东西,常见的扁担有木制和竹制两种。使用扁担时,扁担两头尽量保持一样的重量,悬挂物品的绳子稍微放长一些,使重心较低,能够减轻肩膀上的压力。用扁担挑水时,应尽量走小碎步,防止走路的频率刚好等于扁担的固有频率,导致共振,使桶内的水洒出来
镰刀		是收割庄稼和割草的农具,由刀片和木把构成。使用时一手握着切割对象,一手用镰刀切割。注意使用镰刀时不要误伤自己,新手特别容易割伤自己的手、脚或腿
铁锹		是一种用于耕地、铲土的常见农具。铁锹的长柄以木制为多,根据头部的形状,分为尖头铁锹、方头铁锹等多种类型。使用铁锹时可以借助脚力,用脚使劲将铁锹头部踩入泥土中,有助于提高劳动效率

续表

名称	外观	作用和用法
锄头		是一种万用农具，可以用于挖掘、松土、作垄、盖土、除草、培土等作业，使用时以两手握柄，举起锄头，从上往下做回转冲击运动
石磨		是一种用于把米、麦、豆等粮食加工成粉、浆的工具。推动石磨不能太快也不能太慢，根据粮食的种类选择合适的速度匀速推动，才能研磨出更好的食材
杆秤		是一种利用杠杆原理来称质量的简易工具，一般由木制的带有秤星的秤杆、金属秤锤、秤盘、提纽等组成。使用时挂上秤锤，在秤盘上装上货物，提起提纽，推动秤锤，使其保持平衡后即可读出货物的质量

第三部分　劳动习惯和品质

案例阅读

人生不拼不精彩

陈行行，全国五一劳动奖章获得者、全国优秀共青团员、全国技术能手（见图2-7），很难想象，拥有这么多头衔的竟是一个不满30岁的年轻人。陈行行现在是中国工程物理研究院机械制造工艺研究所加工中心特聘高级技师，从事核武器非核零部件加工。"人生不拼不精彩，少年不拼枉少年"是他的人生格言，他说是拼搏成就了自己。

陈行行的老家在微山湖畔的一个小乡村，初中毕业后，为了减轻家庭负担，陈行行放弃了读高中的机会，到山东机电学校学习汽车维修。中专毕业后，陈行行来到山东技师学院学习现代模具制造与维修技术。正是这段技工院校的学习经历，让他"找到了值得努力一生的方向"。一次偶然的机会，陈行行意识到一技傍身的重要性，他立志多学一门手艺，做复合型的高技能人才。中级焊工、中级钳工、中级制图员、高级制图员、数控铣高级工、数控车技师、加工中心技师和模具设计师……他成了同学眼中名副其实的"考证达人"。

图2-7 全国五一劳动奖章获得者陈行行

陈行行说:"技多不压身,通过考证,让自己多掌握一门技术,为工作打好坚实的基础。""一专多能"让他在解决生产难题时比别人多了些思路和方法。在他看来,技术的提升就是一层窗户纸,需要不断学习钻研去"点破",也就是所谓的"难者不会,会者不难"。

现在,除了练技术,泡图书馆成了他的另一大爱好。"整个社会都在飞速前进,自己更要不断学习,终身学习,在数控加工领域永葆创造力和竞争力。"陈行行说。

(资料来源:2019年5月2日,《中国教育报》,有改动)

《大中小学劳动教育指导纲要(试行)》中明确规定,使学生养成良好的劳动习惯和品质。能够自觉自愿、认真负责、安全规范、坚持不懈地参与劳动,形成诚实守信、吃苦耐劳的品质。珍惜劳动成果,养成良好的消费习惯,杜绝浪费。

劳动习惯和品质是指通过经常性劳动实践形成的稳定行为倾向和品格特征,主要表现为:具有安全劳动、规范劳动、做事有始有终等习惯;养成自觉自愿、认真负责、诚实守信、吃苦耐劳、团结合作、珍惜劳动成果等品质。

一、劳动习惯

当代大学生不仅要认识劳动的价值,获得劳动的体验,更要注重劳动习惯的养成和劳动素养的提升。因为习惯才是稳定的、自动化的行为。当养成良好的劳动习惯,并坚持反复练习后,劳动就逐渐变得容易,劳动者也会越来越喜欢劳动。而一旦喜欢劳动,就会体验到其中的快乐与成就。

(一)劳动习惯的概念

习惯是指由重复或练习而固定下来并变成需要的行动方式。劳动习惯是一个人在长期劳动中形成的,是经过千锤百炼,在一次次劳动实践中练就的,如果能经常性地坚持劳动,时间久了,就会逐渐形成劳动习惯。

养成劳动习惯，首先要树立正确的劳动观念。劳动观念是指对劳动的观念和看法。劳动是人类社会生存和发展的基础，是人们维持自我生存和自我发展的唯一手段，是人类运动的一种特殊形式。

（二）劳动习惯的养成

现阶段对劳动观念和劳动精神的强调与重视，也是基于一段时间以来青少年中存在的追求享乐、崇尚暴富、不劳而获思想的蔓延。因此新时代学校实施劳动教育，从目标、内容到评价，都要更多地转向对劳动价值观念和劳动精神品质培养的内涵设计。通过不懈的训练和实践，养成学生良好的劳动习惯。

1. 在日常生活中养成

劳动习惯是在一点一滴的积累中逐渐养成的。对于未来人才的全面素质来说，劳动习惯和劳动技能素质是必不可缺少的。养成良好劳动习惯，要从培养劳动意识入手。通过观察长辈和他人的劳动活动，学会尊重他人的劳动。也可以在他人的引导下创造劳动成果，亲自品尝劳动带来的喜悦与甘甜。

其次，要培养劳动的兴趣，主动参加多种方式的劳动教学活动，有意识地培养自己的劳动能力，在具体的操作中积极进步，劳动兴趣便油然而生，劳动习惯逐步养成。

俗话说"习惯成自然"，劳动习惯的养成需要劳动实践的积累，需要劳动的投入与情感的投入，离不开勤奋努力的实践锻炼，更离不开对劳动的正确认识与态度。习惯的养成与坚持是劳动的本质要求，也是劳动最珍贵的地方。

2. 注重培养劳动技能

在培养劳动习惯的同时，更要注重自身劳动技能的养成。劳动绝对不是随意地"做"，而是需要依靠一定的知识和技能。因此，劳动技能是劳动的最基本前提，也是首要前提。劳动是理论与实践的统一，是学与做的结合，掌握劳动技能是劳动的前提和基础，也是手段和目的。事实上，我们认识劳动往往是从某一种技能开始的，劳动是一种知识学习，也是一种能力锻炼；劳动是一种经验积累，还是一种理性思考；劳动是一种行为活动，更是一种精神态度。

（三）培养良好劳动习惯的途径

劳动教育就是让劳动者学会基本的劳动知识和技能，逐步培养正确的劳动观念，养成良好的劳动习惯，培养热爱劳动和热爱劳动人民的感情，深入领会"幸福是奋斗出来的"的道理，以及其内涵和意义，从而发自内心地愿意培养自己良好的劳动习惯。

要结合自己所学专业，激发学习技术的兴趣，在专业技术劳动中，体会劳动带来的快乐与价值，形成积极的生活态度，学会生活自理和改善生活质量。关注职业领域，增进职业知识，学会设计自己的职业生活道路，获得积极的情感体验，形成正确的劳动价值观，养成良好的劳动品质。具体来说，可以从以下几方面逐步养成良好的劳动习惯。

1. 坚定劳动光荣的正确观念

当代青年作为现代社会主义建设的中流砥柱，一定要坚定树立正确的劳动观念，坚持科学劳动观念的正确导向，通过寻找身边的劳动模范，学习身边的劳动榜样，以榜样的力量激励自己。通过参加实践活动，深刻认识到劳动的意义，意识到人人都需要积极参与劳动，坚定劳动光荣的信念。

大学生更要坚定树立劳动光荣的观念，崇尚劳动，尊重劳动者和劳动成果。要充分认识到劳动是世界上欢乐和美好的源泉，劳动是最大的财富，正是通过劳动，人类社会才会进步和发展。在劳动实践中，逐步体会到劳动是生命的源泉，劳动是生活的使者，劳动是人生的指明灯，一切美好皆由劳动得来。

2. 在校园文化中感受劳动的意义

注重劳动教育，可以促进学生身心和谐发展，丰富学生的校园生活。积极向上的校园文化能够净化学生的精神世界，培养劳动情怀。学生除了学习专业知识，苦练专业技能，还要积极参与学校的各种实践活动，真正体验劳动的快乐，真切感受劳动的价值，提升对劳动观教育的关注度，并能在生活中主动进行劳动体验，树立科学的劳动观。

3. 对标学校劳动教育的考核评价体系自觉提升自己

目前，学校教育的评价标准在以"立德树人"为根本前提下，注重学生德、智、体、美、劳等全方面发展，但是学校劳动教育考核机制尚不完善，学校劳动教育的氛围还不够浓厚。

学校可以结合学生劳动技能成果，自主设计考核内容，客观公正地评价学生劳动观教育状况。尤其是职业院校，可以结合学生专业技能和参与技能劳动的时长、劳动的成果，形成满足学生专业劳动考核要求的评价方式。学生也要善于利用学校不断完善的劳动教育考核体系，认清自身问题，及时提升劳动价值理念，树立科学的劳动观，踊跃参与劳动实践。

4. 在家庭生活的劳动中形成良好的劳动习惯

在日常生活中，家长应该高度重视孩子的家庭劳动教育，帮助孩子制订合理的劳动计划，将家务劳动作为锻炼孩子劳动能力的主要途径，从小事、细节入手，培养孩子的劳动能力，让孩子在家庭教育的劳动示范中，逐渐形成良好的劳动习惯。

5. 主动积极参与各种劳动实践

一定要有"自己的事情自己做"的劳动观念，不断督促自己坚持做力所能及的劳动。例如，参加公益劳动也是培养劳动习惯的途径。可以利用周末或假期，主动参加社区组织的公益劳动，如春天的植树、夏天的灭蚊蝇、秋天的除草、冬天的扫雪等；也可以主动加入社区组织，成为志愿者，主动承担照顾孤寡老人、军烈家属、困难家庭的活动；还可以为需要帮助的人做力所能及的事，如分发报纸、取送牛奶、为行动不便的老人送菜、照顾留守小朋友等。

二、珍惜劳动成果

案例阅读

民宿老板向 3 人索赔清洁费用

据媒体报道，3 名中国女大学生于 2018 年 9 月 5～10 日入住一间日本民宿，离开后房间遗留大量垃圾。民宿老板投诉到订房网平台，向 3 人提出 6666 日元（折合约 410 元人民币）的赔偿请求，并将入住房间前后的对比图片发在网上。入住后的房间犹如一个垃圾场，与入住前的整洁干净形成了鲜明的对比，满地垃圾、处处污秽，房间好似经历了一场浩劫。

"仓廪实"之后，有人不仅没有"知礼节"和"知荣辱"，反而"跨域出行无底线，出国现德无下限"，这个现象值得人们深思。

显然，这是不尊重劳动成果的典型行为，此事引起了人们的广泛关注。

（资料来源：2018 年 9 月 12 日，《北京青年报》，有改动）

珍惜劳动成果是我国劳动人民的传统美德。我们不仅要继承和发扬这种美德，还要世世代代传下去。对劳动成果的珍惜，主要从保管、使用和爱护公共财物等方面着手。

我们要把有益于人民、有益于社会的劳动成果当作珍宝一样爱惜。因为每项成果的完成都需要花一些时间，流一些汗水，付出一些精力，有些科研成果甚至要花费几年、几十年，经历几十次、几百次的实验才能取得。只要某种成果对人民有好处，不管它是普通的，还是特殊的；不管它是古人留下的，还是当代新发明创造的；不管它是自己的，还是别人的，我们都要对它细心保管，精心爱护，绝不能让它随意流失、腐蚀和损坏；还要注意节俭使用，不能铺张浪费。

勤俭节约是中华民族的光荣传统。毛泽东同志说过："贪污和浪费是极大的犯罪。"贪污即贪占了人民的劳动成果，是一种不劳而获的可耻行为。浪费是不珍惜人民的劳动成果的行为，同样是对人民的犯罪。我们党历来号召全党同志、全国人民勤俭办事。对劳动成果使用得当，可以说是勤俭节约的一个重要方面。大到一个国家，小到一个家庭的建设，都要计划得当，合理节约利用各项资源。

（一）劳动成果认知

劳动成果是指人们通过创造物质或精神财富而形成的一种收获。人类社会的一切财富都来源于劳动的创造。医生做的每一台手术，导演和演员制作的每一部电视剧和电影，设计师和建筑工人建造的每一座大楼，厨师做的每一道菜肴等都是劳动成果。

劳动成果有多种分类方式。

1）按照劳动成果复杂的程度分为简单的劳动成果和复杂的劳动成果

一般劳动者通过简单的劳动就能创造简单的劳动成果，无须专门训练。劳动者必须经过专门培养和训练，具有一定技术专长，才能创造复杂的劳动成果。当代社会化大生产条件下，人力资源的作用日益突出，劳动者所受的教育和技能训练的程度越来越高，复杂的劳动成果越来越多。

2）按照劳动成果的表现形式分为脑力劳动成果和体力劳动成果

脑力劳动成果需要人们依靠脑力劳动而创造，如科学技术、发明创造、文学艺术作品等。体力劳动成果则需要靠人力来实现。一般将除了脑力劳动成果以外的劳动成果都认为是体力劳动成果。

随着经济和教育事业的发展，单纯体力劳动的范围越来越小，脑力劳动和脑体结合的劳动范围越来越大，在面向知识经济的劳动中，脑力劳动已占有越来越突出的支配性地位。

（二）尊重劳动成果的内容

劳动不仅是伟大的，还是神圣的。劳动创造了物质生活，也创新了精神生活。劳动没有高低贵贱之分，不论是体力劳动还是脑力劳动，不论是简单劳动还是复杂劳动，一切为社会主义现代化建设做出贡献的劳动都是光荣的，也是必需的，都应当得到承认和尊重。"尊重劳动，尊重知识，尊重人才，尊重创造"是我国的一项重大方针。

1. 尊重体力劳动成果

1）尊重农民的劳动成果

我国古代就对农民的劳动成果怀有敬意，"锄禾日当午，汗滴禾下土。谁知盘中餐，粒粒皆辛苦。"时至今日，我们的物质产品得到了极大的丰富，我们仍需尊重农民的劳动成果，节约每一粒粮食。以刚性的制度约束、严格的制度执行、强有力的监督检查、严厉的惩戒机制，切实遏制公款消费中的奢侈浪费现象，并针对部分学校存在食物浪费和学生节俭意识缺乏的问题，切实加强引导和管理，对培养学生勤俭节约的良好美德等提出明确要求。

2）尊重工人的劳动成果

我们的生活离不开农民，同样也离不开工人。如果没有工人制造出飞机、汽车、轮船以及日常生活所需的日用品等，我们将无法正常生活。

2. 尊重脑力劳动成果

1）尊重脑力劳动成果要有知识产权意识

知识产权通常包括著作权、专利权和商标权等。我国宪法规定，平等地保护每一位公民的智力成果。打击知识产权犯罪行为在实质上是对创造者脑力劳动成果的尊重，因此要做到尊重脑力劳动成果，首先要有知识产权意识。

【课堂活动】

近年来，"音乐收费"逐渐成为大众热议的话题。某知名歌手在线发布了新歌，用户需要付费3元才能收听。很多"乐迷"心生抱怨，认为自己会买歌手演唱会的票，也会购买关于歌手的周边产品，为什么非要付费3元才能听歌？而有些人则认为，如果一首歌卖3

块钱都觉得贵，那么所谓的尊重在哪里？对此，你有什么看法？

2）尊重脑力劳动成果要体现在具体行动中

在生活中，我们看到的文章，听到的音乐，玩的游戏，看到的电影、话剧等都是创作者的脑力劳动成果。因此，当我们看到一篇非常不错的文章想要引用时，一定要注明出处；我们听歌或者看电影也要通过合法的渠道，拒绝盗版。要以具体行动尊重脑力劳动成果。

3. 尊重他人和团队合作成果

未来社会，无论是脑力劳动还是体力劳动，都需要更多的团队合作。团队合作能力也是现代大学生必须具备的一项能力。要想获得和谐的团队关系，就需要学会尊重他人和团队的劳动成果。合作性劳动不能一味地肯定自己，还需要学会感恩他人、尊重他人和欣赏他人。在合作之中，每一个人都是独特的，他们的利益诉求、思考方式、行为习惯都各不相同，尊重他人和团队合作成果应注意以下几点。

1）换位思考

要有同理心，学会换位思考，站在他人的角度感受合作，这样才能明白自己的看法并不一定是正确的，才能真正理解他人的所作所为。

2）宽容大度

团队成员的任务各不相同是十分常见的，计较任务量的多少没有任何意义。在团队中应宽容大度，不斤斤计较，及时肯定他人付出的努力，尊重他人的劳动成果。尊重他人就是尊重自己。

3）学会欣赏

每个人都渴望被人欣赏。真诚地欣赏他人能使其获得存在感，产生愉悦感，充满自信心。在合作性劳动中，不妨试着欣赏他人，那么他人就会倾注更多精力，表现更加出色，从而使合作更为和谐、默契。

【课堂活动】

如果你是今天的值日生，刚刚打扫干净的教室被同学无意中弄脏，你是什么心情？请你说说应该怎样做才是尊重值日生的劳动成果。

第四部分　劳动态度

【劳动榜样】

与"中国高铁"并跑

工作28年，技校毕业、钳工出身的全国劳动模范、全国优秀共产党员、中国青年五四奖章获得者、全国道德模范张雪松（见图2-8），在工作中勤学苦练，自学成才，完成技术革新109项，制作工装卡具66套，撰写工艺文件和操作指导书72项，改进进口工装设备技术缺陷20多项。在中国高速动车组研制生产中，张雪松和团队一起攻克了铝合金车体生产中的一系列技术难题，助力中国高铁占领世界技术"制高点"。

图2-8 张雪松

2010年，中车唐山公司设立了"张雪松工作室"，专门开展一线技术攻关、工艺革新，培养高级操作技能人才。张雪松挑起了高速动车组从"中国制造"到"中国创造"的重担。"干技术，就得不断尝试，就得不断研发新技术、新产品，不能让新产品淘汰我们，技术创新是没有止境的。"47岁的张雪松说。几年来，工作室完成公司级操作创新300余项、质量攻关8项，国家专利10余项。

作为新时代的技术工人，张雪松甘于奉献，积极肯干，推陈出新，将自身价值与企业发展融为一体。张雪松说："高速动车组代表了中国制造的发展速度，我愿把我的一生奉献给中国的高铁事业，践行工匠精神，实现人生价值。"

（资料来源：2021年5月20日，长城网唐山频道，有改动）

劳动习惯和品质的教育，有助于激发学生的学习热情，使学生形成尊重劳动成果和尊重劳动人民的高尚品质，发扬艰苦奋斗的优良传统，还能够逐步培养学生形成诚实劳动、辛勤劳动、创造性劳动的正确态度。

一、诚实劳动

（一）诚信是当代社会的价值基础

1. 当代社会是分工社会

社会学家涂尔干将当今社会的分工特征称为"有机团结"，即社会成员在活动层面的分工合作（互补性）和意识层面的共生性，因为分工使交换成为必然，交换使行动者在功能上互补，分工不仅成了社会团结的主要源泉，也成了道德秩序的基础。具体来看，分工使得每个人都将自己社会生活的一个部分（甚至绝大多数）交付给他人，个人利益只有通过一种与他人合作的社会性方式才能得到满足。

分工社会直接催生了交换风险。在传统的农耕社会，一个人可以自己织布，自己种地，自己盖屋，自己驾车，概言之，他的衣食住行等基本生活需要可以凭借自身劳动得到满足。但时过境迁，当代人若想实现这些基本生活需要，就必须仰赖其他人的劳动。比如，一位农民尽管可以依靠耕种收获日常所需食物，但他的衣服是从商店购买的，自行车、拖拉机也是在车行购置的。不仅如此，他所购买的衣服可能并非这家商店生产的，而是由服装厂流水线上的多名工人共同制造，又由运输环节的人员通力合作，才最终送至商店的。也就是说，如今我们的日常生活需要可以转换成无数具体商品，而这些商品背后又凝结了许许多多人的劳动。分工社会中，不诚实劳动可能不会马上获得惩罚，但如果不诚实劳动成为一种社会风气，身处社会中的个体就会马上尝到苦果。

正如"易毒相食"的例子，每个不诚信的个体都以"他人诚信"为假设参与社会生活，他们想从自己的不诚信行为中获取利益，却没料到别人也持有同样想法，大家能够拒绝使用自己生产的"有毒商品"，却无法抵挡无数个陌生他人生产的"有毒商品"。

2. 当代社会具有"陌生人社会"的特征

中国传统农耕社会是一个"熟人社会"，正如费孝通在其所著《乡土中国·生育制度》中所言："做工业的人可以择地而居，迁移无碍；而种地的人却搬不动地。"

在传统中国社会中，人们世代定居在某地，很少大规模迁移，人与人之间的信任往往是建立在"知根知底"的基础之上的。因为了解，所以信任。但现代社会是一个陌生人社会。陌生人社会是一个"匿名化"的社会，人与人之间的许多交往并不是建立在彼此熟悉的基础上的。比如，衣食住行各个环节中，给人们提供服务的人未必会提供自己的真实姓名。

陌生人社会失信成本降低，交换风险提高。熟人社会中的失信成本较高，熟人之间的交流使得不诚信之人无处容身。但陌生人社会中，大多数人处于"匿名"状态，失信于人的成本大大降低。

3. 当代社会的个人诚信需要制度支持

陌生人社会中，由于失去了舆论的监督，通过失信行为获取眼前利益的诱惑增大，人们将自己的生活交托给他人的风险也必将随之增加。陌生人社会中的交换行为较难唤起个体内在的道德自觉，也逐渐失去舆论监督的保障，因此，建立健全个人信用制度势在必行。不诚实的劳动不仅可能遭到法律法规的严厉制裁，而且会被记录在个人征信系统中，成为个体进入劳动世界的"身份符号"。

（二）诚信是现代经济规律

1. 现代经济本质上是一种契约经济

现代社会中的经济活动都以对特定规则的遵守为前提进行。其中，合同是经济活动最为常见的契约方式。正是因为诚信的存在，合同的存在才成为可能。

此外，诚信也是有效降低现代经济交易成本的重要保证。在一个缺乏诚信的经济社会，人与人之间的经济活动必将因为彼此之间的不信任而增加诸多额外的工作和思想负担。恩格斯认为，诚信首先是现代经济规律，其次才表现为伦理性质。

2. 诚信是最经济、最有利的劳动方式

随着市场竞争机制不断健全，诚信与否对于经营者而言，变成了一项"眼前利益"与"长远利益"的选择题。经营者如果不诚信，就可能失去信誉，从而流失大量消费者，最终导致经营失败。经营者如果选择诚信，即使当下利益受损，也最终会赢得守信的奖励。从这个意义上来看，诚信是最经济、最有利的劳动方式。

3. 成熟的竞争机制奖赏诚信

如果不诚信的交易成本小于诚信的交易成本，失信有机可乘的时候，人们就有可能选择失信。除了法律和道德约束两种途径，健全竞争机制也至关重要。一个成熟的竞争机制是奖赏诚信的，参与竞争者会发现赢得比赛的唯一方式就是诚实守信，而非投机取巧。

（三）诚信是个体对自身劳动过程的敬重

1. 劳动过程是物质过程与精神过程的统一

劳动过程是有形的物质活动过程和无形的精神或观念过程的统一，无形产生于有形，有形需要无形指引。诚信作为一种发挥指引作用的劳动精神，不仅发生在个体与他人交往的过程中，也存在于个体与自我的交往过程中。诚信不仅是"不欺人"，而且是"不自欺"。

2. 诚信令人心安

《中庸》第二十二章中写道："唯天下至诚，为能尽其性；能尽其性，则能尽人之性；能尽人之性，则能尽物之性；能尽物之性，则可以赞天地之化育；可以赞天地之化育，则可以与天地参。"《二程集》中的表述则更为直接："诚者天之道，敬者人事之本。敬则诚。"

人是改造客观世界的主体，每个人都是通过自己的所作所为来改造客观世界的，而有规律性的、恒长的所作所为就是工作。工作是客体，也是人们改造世界的方式。如果一个人对工作有敬畏之心，就不会对自己的工作懈怠、应付。我们对诚信的需要，不仅是客观世界对它的需要，更是主观世界对它的需要——改造客观世界的我们，需要诚信来涵养自我。许多人选择诚信并不是因为外在监督，也不（全）是因为利益驱动，而是因为诚信令他们心安。"不诚"并不一定是欺骗他人，也有可能是欺骗自己。

事实上，在许多工作中，是否尽了最大努力只有本人最清楚。如果没有全力以赴，便是自己主动放弃了"诚"之乐。

【课堂活动】

"滦平好人"杨明经营油条摊位，他坚守"安全用油，杜绝用前一天的剩油"的承诺。有人说杨明吃了大亏。你认为杨明吃亏了吗？请说出理由。在劳动实践中你会如何保证自己做到诚实守信？

二、辛勤劳动

"民生在勤，勤则不匮"，"业精于勤，荒于嬉"，自古以来就不乏有关勤劳的劝诫，勤劳亦是中华民族的传统美德。勤劳对个人进步和国家发展的积极意义是毋庸质疑的。勤劳是一种典型的美德，因为它是对人之"好逸恶劳"的自然性的克服。懒惰不仅会为个体带来损失，还会造成社会秩序的混乱。当不劳而获的不正之风盛行时，勤恳工作的个体就会逐渐丧失斗志。

（一）勤劳是维护正义的个体努力

1. 按劳分配对实现社会正义具有重要意义

按劳分配制度对实现社会正义具有非常重要的意义。这一制度从根本上肯定了劳动的社会价值，是制度设计对劳动者的尊重和认可。通过"无条件福利"的思维实验可以发现，某些个体的"不劳而获"会让其他辛勤工作的人感受到不公平。卢梭在《爱弥儿》中指出，当一部分人闲着不劳动，就需要其他劳动的人协力合作才能弥补那些人好吃懒做的消耗。谁会心甘情愿地以自己的劳动来供养"好吃懒做者"呢？

此处，可以引入政治哲学中的程序正义理念。所谓程序正义，即一个真正公正的制度设计会让"无知之幕"中的个体认为自己无论处于何种身份，都可以接受这一安排。"无知之幕"中的个体一般不会接受"好吃懒做者"与"辛苦工作者"获得等量的社会资源，因为这样对后者是极不公平的。按劳分配制度之所以能够维护社会正义，是因为这一制度保障了勤劳的人能够得到与其劳动付出相匹配的报酬。制度的确在劳动者权益保障中扮演了至关重要的角色，制度要最大程度地规避"不劳而获"现象的发生，才能够真正激励辛勤劳动者。

2. 分配正义需要个体和制度的共同努力

从个体角度来看，如果一个人在组织中总是"混日子""搭顺风车"，从而实现了"少劳多得"，其他勤劳工作的人就会降低劳动热情。如果"磨洋工"的人占比太大，就会形成一种不公正的组织文化，使得辛勤工作者动摇自身信念。

制度是维护分配正义的一个维度，个体则是实现分配正义的另外一个不可小觑的维度。"大锅饭"制度和"懒伙伴"共同影响着一个勤劳者的工作态度。

不做"懒伙伴"并不只是为组织的工作效率做贡献，对于个体来说，自己的懒惰行为会加重同伴的懒惰心理，造成不正之风大行其道，最终为自己带来更加消极的影响。事实上，在不正义的分配制度中，没有人会真正获益。

（二）勤劳是具有自足意义的工作伦理

1. 消费主义潮流正在挑战勤劳的价值

当下，人们生活在一个消费主义盛行的社会之中。在这样的社会中，生产和消费的关系发生了新的变化。许多人参加劳动的目的变成了消费，他们通过消费在社会生活中找到自己的位置——消费物品暗示着社会身份的符号价值。他们不得不，或者是心甘情愿地被打上"房奴""车奴""卡奴"的标签，就是为了完成自我身份的确证。

"先苦后甜"似乎在当代生活中有了新的意义——先吃工作的苦，后享消费的甜。然而，劳动与享乐之间究竟是什么关系呢？

劳动不应与享乐割裂开来。当我们提倡劳动的时候，不是反对享乐。享乐是人的自然属性，也是人类生活的重要构成。我们不仅不反对，而且希望劳动成为人们享受生命最好的方式。

马克思曾有言，"生命如果不是活动，又是什么呢。"在马克思看来，劳动异化而非劳动为个体带来了消极体验。如果消除了劳动的异化性质，使劳动成为一种自由自觉的活动，成为人的内在需要的一种满足，它就会成为一种享受。

2. 个体应将工作视为实现人生价值的途径

习近平总书记曾说，"奋斗本身就是一种幸福。"的确，如果个体不将工作视为获取消费资本的手段，而是将其当作实现个人价值和人生意义的途径，那么，人们就更容易从劳动中体会到幸福。劳动者所警惕的不是享乐，而是享乐主义。当个体沉湎于享乐，就会失去生活目标。事实上，人们在消费的狂欢中获得的不是真正的幸福，而是短暂的快乐。这种快乐具有转瞬即逝、边际递减等特性，从某种意义上而言，正是这些特性再度诱使人们不断消费以补充它。而幸福具有自足性，换言之，幸福本身就是目的。这种幸福是消费无法给予的，而劳动则是抵至幸福的主要路径。

正是因为人们在劳动中能够遥望享乐，所以享乐才具有更重要的意义。闲暇的对立面不是劳动，而是无所事事——不为任何事情投入。无所事事的人最为无聊，通常也是最不幸福的。因此，即使迈入一个物质丰裕的时代，每一个人也仍然需要劳动。勤劳比懒惰更容易让人获得幸福感的一个很重要的原因是：劳动不只具有工具价值，还具有本体价值。

（三）勤劳是实现远大理想者的终身信条

1. 远大理想是对消费主义文化中的短视思维的纠偏

在纪念五四运动100周年大会上，习近平总书记对新时代中国青年提出六点希望，第一点就是要树立远大理想。远大理想能够帮助青年拨开消费主义迷雾，真正确立自己的人生航向，并为之努力奋斗。具体而言，远大理想首先是对消费主义文化中的短视思维的纠偏——不是只着眼于当下的欲望满足，而是能够步履不停，通过辛勤劳动为自己的人生开拓新的可能。

2. 远大理想能够帮助青年超越"小我"思维

成就社会价值远大理想能够帮助青年跳出"小我"的思维，以国家发展、社会进步为勤恳工作的最终目标。远大理想的超越性赋予个体劳动以神圣性，这种神圣性将能给予劳动者不竭的动力，使其为之持久努力。马克思曾在《青年在选择职业时的考虑》中写道：

"如果我们选择了最能为人类而工作的职业，那么，重担就不能把我们压倒，因为这是为大家做出的牺牲；那时我们所享受的就不是可怜的、有限的、自私的乐趣，我们的幸福将属于千百万人，我们的事业将悄然无声地存在下去，但是它会永远发挥作用，而面对我们的骨灰，高尚的人们将洒下热泪。"

事实上，劳动是实现个人价值与社会价值统一的主要路径。一方面，辛勤劳动能够帮助个体实现自己的奋斗目标；另一方面，劳动者在追逐梦想的同时，也用自己的劳动为社会创造价值。

从整个世界发展进程来看，与其他国家相比，我国生产力发展水平在总体上仍然处于中等。在经济、政治、文化、社会、生态文明等各方面，我们都还需要继续努力、加紧奋斗。展望未来，新时代属于每一个人，每一个人都是新时代的见证者、开创者、建设者。实现中华民族伟大复兴的"中国梦"，就是建立在每一位普通劳动者的勇敢追梦和勤恳圆梦的基础之上的。远大理想并非"成功人士"的专利，只要有志气、有闯劲，普通劳动者也可以在宽广舞台上展示自己的人生价值。

三、创造性劳动

一些人认为创新是一种"锦上添花"的劳动精神，因为每种职业、每个个体的创造力都是有差异的，所以它不宜成为普遍要求。事实上，在劳动形态层出不穷、劳动标准日新月异的今天，创新已经成为每位劳动者的必备素养。任何一个岗位（无论是以体力劳动为主，还是以脑力劳动为主）都要求从业者在不同程度上具有创造性。进一步来看，这既是客观规定，也是主观诉求。在创造中，人展现自己作为类主体的特性，见证了劳动美的诞生。

（一）创新是拥抱不确定性的积极探索

1. 风险社会既是挑战，也是机遇

现代社会加速了劳动力的自由流动和组合，但流动意味着不稳定，组合意味着新的可能性，劳动者的生活方式因此充满了前所未有的竞争性和不确定性。社会学家将现代社会称为"个体化社会""风险社会"，无论是哪种称谓，都揭示出一个基本事实——在现代社会中，劳动者从整体中分离出来，成为自足的个体，个体没有整体的保障，需要自己负责全部生活。

从劳动的角度来看，工作的标准具有相当程度的弹性——知识更新、环境改变都赋予工作新的复杂性，甚至工作本身的更迭也加快了（新的职业不断涌现，旧的职业也可能不断消亡），从这个意义上来说，创新是劳动者的必备素质。劳动者从事的传统职业中有新的内容，劳动者还可能开创新的职业。劳动者必须要在不同程度上展开新的探索。

从创新的本质来看，创新本就是对"标准答案"的突破和对既定思维方式的超越。从创新的条件来看，外部环境的不确定性使得企业以及个人不能再安于现状，而是积极改变。

2. 不确定性作为时代特征，不仅针对个体，还影响社会和国家

经济全球化为国家发展、国际竞争带来了新的不确定性。唯有创新才能够掌握主动权。习近平总书记多次强调，核心技术是国之重器，核心技术受制于人是我们最大的隐患。不掌握核心技术，我们就会被卡脖子，牵鼻子。要实现技术创新，归根结底是要培养创新型人才。从这个角度看，创新对于当下中国社会的国家安全而言，具有非常重要的政治意义。对于当代青年而言，创新不仅是个体在风险社会中战胜挑战、拔得头筹的法宝，更是助力国家在复杂多变的国际形势中和平崛起的利器。当今世界正经历百年未有之大变局，无论国家还是个人，都需要开拓创新，在变化中谋发展，在竞争时攀高峰。

（二）创新是人之主体性发挥的集中体现

1. 创新能够展现人的类本质

劳动是人的创造活动之一。劳动是人的有意识的活动，是只有人才具有的，而其他依靠本能生存的动物不可能具有。"蜜蜂建筑蜂房的本领使人间的许多建筑师感到惭愧。但是，最蹩脚的建筑师一开始就比最灵巧的蜜蜂高明的地方，是他在用蜂蜡建筑蜂房以前，已经在自己的头脑中把它建成了。"这是马克思、恩格斯对人的定义给出的一个截然不同于传统哲学的答案。正是这种"有意识的生命活动"使得人成为"类主体"。从这个意义上而言，创新是个体对抗异化劳动，展现自己"人之为人"的特性的一种重要方式。

创造力具有普遍性，所以无论是体力劳动者还是脑力劳动者，无论个体身处何种职业，都可以具有创造性思维。创造性思维与非创造性思维相比，虽然在思维结果的内容上具有本质区别，但是它们的基本形式都是形象思维、抽象思维和灵感思维三种，从大脑中产生的生理机制也完全相同。如果把一般思维视为人脑功能的体现，那么，导致崭新认识成果的创造性思维便是人脑特定功能的体现。

2. 创造性思维是坚持不懈与敢于实践的统一

之所以有的人更好地发挥了自己的创造性思维，是因为他们实现了坚持不懈与敢于实践的统一。一方面，创造不是一蹴而就的，相反，它需要大量知识或经验的积累。许多创造性劳动都是建立在劳动者长期思考的基础之上的。另一方面，创造不是空想，它必须建立在实干的基础之上。1897年，居里夫人在前人发现铀的放射性以后，检查现有的其他化合物，发现了钍的放射性，进而发现了新的放射性元素并将之命名为钋。此后，她意识到放射性可能是某一类元素的共性。于是，在长期不懈的艰苦劳动后，她终于发现了预期的强放射性元素——镭。

（三）创新是劳动美的重要源泉

1. 劳动创造美

马克思用人的本质力量对象化来说明美，认为审美感受是一种在对象中确证自身具有人的本质力量、肯定自己价值的感觉；个体在创新中更容易感受到这种本质力量，也事实

上创造出更多的美。同样是建房子，如果建筑师只是复制以往的设计图纸，就不能够感受到自己的本质力量，房子也不可能呈现出真正的美感——即使第一次的设计是美的，后期的复制造成了千篇一律，也不会产生美。相反，如果建筑师在设计过程中发挥了自己的创造性，则可能诞生新的美感。总之，人类正是以美的创造活动丰富人的本质力量。

2. 异化劳动压抑劳动者的审美及创造美的能力

虽然劳动本身创造美，但是在资本主义制度下，随着人的主体性本质的丧失，劳动者的审美及创造美的能力受到了严重的压抑、摧残甚至扼杀。资本主义社会的生产劳动是以资本增殖为目的的，一方面使人的劳动失去自由自觉的性质，成为实现某种目的的劳动，人们在从事美的实践活动中感受不到美的享受；另一方面使人的真正本性，如审美需求等被物质需求所排斥，于是审美能力逐渐萎缩，一切价值最终都归于物质价值，使个体片面且畸形发展。如此一来，将会带来两种极端，一是劳动者无法在自己单调、压抑的工作中创造美，只能通过其他形式创造美，这也是一部分"打工诗人""打工乐团"出现的原因。他们写"我咽下，一枚铁做的月亮"，他们唱"我的世界没有白天和黑夜/也不知道什么是疲倦/我看不见你冷漠的眼神/也听不见你不停的怨言"，以排解苦闷，并在创作中获得真正的自由。二是劳动美被消费主义五光十色的假象所遮蔽，使得人们不再能感受到劳动中的创造之美，而追求消费文化中趋同的符号和潮流。

【课堂活动】

《中国教育现代化2035》中提到"弘扬劳动精神，教育引导学生崇尚劳动、尊重劳动，树立依靠辛勤劳动创造美好未来的观念。强化实践动手能力、合作能力、创新能力的培养"。有的大学生有创业之心，能吃苦、有干劲，但缺乏创新创业的技能；有的大学生有创新创业的技能，但是不愿意吃苦，缺乏创业的勇气。

作为新时代的大学生，你如何看待这一现象呢？

劳动体验

农业劳动

一、活动名称

农业劳动。

二、活动主旨与意义

本次劳动实践活动以提高学生劳动知识与能力素养为主要目的，同时希望通过这次劳动，让学生明白团队合作在劳动中的积极作用。

三、活动内容

以小组为单位开展劳动实践活动，学习与本次农业劳动相关的知识，如除草的步骤、注意事项、安全事项等，以及学习常见劳动工具的基本知识和使用方法。各组应重点掌握所用农具的使用方法。具体安排如下。

（1）以 10~12 人为一组，各组选组长 1 人、副组长 2 人，组长与副组长全权负责各组的劳动实践活动。

（2）各组分别选择 1~2 项与农业劳动相关的任务，包括除草、翻土、栽种树苗、施肥、插秧等（视季节不同确定相应的农业劳动）。

（3）各组成员熟练掌握所选农具的使用方法。

（4）各组在劳动前，组织全组人员开会讨论分工问题，并具体落实在劳动中，在规定时间内以团队合作的形式完成相应任务。

四、活动要求

（1）安全第一，在确保绝对安全的情况下使用农具。

（2）组长与副组长确保组员能够按照要求顺利完成本次劳动实践活动。

（3）活动期间，学生应全身心投入农业劳动中，将手机、手表、首饰等物品统一存放。

（4）组员不可单独行动，应完全按照本组的劳动要求完成自己的任务。

五、活动评价

完成任务后，每位同学根据自己所认识和使用的劳动工具，客观评价自己掌握劳动工具的情况，并根据这一实际情况，提出对正确使用这些劳动工具及提高劳动效率的改善意见，填入表 2-4。

表 2-4　活动评价

小组成员：		
劳动内容：		
劳动工具	掌握情况	改善意见

课后拓展 1

劳动素养

某建筑公司招聘绘图员，要求应聘者具备以下条件。

（1）建筑、环境艺术、室内设计等相关专业专科以上学历。

（2）精通 AutoCAD 软件，并能熟练使用其他相关软件。

（3）熟练掌握施工图绘制规范和要求，能独立完成整套施工图的绘制。

（4）工作积极主动、热情，工作效率高，态度严谨。

（5）有良好的理解和沟通能力，较强的团队协作能力及解决问题的能力。

（6）勤奋踏实，严谨稳健，有良好的职业道德、较强的责任心和敬业精神，能够承受较大的工作压力。

请讨论，从以上招聘条件中可以看出企业对劳动者的素养有哪些要求？你准备怎样提高自己的劳动素养？

课后拓展 2

一屋不扫，何以扫天下？

陈蕃字仲举，汝南平舆人也。祖河东太守。蕃年十五，尝闲处一室，而庭宇芜秽。父友同郡薛勤来候之，谓藩曰："孺子何不洒扫以待宾客？"藩曰："大丈夫处世，当扫除天下，安事一室乎！"勤知其有清世志，甚奇之。（《后汉书》）

请你把这段话翻译成白话文。

课后拓展 3

诚信

中华民族素以"礼仪之邦"著称于世，诚信乃中华民族之传统美德，自古以来，国人都是崇尚"一言九鼎""言必信，行必果"。诚信是一切价值的根基，是人生的命脉，是现代契约经济的核心本质。

（1）当前，人们对提高社会诚信的期待越来越高，社会诚信体系建设的步伐不断加快。以高考为例，从 2004 年开始，考生在考试前都要签署"诚信考试承诺书"。运用辩证唯物论有关道理，说明诚信的价值观念为什么能被社会所推崇。

（2）有人说："社会上种种缺失诚信的行为导致了严重的信用危机，我自己守信是没有意义的。"从个人与社会关系的角度对上述观点加以评析。

（3）在经济生活和社会生活中，政府、企业和个人都会涉及诚信问题。以金融方面为例，个别地方政府和企业拖欠银行贷款，造成银行呆坏账居高不下；一些大学生毕业后不还贷，造成个别省份停止发放助学贷款。请说明失信行为对银行正确发挥作用的影响。

课后拓展 4

网上又现"大胃王"？

日前，上海小贝壳餐饮管理有限公司因发布违背社会良好风尚的广告，被上海市普陀区市场监管局罚款 10 万元。

处罚事由显示，当事人通过微博、小红书、哔哩哔哩等平台的"陈香贵"账号发布了含有"挑战全家牛大碗半小时内吃完即可享受价值 98 元牛大碗免单"等广告内容的视频，并从 2021 年 11 月 1 日开始，至 2021 年 12 月 17 日期间在环球港等三家门店醒目位置制作并摆放含有相关字眼的海报。上述广告中产品含拉面 1 千克，单个挑战人员把面条全部吃完即算成功。

处罚书指出，当事人发布涉案广告，开展涉案挑战活动，与《中华人民共和国反食品浪费法》倡导的防止食品浪费、保障国家粮食安全理念背道而驰，与中华民族勤俭节约的美德不相符合。此外，本次活动引起部分网友在网络平台转发挑战视频，对现今提倡反对浪费的良好社会风尚造成负面影响。

（资料来源：2022 年 8 月 9 日，《潇湘晨报》，有改动）

对此，你怎么看？请写一篇 300 字左右，反对食品浪费的演讲稿，题目自拟。

课后拓展 5

阅读材料，回答问题

美国近代诗人、钢琴家及教育家厄斯金从小兴趣广泛，希望能在文学、音乐方面有所建树。在哥伦比亚大学教书时，他仍未放弃梦想。但繁重的工作使他无法抽出大段时间来创作。尽管他为自己找到了"没有时间"的理由，但梦想始终拨动他的心弦，让他无法释然。几度彷徨后，他想起了儿时的钢琴老师爱德华。那时，爱德华得知他每天都空出连续的几个小时来练琴，便建议他一定要养成一种习惯——只要有几分钟空闲时间，就拿来练琴。"步入社会后，每天不会再有这么长的空闲时间供你支配。你得把练习时间分散在一天中，只有把弹琴当成你日常生活的一部分，你才可以持之以恒地弹下去。"爱德华说。当时，他对老师的话并不理解，现在却豁然开朗。此后，就算只有 5 分钟，他都会坐下来写一两句诗歌。他很快就积攒了一些稿子。在坚持了无数个"5 分钟"后，他写下了一本诗集。后来，他又用一个又一个"5 分钟"创作长篇小说，练习钢琴。终于，他实现了自己的梦想。

（资料来源：2021 年 1 月，品才网，有改动）

（1）我们该怎样利用零碎时间，让"没有时间"不再成为借口？

（2）你有自我管理的意识吗？对你而言，自我管理最大的困难是什么？

模块三 劳动实践

劳动导语

  《中共中央 国务院关于全面加强新时代大中小学劳动教育的意见》指出，实施劳动教育重点是在系统的文化知识学习之外，有目的、有计划地组织学生参加日常生活劳动、生产劳动和服务劳动，让学生动手实践、出力流汗，接受锻炼、磨炼意志，培养学生正确的劳动价值观和良好的劳动品质。

扫码看视频

  杂交水稻（hybrid rice）是指选用两个在遗传上有一定差异，同时它们的优良性状又能互补的水稻品种进行杂交，培育具有杂种优势的第一代杂交种。与杂交水稻相对应的是常规水稻。

  我国是世界上第一个成功研发和推广杂交水稻的国家，大面积推广的杂交水稻主要是利用水稻雄性不育系提供大田种植的杂交稻种。

扫码看视频，认识杂交水稻

（资料来源：智慧职教MOOC学院）

学习进行时

习近平谈劳动

他在听取学校情况介绍、参观路易·艾黎故居后,观看了师生们正在进行的机械加工、智能家居设计等职业技能实训,向师生们详细了解了专业教学、升学、就业等方面的情况,并勉励同学们:"职业教育前景广阔,大有可为!"

2019年8月20日
习近平总书记到甘肃省张掖市山丹培黎学校进行考察

"疫情突如其来,'新就业形态'也是突如其来。对此,我们要顺势而为,让其顺其自然、脱颖而出。"

2020年全国两会期间
习近平总书记在政协联组会上指出

扫码看视频,习近平与大学生朋友们

(资料来源:2022年5月16日,《中国青年报》;图片来源:新华网)

第一部分　日常生活劳动

大学生日常生活劳动是指大学生围绕个人生活、学校生活和家庭生活等进行的劳动。例如，个人内务整理、仪容仪表规范、宿舍打扫美化、校园保洁、洗衣烹饪、缝补熨烫、家庭收纳和简单维修等。

案例阅读

热爱劳动让我们更优秀

小雪的父母身体都不太好，需要长期靠药物减轻病痛，家里每个月都入不敷出。艰苦的条件磨炼了小雪坚强的意志，也培养了她自强不息的精神。

小雪从小就养成了勤做家务的好习惯，她主动分担家务，并且因此更加珍惜有限的学习时间。小雪从不敢在学习上耽搁一分一秒，她的学习成绩一直名列前茅。

时光飞逝，小雪父母的身体情况有所好转，小雪也以优异的成绩考上一所重点大学，她为自己制订了一份明确的学期计划，并严格执行。小雪通过不懈努力，在大一上学期获得了一等奖学金，还顺利通过了大学英语四级考试和计算机二级考试。小雪在学习方面取得了丰硕的成果，成为同学们学习的目标和榜样。

小雪的事广为流传，她因此接受了采访。小雪告诉大家，长期以来的家庭劳动增强了她的体质、磨炼了她的意志，使她懂得坚持不懈的意义，也更加珍惜人生有限的时光。小雪说，在未来的日子里，希望父母身体越来越好，希望自己学有所成，将来会努力靠自己的力量帮助更多需要帮助的人。

小雪长期坚持家庭劳动，用她自己的话说，家庭劳动既增强了她的体质，又磨炼了她的意志，使她懂得坚持，使她珍惜时间。对大学生而言，无论身处怎样的家庭环境，都应该养成良好的家庭劳动习惯，这有利于自己的身体素质、心理健康、学习、精神面貌等方面的综合发展。

一、大学生日常生活劳动概述

（一）日常生活劳动概念

人们对"日常生活"存在不同理解，如"围绕生存而进行的各种社会活动""为生存发展而进行各种活动的经验""衣食住行等方面的情况、境况""人们的饮食起居活动"等。

这些说法都与"劳动"存在一定联系，与日常生活劳动含义较为一致。

日常生活劳动是将人体内在的体力、智力进行对象化的过程，是一种与日常生活相联系的社会实践活动，是劳动最基本的形式。日常生活劳动的内涵非常丰富，包括简单生活劳动和复杂生活劳动、传统生活劳动和数字化现代生活劳动、重复性生活劳动和创造性生活劳动。广泛地看，人们时时刻刻都在进行日常生活劳动，通过日常生活劳动改变或创造着人们的生活。

大学生日常生活劳动是指围绕大学生的个人生活、学校生活和家庭生活等方面所进行的劳动。例如，个人内务整理、仪容仪表规范、良好卫生习惯养成、宿舍打扫美化、校园保洁、洗衣烹饪、缝补熨烫、家庭收纳和简单维修等。

（二）大学生日常生活劳动的重要意义

大学生的日常生活劳动是劳动中最基本的部分，大学生置身日常生活中，只有自觉自愿地参与劳动，才能学会劳动，才能更好更幸福更美丽地生活。大学生注重生活劳动，从日常做起，从"扫一屋"开始，持之以恒，不断认识自我，发展自我，完善自我，对促进良好劳动习惯的形成、良好品德修养的养成，以及劳动意识、劳动能力的培养等有着一定的积极意义。

1. 促进良好劳动习惯形成

在大学生中加强日常生活劳动教育，让大学生走出"书斋"，走进"田野"，投身生活劳动实践，在生活劳动中体会感悟人生的真谛，逐渐形成良好的劳动习惯。

日常生活劳动能让我们在劳动中学会关心他人，增强人与人之间的感情。

2. 促进良好劳动品德养成

大学生良好品德的养成，仅凭增加品德教育课时和注重课堂上品德知识的传授，是远远不够的，它还必须与具体的生活劳动实践相结合，从日常生活中的点滴做起，在日常生活劳动中进行"辛勤、诚实、创造"等好的品行渗透。通过日常生活劳动来促进大学生良好品德的形成。古人云"一屋不扫，何以扫天下"，良好劳动品德在日常生活劳动中形成和发展，大学生如果逃离或忽视日常生活劳动，就不可能有良好劳动品德。

从小做家务、热爱劳动的学生能吃苦，有才干，对生活充满自信，人际交往能力也会强于不爱劳动的学生。实践证明，人们有许多优秀品质是在劳动中形成的，在劳动实践中，人们才能更好地养成勤俭、朴素的生活习惯，培养珍惜劳动成果的生活作风。

日常生活劳动能培养大学生自理、自立、自强的独立生活能力和进取精神；能锻炼吃苦耐劳、克服困难的坚强意志，有助于培养良好的社会适应力，促进身心健康；能培养勤快、主动的工作态度，并形成对集体、对国家的责任心。

当大学生在做家务劳动时，可能会遇到许多困难和挫折，每一次的困难和挫折都是对我们意志、能力的磨炼，而每一次磨炼，又都会让我们增加克服困难的勇气，并抑制自身的惰性。

在进行生活劳动的过程中，我们能够体验劳动成功后带来的快乐，也能感受劳动失败后的沮丧，通过这些感觉的积累，我们就会形成独立自主、坚毅和自信的心理品质。

3. 促进劳动知识技能培养

劳动知识技能是个体从事一定劳动所必须具备的知识、技术、技巧及综合运用这些知识、技术、技巧的能力，是大学生劳动素养全面提升的必备基础。从大学生日常生活劳动角度看，卫生保洁、整理收纳、洗衣做饭、形象塑造等基本的生活劳动不仅能起到活动筋骨、锻炼身体、培养劳动情感的作用，而且能促进劳动知识技能培养，使大学生掌握一些基本的劳动知识和劳动技能。

4. 让大学生懂得感恩

孝道是中华民族的优秀传统文化，《尔雅》中对"孝"的定义是"善事父母为孝"。在家庭生活中，我们多做家务，就能减轻父母的部分负担，这就是最直接的孝道。劳动的过程实际上也是感受父母平时付出的过程，我们能在劳动中明白父母的不易，也自然会在学习上更加严格地要求自己，促使自己努力创造更好的生活来回报父母的养育之恩。

【课堂互动】

大部分同学都会洗衣服、做饭，你洗衣服的方法正确吗？做出的饭菜是否得到了父母的赏识呢？探讨一下洗衣、做饭这样的家庭生活劳动应该如何开展。

二、大学生的主要日常生活劳动

日常生活劳动是大学生劳动最基本的形式。当前，有些大学生的日常生活劳动意识不强，基本的生活劳动技能欠缺，有些大学生只有基本或渊博的劳动专业知识、较高的专业劳动能力与技能等劳动素质，而缺乏生活自理的知识和能力。只有充分认识到日常生活劳动的重要性，大学生才有可能身体力行，重视日常生活劳动。

案例阅读

为宿舍空调"洗一次澡"

为了改善大学生住宿环境，许多高校都在学生宿舍安装了空调。空调在长期使用后，滤网会积累大量灰尘，不仅降低了空气质量，还可能导致空调制冷效果下降，甚至导致空调故障。为此，某高校安排全校学生开展了一场大规模劳动实践活动——为宿舍空调"洗一次澡"。

活动之前，为了确保学生安全，学校制定了劳动方案，其中说明了清洗空调的详细步骤和各种注意事项，由宿管员依次到学生宿舍进行宣传和培训。

在具备劳动知识和技能后，学生便开始清洁空调。他们按照清洗步骤，拔出空调的电源插头，打开空调机盖，拆卸空调滤网。有的清理空调上的灰尘和污垢，有的将空调滤网用清水冲洗干净并晾干。最后，他们重新安装滤网，整个过程既流畅又安全，大家都乐在其中。

据学校统计，这次劳动实践活动共发动近万名学生，清洗了 2000 余台空调，有效地解决了目前宿舍中空调制冷效果不佳的问题，得到学校领导和广大师生的好评。

上述案例中，学校统一组织学生清洗空调，不仅锻炼了学生的劳动能力，培养了学生的劳动习惯，还可以让宿舍中的空气更加清新，让学生在更加健康的环境中生活和学习。

1. 大学生家庭生活劳动

家庭生活劳动是围绕家庭生活进行的一种无报酬的日常家务劳动，如洗衣做饭、照看孩子、购买日用品、清洁卫生、照顾老人或病人等。人们对于家庭生活劳动的认识尚未统一，比如，有人认为，家庭生活劳动不属于社会生产劳动，不创造价值；也有人认为，家庭生活劳动再生产着在外工作的家庭成员的劳动力。家庭生活劳动很少受分工、协作或专业化制约。

家庭生活劳动在大学生个人发展中具有重要作用，主要体现在以下几个方面。第一，让大学生学会帮父母分忧，减轻家人的劳动负担；第二，培养大学生参与家务劳动的意识，学习家务劳动的基本知识，掌握基本的家务劳动技能；第三，让大学生切身体验家务劳动的烦琐与艰辛，学会感恩，培养尊重劳动、热爱劳动及热爱劳动人民的情感。

大学生参与的家庭生活劳动主要包括洗衣、烹饪、缝补熨烫、整理收纳等。

1）洗衣

洗衣是基本的家庭生活劳动之一，劳动者要充分掌握洗衣技巧，需要根据衣服颜色、材质等不同因素选择合适的洗衣方法。

（1）根据衣服材质、污渍种类、洗涤用品成分调节好水温，传统观念普遍认为因为温水有利于洗涤用品中酶的分解，所以温水洗衣最干净，但是清洁用品制造商已经生产出同时适用于冷水和温水的洗涤用品，洗衣时根据说明书把控水温。

（2）洗衣时要注意防止因为洗涤不当而产生衣服褪色、串色的现象，在洗干净衣物的同时，还要保持衣物的美观。

（3）手洗衣服。手洗衣服虽然费时费力，但对衣服的损害较小。手洗衣服时要按照一定的程序进行。

（4）洗衣机洗衣物。现在家庭使用洗衣机洗衣物较普遍，如果将待洗衣物填满洗衣机滚筒，不仅费电费水、衣物洗不干净，而且会缩短洗衣机的使用寿命，所以要控制清洗衣物的数量。

2）烹饪

烹饪是个系统工程，包括买菜、择菜、洗菜、切菜、配菜和烧菜等一系列环节，每一个环节都需要掌握一定的技巧。

（1）力求色香味俱全。中国菜花样繁多，每个地方的菜品都独具特色，其中著名的八大菜系有鲁菜、川菜、粤菜、苏菜、闽菜、浙菜、湘菜、徽菜，每个菜系都讲究色香味俱全，追求看起来"悦目"，闻起来"香飘"，尝起来"鲜美"。

（2）注重营养健康。随着生活质量的不断提高，人们对营养健康的关注度越来越高，对食物营养健康的基本要求是：食物多样，谷类为主；少盐少油，清淡为上；荤素搭配，素食为要。

（3）讲究烹饪方法。家庭生活中常用的烹饪方法有炖、蒸、煮、汆、煨、炸、炒、煎、烤等，由于烹饪技术和食物本身的差异，不同的烹饪方法做出菜肴的营养也不同。

（4）注意厨房安全。烹饪过程中，可以从以下几方面来提升厨房安全性，即在烹饪过程中人不要远离厨房，防止溢出的汤汁浇灭火苗，造成燃气泄漏事故；厨房内不要置放易燃易爆物品；如果发生燃气泄漏，应立即关闭燃气阀门和附近火源，打开门窗通风，不能开关任何电器和使用手机等，要迅速远离厨房，外出并报警；接触电器时要擦干手上的水，以防触电；电器使用完毕，应立即断电，以防烧坏电器后引发火灾；使用玻璃器皿、刀具等过程中要注意安全，以防使用不当伤及身体；洗刷锅碗瓢盆、灶台等过程中，防止擦破手；注意防烫、防油溅、防油烟等。

3）缝补熨烫

缝补熨烫衣服是家庭日常生活中常见的家务劳动，要求选择合适的布料，正确运用针法，掌握基本步骤、方法与技巧。随着生活条件的改善，很多人认为穿衣服要舍得投资，"旧的不去，新的不来"，因此，对缝补熨烫衣服持有一种不会做、不愿做甚至不屑做的态度。日常生活劳动教育中的缝补熨烫劳动对促进大学生个人发展具有重要作用，主要表现在：第一，整洁笔挺的衣物有助于个人树立良好形象；第二，能够使大学生感悟今天幸福生活来之不易，培养大学生勤俭节约、艰苦奋斗的优良品质；第三，促进大学生家务劳动意识的培养。

4）整理收纳

随着社会经济的发展、网购便捷性的提升以及社会大众消费观念的转变，购物已经发展成为现代生活的重要组成部分。强大的购买力导致家中物品越来越多，为了维持整洁有序的家庭环境，要时常进行家庭物品的归纳整理。由于部分个体缺乏收纳整理的能力或技巧，家庭收纳师这样一个新兴职业应运而生。一般而言，日常收纳整理活动主要包括客厅收纳、卧室收纳、厨房收纳、卫生间收纳。干净舒适的家庭环境不仅有助于人们工作之余放松身心，而且能够促进构建和谐的家庭成员关系。

说到家庭收纳和个人内务整理，不得不提到一个人——近藤麻理惠，她是《怦然心动的人生整理魔法》一书的作者，该书各版本在全世界的销量已突破1000万册。其整理内务的方法和理念受到广泛关注。不同物品有不同的整理方法，以服装整理为第一要务，通过有序的整理，使空间和生活状态得到实质性改变。其理念是家庭内务整理是一门艺术，而不是随意摆放的私人领地，通过对物品的整理，改善对生活的不良态度，进而促进身心的健康和幸福度的提升。

【课堂活动】

明代朱伯庐在他的家训中告诫子孙:"黎明即起,洒扫庭除,要内外整洁;既昏便息,关锁门户,必亲自检点。"

朱伯庐为什么要给子孙留下这样的告诫?说说你对这句话的理解。

2. 大学生学校生活劳动

学校生活劳动是指大学生参与宿舍、教室、食堂、校园的卫生保洁、绿化美化等与日常生活有关的劳动。学校生活劳动有利于培养大学生的个人劳动习惯、集体劳动意识、吃苦耐劳的精神和操作常见生活劳动工具的技能。

案例阅读

某高校有一名二年级学生拨打咨询热线电话,称自己远离家乡上大学后一直很想念父母,想念在家乡的生活,情绪低落。据该学生称,进入大学以前,其父母会照料他的一切生活起居,他只要专心读书就行。但进入大学后,所有的生活琐事都要自己处理,这令他感到很吃力,不习惯寄宿生活,很难与室友友好相处。为什么会出现这种情况?

现实生活中,要求孩子"一心只读圣贤书,两耳不闻窗外事,两手不沾家务事"的父母不在少数;教室里"爷爷扫地,奶奶擦黑板,孩子玩游戏"的现象也确实存在。为了考上重点中学、理想大学,孩子的全部生活就是学习、再学习,考试、再考试,结果却丢掉了"生活"。不知道大米是怎么来的、分不清楚小麦与韭菜、不会洗衣做饭的学生比比皆是。这样的学生日常生活意识淡薄,劳动观念偏差,劳动技能缺乏,人际交往存在障碍,这些都为学生将来的独立生活埋下了诸多隐患。

1)个人生活劳动

个人生活劳动是指在学校环境中,大学生围绕自身健康、快乐、幸福而进行的独立处理个人卫生、培养基本生活技能等方面的劳动,主要包括个人内务整理、仪容仪表规范等方面。

(1)个人内务整理。注重个人内务整理是一种良好的生活习惯。大学宿舍生活中,不叠被、不铺床、个人物品随意乱放、脏衣物堆积如山、垃圾随地乱扔等现象并不少见。这些个人生活习惯不仅有损身体健康,而且严重影响宿舍形象。因此,大学生内务整理等劳动具有重要意义。大学生参与宿舍劳动应注意三个问题。首先,应加强主人公意识,认识到宿舍劳动是自己大学生活中不可忽视的一部分,与自己生活环境的好坏息息相关;其次,应该明确宿舍劳动是大家的责任,要想长期保持宿舍良好的生活环境,不能只靠少数人,需要大家都参与进来,并坚持进行劳动;最后,可以通过制定劳动计划表,平均分配每个人的劳动任务和劳动量,以保持良好的宿舍环境。

(2)仪容仪表规范。仪容仪表能反映一个人的精神风貌,同时也可以体现一个人的文明素养。在日常生活劳动教育方面,要关注对学生仪容仪表规范的教育,将其作为大学生学校生活劳动教育的一项重要内容。虽说"人不可貌相,海水不可斗量",但社会上很多人都会通过服饰、发型、手势、声调、语言来评判一个人。得体的服饰仪容将会展现一个人的自律形象,树立起个人的风格,体现一个人的修养。企业要包装,商品要包装,个人形象也要包装。个人形象可以真实地体现一个人的教养和品位,也可以客观地反映一个人的精神风貌和生活态度,还可以如实地展现一个人对交往对象的重视程度。

2)集体生活劳动

大学生的集体生活劳动包括宿舍清洁美化和校园保洁美化等劳动。

(1)宿舍清洁美化。宿舍是大学生生活与学习的重要场所,是学生之间联系最密切、交流最频繁的场所。大学生在宿舍休息娱乐、谈心交友等。一个明亮整洁、物品陈列有序、空气清新怡人的宿舍,不仅可以为大学生提供舒适温馨的居住环境,而且能成为大学生陶冶情操、栖息心灵的港湾;它不仅能体现大学生良好的个人卫生习惯和文明的生活方式,而且能反映大学生的精神面貌和品德修养。

(2)校园保洁美化。校园保洁美化劳动主要包括查看现场情况、校园室内保洁、校园室外保洁和校园环境美化等内容。校园保洁美化的基本要求主要有以下几点:① 以爱护校园环境为己任,自觉维护校园的清洁卫生。② 做到垃圾入篓、袋装垃圾入桶,并提醒和制止乱扔垃圾的行为。垃圾要分类回收,碎玻璃应包装好后放到可回收垃圾桶里。③ 提倡"弯腰精神",随时拾起地面上的零星垃圾,扔进垃圾桶,确保地面干净。④ 不要随意践踏、攀折花草树木。⑤ 养成勤俭节约的美德,树立节约意识,减少纸的用量,做到"人走灯灭""人走水断",节约粮食,杜绝浪费。⑥ 保护好学校的公共设施,不乱涂、乱画、乱印,主动清理地面和墙壁上的污垢,养成良好的卫生习惯。

作为当代大学生,应该积极行动起来,增强劳动意识,积极投身到美化校园环境的劳动中,在劳动中培养集体、协作和进取的意识,逐渐养成爱劳动的良好习惯。

3)智能化时代的生活劳动

党的二十大报告提出建设智慧社会,这是科学判断信息社会发展趋势做出的战略部署,作为重要的国家战略,智能化是"智慧社会"的重要特征。以互联网为代表的高科技竞争正在迅速集中于人的脑力竞争,从"互联网+各个领域"向"人工智能+各个领域"快速迭代进化。智能化时代科技的提升促进生产力的发展,人们研发出各种先进的科技产物,帮助人们摆脱一些繁重的体力劳动。智能科技与现代生活不断交融,使得许多人工生活劳动被替代。例如,扫地机器人等智能家居产品早已走进了人们的日常生活中,代替了人工劳动;多媒体教学的应用,代替了人工板书。

大学生在享受智能时代科技带来的便捷舒适时,是不是不再需要体力劳动了呢?显然不是。大学生日常生活劳动在智能化时代虽被部分替代,但不会被完全替代,其在大学生未来的工作、生活中的作用和意义依然重要。

【课堂活动】

近日,河南某学院的学生"爆料"称,学校要求所有大一学生停课打扫卫生,按学院轮流排，一个学院一周，还要记1个学分。校团委书记称这是"劳动课"，大学生劳动较少，希望能借此加强他们对劳动课程的关注。此事引发大量网友的关注和吐槽，甚至有网友戏称："再开个'厨艺课'，食堂都不用请人了。"

说说你对这件事的看法。

第二部分　生　产　劳　动

生产劳动是大学生学以致用的主要形式。大学生要重视所学新知识、新技术、新工艺、新方法在生产劳动中的运用，在生产劳动中发现问题和创造性地解决问题，提升专业劳动能力，尤其是创新劳动能力。

教育与生产劳动相结合是社会发展的需要，也是高等教育发展的需要。

案例阅读

美国制裁华为的背后——深入解读中国芯之痛

2019年5月16日，美国将华为列入"实体清单"，在未获得美国商务部许可的情况下，美国企业将无法向华为供应产品。实体清单事件对华为打击巨大，比如华为手机无法使用高通芯片，谷歌停止与华为合作，华为因此失去对安卓系统更新的访问权。华为随即公开了我们所熟知的鸿蒙系统和华为海思。

2020年5月15日，在美国政府威胁要求台积电断供华为后，美国商务部正式发布公告，确定将对使用美国技术向华为供货的全球厂商进行限制，所有厂商一律需要获得美国政府的许可证，才可继续向华为供货。

美国抓住了中国半导体产业的软肋，从中兴事件到华为被全面封杀，都直接体现出中国IC产业的最真实的处境。在半导体这个领域，中国需要挑战的是西方上百年积累起来的工业体系。中国半导体一直是在冒着敌人的炮火匍匐前进，如今，敌人的炮火越来越凶猛，中国人和中国都在"芯"痛。

科教兴国，实干兴邦。大学生要更加努力上进，毕业后投身祖国建设。

(资料来源：2020年9月8日，腾讯网，有改动)

一、生产劳动概述

生产劳动是人类最基本的活动，是主体身心参与的主客体相互作用的过程，是主体积极能动地认识、把握客体的具体方式。

1. 马克思生产劳动理论

生产劳动理论是马克思剩余价值理论的一个重要组成部分，是马克思对资产阶级古典政治经济学，特别是对亚当·斯密批判地继承的成果之一。正确划分生产劳动与非生产劳动，特别是正确区分生产劳动的一般定义与社会主义生产劳动的特殊定义，对于正确理解社会主义社会经济效果内容的实质、范围、评价和计算方法等具有重要的意义和作用。

1）一般生产劳动与特殊生产劳动

马克思从一般生产劳动和特殊生产劳动两个层次来研究生产劳动问题。一般生产劳动是抛开了一切社会生产关系，仅从社会劳动过程的角度来规定的，是指人的劳动力与生产资料相结合，进行物质资料的生产，创造出新的使用价值的劳动。特殊生产劳动是一般生产劳动在一定社会生产方式下的生产关系中的表现形态。在不同的社会制度下，由于生产关系的性质不同，生产劳动的含义也就不同。这是不同社会制度下生产劳动的特殊性。

2）物质生产劳动与非物质生产劳动

按照马克思的论述，生产劳动有两种：一种是能创造某种物质的使用价值，作为静的属性，以存在的形式表现出来；另一种是不创造某种具体的使用价值，只是在动的形式上的劳动，但能提供一种特殊的使用价值，主要是指服务部门所提供的服务或劳务，也包括教师、艺术家、医生等所提供的服务。

3）社会分工与生产劳动新形式

随着当代社会生产分工的高度发展、经济生活的丰富和消费的增长，生产劳动者和非生产劳动者的界限日益模糊。越来越多的人转而从事不直接生产物质产品、但又和物质生产密切相关的生产服务和生活消费服务的劳动。

消费需要和生产需要导致生产劳动职能的丰富，生产劳动职能在非物质生产领域中的发展导致生产劳动职能之间的相互依存关系及其结构性的发展。这些趋势同时也都是行业部门之间社会分工的结果。它有三种基本形式：产品不同组成部分之间的生产分工、不同工序的分工、同一生产过程中的脑体分工。

只要一种职能是这个有机体之中的一个必要部分，不管它的承担者是脑力劳动者还是体力劳动者，不管这个劳动者是否"亲自动手"生产了物质产品，他都是生产劳动者。脑体分工是历史进步的产物，劳动者从事一定的劳动总是需要不同的体力和脑力的复合支出。当代劳动形式的深刻变化表现在服务劳动、科技劳动和经营管理劳动正在成为主体生产劳动形式，其特点在于它们是社会价值和财富创造的主要来源。

2. 高等教育与生产劳动

高等教育与生产劳动相结合是现代社会发展的必然趋势，是现代高等教育的基本特征之一，是高等学校培养社会主义建设者和接班人的根本途径。马克思主义的教育与生产劳动相结合，实质上就是教育过程和生产劳动过程这两个相互独立的过程的结合，是整个社会发展过程中，建立在分工基础上的高等教育与现代生产、科学研究、社会实践的结合，其根本目的是培养和造就适应社会发展需要的各种类型的高级专门人才。

1）高等教育与生产劳动相结合的功能

（1）社会功能。高等教育与生产劳动相结合的社会功能主要体现为适应社会发展要求，促进社会发展。培养和造就适应社会发展需要的高级专门人才是高等教育与生产劳动相结合最基本的社会功能；发展科学、开发高新技术、推动生产力发展是其直接的社会功能。

（2）育人功能。高等教育与生产劳动相结合具有育人功能，主要体现在促进大学生全面发展和推进大学生的劳动者社会化。

高等教育与生产劳动相结合符合大学生探索与创造的特点，为他们提供了能动而现实的生产实践和表现自己并认识自身现实的重要条件，使学生不仅在教学过程中获得前人的知识成果，而且在生产实践中直接获得新的知识成果，获得全面的能力体系和全面发展，加速社会化进程。

2）高等教育与生产劳动的结合点

（1）内容结合点。不同高校、不同专业、不同课程的结合点都不会完全相同。高等教育与生产劳动相结合必须遵守循序渐进的规律。从内容来看，一年级安排专业性劳动实践，二年级安排生产实习，三年级安排专业实践设计，四年级安排毕业设计或毕业论文。

（2）环节结合点。高等教育与生产劳动相结合的环节结合点是两者结合的重要纽带。高等教育的实践教学环节主要包括专业见习、专业实训和实验、岗位（顶岗）实习和自主实习等专业实习。

（3）场地结合点。高等教育与生产劳动相结合的场地结合点是两者结合的保证条件。两者结合的场地一般包括校内实践基地和校外实践基地。

3）高等教育与生产劳动的结合中介

随着社会的发展、科技的进步以及新技术革命的出现，教育与生产劳动相结合经历了从低级向高级发展的过程，已经发展成为高等教育、科学技术与生产劳动三者的结合，在三者结合的关系中，科学技术处于关键位置，成为高等教育与生产劳动相结合的中介。现代化生产要发展生产力，提高产品质量，不断更新产品与提高生产效益，面临着许多新的问题，如技术改造、设备更新、提高劳动者素质与管理水平等。生产部门要解决这些问题，必须依靠高等教育提供智力与科学技术的支持。

4）高等教育与生产劳动的结合层次

教育与生产劳动相结合实际包含教育与生产相结合和教育与劳动相结合两个层面。产学研合作是高等教育与生产劳动相结合向高层次发展的必然趋势，是现代高等教育的基本特征之一。

（1）教育与生产相结合。教育必须与生产相结合，教育发展要与国民经济发展的要求相适应。教育与生产相结合可以使大学生适应现代社会日益加剧的产业变更和职业流动。

（2）教育与劳动相结合。劳动既包括生产性劳动，也包括服务劳动和日常生活劳动。大学生通过劳动过程，更好地掌握现代生产的基本原理，培养良好的劳动习惯和劳动品质，可以实现劳动者社会化，为今后就业做好准备。

（3）产学研结合。随着科学技术的进步和现代生产中科技因素的增加，发展现代化大生产越来越需要高等学校的智力与技术支持。产学研结合的实质是学校与产业部门合作，共同实施人才培养。学校培养学生的基础理论和专业知识，企业通过职业训练和科技项目培养学生基本劳动技能和动手能力，激发学生的创造性思维，提升学生创造性劳动能力。

3. 知识经济时代的创新性劳动

从劳动的质的规定性上可以把经济学上的劳动分为常规劳动和创新劳动。常规劳动是在已有的技术、产品、市场、供货渠道和生产组织形式的范围内进行的劳动。创新劳动是能够做出创新的劳动，也就是能够创造出从未有过的产品、技术、市场和组织形式的劳动，比常规劳动创造的价值高得多。创新劳动的发展是一个渐进的过程。

知识经济时代的一个显著特征就是创新劳动日益成为社会经济发展的核心动力，成为推动社会经济发展的主导劳动形式。常规劳动大多数可以被机器取代，而创新劳动是一种高智力成本、高劳动强度、高消耗的劳动，不易被机器取代。

二、大学生的主要生产劳动

大学生参加的生产劳动一般与专业教育相结合，以专业劳动为主，也可以跨专业开展。大学生参加生产劳动可以加深理解和巩固理论知识，将专业知识融会贯通，并在实践中发现问题，培养创造性地运用理论知识分析和解决实际问题的能力，积累生产实践经验，提高实践操作技能和专业综合能力。

案例阅读

小张是某小学五年级的实习班主任，在为期两周的实习中，他收获颇丰。

小张实习时，他所在的年级组计划在第二天组织一个与春节相关的主题活动，年级组组长李老师给包括小张在内的5名实习生布置了任务，要求他们根据活动内容做好课件并主持主题活动。

实习生们接到任务便马不停蹄地开始了工作。在大家的共同努力下，课件做好了，但没有人主动请缨做主持。小张心里很想体验当一次主持人，但又不好意思开口。思来想去，他觉得这次机会难得，还是应该主动挑战。最后，小张勇敢地毛遂自荐，不仅接下了主持的任务，还承担了编写串词的工作。

活动开始时，小张在台上非常紧张，只是生硬地背串词……随着一个个节目不断表演，小张逐渐放松变得轻松自如起来，节目串词越说越好，不仅风趣生动，还能现场发挥，让整个会场直接沸腾起来！

活动结束后，小张得到了大家的一致夸奖，其中一位实习同学还对他说："我觉得你是天生做老师的料！"小张利用实习机会做了自己想做又不敢做的事情，不仅挑战了自己，还全面深刻地体会了教师的工作，这对他将来从事教师职业有非常大的帮助。

1. 大学生生产劳动的主要形式

1）专业实训

专业实训是围绕课程内容、结合专业技术能力组织的综合实训活动。随着高等教育的不断推进和发展，高校教育实训化已经逐渐成为主流趋势，同时教育实训化的方式和手段也在不断推陈出新。企业真正需要的是复合型人才，这就要求学生保持足够专业性的同时，还要对企业整体业务流程有一定认知，并且能在两者的基础上做出适当调整应变，跨专业综合实训项目针对现实需求应运而生。

2）专业见习

专业见习是大学生在进行专业实习前，通过学校组织或经学校同意后自主联系等方式，到相关单位进行一段时间观摩学习，以熟悉工作纪律，了解工作流程和规范，为实习奠定基础的教育教学安排。

3）岗位实习

大学生在完成规定课程学习后，在写毕业论文之前会进入企业进行综合性专业实习。师范、旅游管理、传媒、法律等应用性专业学生的专业实习往往以岗位实习的形式开展。岗位实习是学生能够在实际岗位上独立工作，并且能够初步完成该岗位的生产任务的实习，是大学生在完成学校学习之后，到校外企事业单位的相关专业岗位上直接参与生产的一种实践教学形式。岗位实习要求学生具备独立工作的能力，能够独挡一面，这对大学生来说具有很大的挑战性。大学生进入岗位劳动，既增长了知识，培养了才干，也锻炼了实际操作和动手能力，同时在岗位和项目中也做出了贡献。岗位实习有利于提高学生职业技能与职业素养，实现从做中学、从学中做，使学生毕业后能够与社会无缝衔接，实现校企双赢局面。

4）自主实习

自主实习是指学生在学校统一安排的专业实习之外，自己主动找到实习机会，进行实习。学生可以根据自己的就业意向选择自己喜欢的行业和岗位进行实习，除了具体的工作岗位，还可以选择自己喜欢的地域，具有较强的自主性。

自主实习与学生的个人职业规划和职业发展相关，是学生明确职业选择的尝试，可以进行职业探索、积累工作经验，并寻求留用的机会。随着科技发展与市场竞争的推进，现代社会的劳动分工越来越专业化和精细化，每个不同的岗位都发展出一套与之相适应的工作方法和技能，这对于未曾受过相关培训、未曾从事过相关岗位工作的劳动者而言成了一种壁垒，而这种职业分化就构成了劳动力市场的职业分割。大学生通过自主实习，可以获得相关岗位的工作经验，这是突破职业分化壁垒的有效途径。

2. 大学生生产劳动的主要内容

1）劳动工具的使用

马克思说："人的劳动能力的发展特别表现在劳动资料或者说生产工具的发展上。"马克思以实践的观点看待劳动工具，把劳动工具的发展同人类社会的劳动活动这种基本实践活动的发展，以及作为劳动活动主体的劳动者的发展，乃至整个人类社会历史的发展联系起来，从根本上阐明了劳动工具的本质及其在人类社会历史发展中的地位和作用。因而，劳动工具是在一定程度上表征人类生产能力进步水平的客观尺度，是人类劳动力发展的测量器，也是劳动借以进行的社会关系的指示器。

发明和制造劳动工具是人类社会发展与进步的标志。从农业社会到工业社会，人类创造、发明了许许多多生产、生活所必需的工具，极大地提高了劳动效率和生活质量，同时也推动了社会不断进步。制造工具和使用工具是人类劳动区别于动物活动的最重要的标志。因此，大学生在生产劳动过程中要将劳动工具的使用、改良和创新纳入实践内容。

劳动工具运行趋向自动控制化，功能趋向智能化，彻底改变了劳动者的劳动职能，对劳动者的素质提出了"硬性"的要求：劳动者如果不具备有关劳动工具和其他附属设备的结构原理和性能方面的专门知识，没有相应的加工工艺方面的足够知识，没有对生产中各类复杂情况进行综合判断和随机处理的能力，就将是人—劳动工具系统功能正常发挥的一个消极环节。具有足够有关劳动工具、生产工艺和劳动内容方面的专门知识和创造性思考能力的熟练劳动者，将是人—劳动工具系统中起积极作用的一个决定性因素，这种新型的人机关系可称为"弹性联系"。

劳动工具的质量是影响劳动效率的重要因素。劳动者应主动观察分析劳动工具（专业机器设备、仪表设计等）是否符合人的生理、心理特点，是否让人容易感知、理解和传达信息，检查设备、管路等有形物资的外形、着色、标志等基本设计是否科学合理，并根据劳动实践提出劳动工具改良和创新的方案。

2）劳动过程的适应

马克思认为劳动过程是劳动者通过有目的的活动，借助劳动资料（在社会主义生产关系下，生产资料由全体人民或劳动集体所有），对劳动对象进行加工而生产出使用价值的过程，是创造使用价值的一般人类活动。

劳动者在生产过程中实现自身价值，并以劳动量为主要标准参与利润分配。科技进步是劳动过程发展的重要动力，民主管理是劳动过程发展的主要方向，生产关系变革是劳动过程发展的历史结果。

互联网、大数据、工业机器人等技术不仅提供了智能化的机器和产品，还实现了对海量数据的精准处理，在此背景下，劳动过程有了巨大的变化，具体表现为生产的智能化、管理的科学化、劳动对象的虚拟化。

随着新一轮科技革命的蓬勃兴起，共享经济、零工经济等新型商业模式层出不穷，劳动者在生产过程中的职能和地位也发生了重大变化。劳动者阶层分化趋势明显，劳动过程与生产过程进一步分离。重复简单工作的普通工人逐渐被替代，具备研发创新能力和企业管理能力的复合型人才则在劳动过程中拥有更高的价值。

熟悉劳动过程，适应劳动环境和工作条件，熟知安全生产规范和隐患排除方法，主动研究和优化劳动规律等都是大学生生产劳动的重要内容。

【课堂活动】

> 小亮第一天上班就感觉到新人的一点小尴尬。他首先接到的任务是看文档，以及修改程序漏洞（bug）。由于接触的是"偏门"技术工作，他找遍手头的资料还是拿不出解决方案，需要问同事，但是总问同事会打扰对方……时间一长他渐渐和同事熟络起来。
>
> 他仔细琢磨了入职手册，意识到公司喜欢有创造力的员工，于是开始在改 bug 的间隙也写上几行代码，有几次同事觉得他的思路不错，还增补到源文件中。小亮把这些文档保存下来，在试用期结束的时候随自我评价一起交给领导。最后他顺利转正，工资还提高了一档。
>
> 问题：职场新人如何提高岗位适应力？

3）企业服务与服务创新

全球产业结构正从"产品经济"向"服务经济"转变，通过服务创新实现差异化，不仅能够帮助企业获取可持续的竞争优势，推动服务业自身发展，还可以促进其他产业转型升级，转变经济增长方式。

（1）基于制造企业"服务化"的企业服务创新。制造企业在为市场提供产品转型，提供产品衍生服务和服务解决方案，在服务产品组合、交互界面和价值传递方面进行创新，这一现象被称为制造企业"服务化"。随着信息技术革命的逐步深化，制造企业的发展模式和成长机制正在发生深刻变革，传统制造业与服务业之间的边界日益模糊，制造企业服务化成为全球制造企业转型升级的趋势和方向。

（2）基于服务贸易竞争的服务创新。服务创新是服务业发展和经济增长的关键因素。服务创新不仅可以提高服务产品的竞争力，调整和优化服务贸易结构，为服务经济创造新的增长点，而且有利于在国际服务市场上形成优势地位。

服务创新涵盖了产品设计、技术研究、生产过程、交付流程等多方面的创新，具体包括产品创新、过程创新、组织创新、市场创新、技术创新、传递创新、重组创新、专门化创新和形式化创新等。服务设计是帮助创新和改善现有服务，使用户觉得有用、能用和满意的，使机构觉得高效而有效的服务劳动。

服务创新需要复合型服务创新人才予以支撑，服务创新的人才多样化需求日益凸显。服务创新的不断发展推动新服务项目、新商业模式不断涌现，服务细分领域增多也依赖于多样化的人才。大学生在生产劳动中可以跨专业、跨学科开展综合劳动实践，不断提高服务设计和服务创新能力，逐渐成长为复合型服务创新人才。

【课堂活动】

> 许多大学生对自己在实习时只能做杂事而心有不满，认为这完全是大材小用，认为凭自己的能力应该做更复杂、更重要的工作。
>
> 对此，你有何看法？

三、实习实训

2019 年 7 月 10 日，中华人民共和国教育部发布《关于加强和规范普通本科高校实习管理工作的意见》（教高函〔2019〕12 号），指出：实习是高校实践教学的重要环节之一，实习是人才培养的重要组成部分，是深化课堂教学的重要环节，是学生了解社会、接触生产实际，获取、掌握生产现场相关知识的重要途径，在培养学生实践能力、创新精神，树立事业心、责任感等方面有着重要作用。

根据专业特点，毕业实习、顶岗实习可以允许学生自行选择单位分散实习。跟岗实习、顶岗实习是培养应用型人才必不可少的实践环节，高校要科学组织，依法实施。加强跟岗、顶岗实习管理。严格学校、实习单位、学生三方实习协议的签订，明确各自的权利义务和责任。

（一）实习

在经过一段时间的学习之后，或者当学习告一段落的时候，大学生需要了解自己的所学应当如何应用在实践中，实习是一种有效途径。实习一般包括学生的实习和公司员工实习。

1. 实习的作用

实习对个人的作用有验证自己的职业选择，了解目标工作内容，学习工作及企业标准，找到差距。

（1）验证自己的职业选择。当大学生在了解自我的基础上确定未来的职业理想时，需要在实际工作中检验自己是否真正喜欢这个职业，是否愿意做这样的工作。举例来说，如果你想做文案工作，但是当你在广告公司工作之后发现自己不是很喜欢文字工作，那你就要反思自己的职业选择了，这样就可以及时地纠正自己的职业发展轨迹。

（2）了解目标工作内容。下面仍以文案工作为例。在确定自己适合文案工作后，就要明确文案工作的内容，核心工作是什么，边缘工作是什么，要与哪些部门打交道，核心能力是什么，等等。在了解工作内容后就要尝试操作，争取在实习中实践全部工作内容，在操作中明确自己的优劣势。

（3）学习工作及企业标准。知道了文案工作要做什么后，就要了解业内及企业对每个工作内容所要求的流程和标准，这时要以业内及企业的最高标准来要求自己，督促自己进步。

（4）找到差距。实习不单是为了落实工作，更要明确自己与岗位的差距以及自己与职业理想的差距，并在实习结束时制订详细可行的补短计划。当你从明确差距、弥补不足的高度来看实习时，你会从实习中得到更多。

实习对企业的作用主要有：实习提供了观察一名潜在的长期员工工作情况的方法；为企业未来发展培养骨干技术力量与管理人才；有利于争夺人才；有利于企业长远发展等。

2. 实习的态度

大学生应持有以下实习态度。

（1）重视实习。实习对于大学生而言是非常重要的一个机会，应该重视实习，为实习做好各方面的准备工作，保证自己参与实习时能够达到最佳状态。

（2）勇于尝试。实习中需要面对全新的环境、机器设备和操作技能，实习讲究的是实践，如果不亲自动手，就无法真正掌握劳动所需要的技能。

（3）积极主动。调整好自己的心态，树立正确的劳动价值观，敢于挑战自我，不怕脏、不怕累，积极主动地参与到实习劳动中。

案例阅读

实习态度

小青和小兰是同学，她们一同进入一家法院实习，然而，二人对待实习的态度却大相径庭。小青每天除了按时完成领导交代的工作，还勤奋学习卷宗的归档方法、将材料输入立案系统，有时跟着同事一起跑现场，学习民事调解的方法和技巧。

小兰呢？书记员让她整理一本卷宗，她从早上上班整理到晚上下班都没有完成，原来她将精力全花在玩手机上了。法官和书记员在场的时候，小兰还能象征性地看看卷宗，等他们一走，小兰就掏出手机开始玩。小兰还总是提前1小时下班，原因是学校太远，而且她需要重修没考过的课程。

就这样，每当小青精疲力尽地回到学校宿舍时，小兰已经洗完澡，舒舒服服地躺在床上吃着零食、看着手机上的电视剧了。小兰还会像一位智者似的告诉小青："你刚进法院要学会偷懒，你越勤奋，将来受的累就越多，同事们就爱欺负你这种勤快的老实人！"

小青却不以为然。小青觉得刚踏上社会更应该勤快刻苦，不管别人怎么看，对自己来说，勤奋是能够学到许多有用的知识的。那时候小青的朋友圈背景图是一个人在夜间努力地奔跑，文案写的是"星光不问赶路人，时光不负有心人，你的坚持，终将美好"。对于一些人来说，这可能只是一句心灵鸡汤，可对于小青来说，这就是她的真实写照。

实习结束后，小青顺利入职这家法院，短短几年时间她从一名稚嫩的实习生成长为法院年轻员工中的骨干，而小兰实习结束后没有被录用。

实习态度决定一个人的劳动态度，更对职业道德的形成有直接影响。我们应该以懒惰为耻，以努力拼搏为荣，充分利用实习机会学习更多的知识来提升自己。

【课堂活动】

图3-1为2022年实习态度调查样本图（有效样本1315份）。你认为实习重要吗？

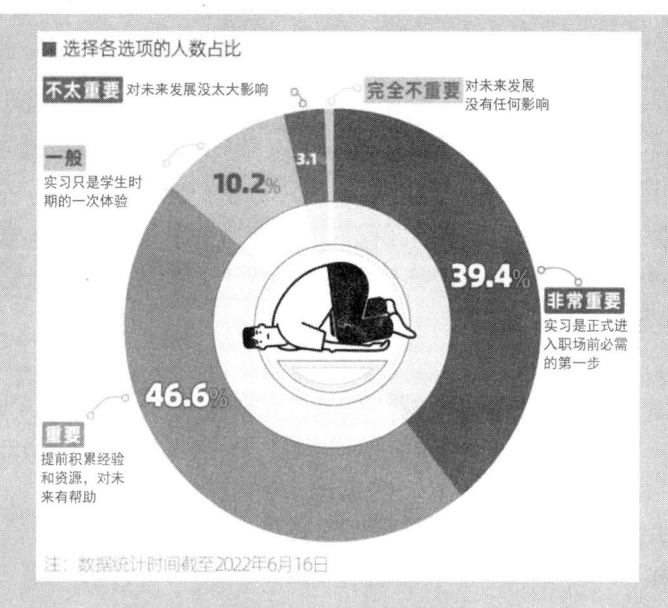

图 3-1　2022年实习态度调查样本图

（数据来源：DT财经联合牛客调研）

（二）实训

实训的目的是全面提高大学生的职业素质，最终达到大学生满意就业、企业满意用人的目的。合理的实训教育是大学教育的一个重要组成部分。

案例阅读

在实训中加工工厂所需的零件

某高校与某企业进行合作，学校租用企业的加工设备，在校园内部开设产品加工实训课程。同学们在企业专业技术人员的带领下，熟悉设备的使用方法、产品的加工流程等专业知识。一段时间后，小张所在的小组被临时安排加工一种黑色套管产品，技术人员告知小组成员，该产品是企业目前急需的一种零件，希望大家认真操作，制作出符合生产要求的产品。

该组同学意识到这次实训的重要性，大家不仅有了紧张感，更有了证明自己机会的兴奋感。工作刚开始时，大家的加工效率不高，产品缺胶、出现色差、出现气纹等质量问题也层出不穷。但随着对操作方法和工艺流程的熟悉，同时在技术人员的不断指导下，该组同学工作起来越来越得心应手。最终，该组同学顺利完成了指定的任务，他们加工出的黑色套管产品完全符合企业要求，在得到企业肯定的同时，还获得了一定的劳动报酬。

小张所在的小组在实训过程中临时接到的这项紧急任务，使得这次实训变得更加职业化。面对这种情况，该组同学通过不断学习和努力，成功完成了任务，学习到了更多的知识。

1. 实训的概念

大学生实训即把大学生在用人单位的内训模式转化为教育的模式。面向企业对人才的真实需求，自主研发针对大学生群体的课程，引入有企业从业背景和丰富实践经验的实训教师，运用当期运行的真实项目，实施案例教学；按照企业的实际用人需求，定向培养具有职业品行素质和行业领域知识的技能型人才。

按不同标准，实训有不同分类。

（1）从时空上分，有校内实训和校外实训，包括教学见习、教学实训和生产实训。

（2）从形式上分，有技能鉴定达标实训和岗位素质达标实训，包括通用技能实训和专项技能实训。

（3）从内容上分，有动手操作技能实训和心智技能实训。

2. 实训的目标

1）努力体现真实的职业环境

学校在安排、布置实训场所时，应避免采用实验室的框架，学生使用的装备、工具尽可能贴近职业真实。考虑到经济、职业形态的多样性，一般可采取少批量、多元组合的方式。

2）强调实训项目的功能应用性和工艺规范性

学校在设计实训项目时应明显区别于实验。如电工实验中，一般用软导线连接器件，测量线路中的相关物理量，以验证某个定理或公式的正确性。而电工实训则不然，一般实训中的线路应有明确的功能应用性，如多层民宅的通道照明线路、抢答器的线路、机床控制箱某一部位的线路，使学生了解各类电路的实际应用。同时，实训中应要求学生按照电工操作规范进行导线、辅料的选择及布线。

3）加强技能操作训练

实训课程不能仅要求学生对某项技能有所了解，而应该要求学生对主要技能达到独立操作和熟练操作的水平。这就需要学生有一定工作量的积累，最好能设计、选择某些典型产品的工艺过程进行实训，如进行五寸迷你型电视机的组装，以训练学生焊接、调试的能力。

4）采用模拟仿真软件提高实训项目的适用性和经济性

随着电子信息技术的发展，很多行业的技术岗位已采用了数字化、软件化技术，如电路板的设计与制作、工业控制器的应用、数控机床和加工中心的运作等。因此，采用各类相关软件对学生进行职业训练是必要的。同时，采用实用软件或模拟仿真系统有下列优点。

（1）节约经费。一个数控机床仿真软件的价格比一台国产的数控机床低得多。

（2）减少占地空间。一个电子线路设计自动化软件只需计算机及工作台，软件中可存放大量先进的测量仪器设备、器件和元件，无须空间堆放。

（3）安全。对于使用大型重装备设施的实训项目，采用软件系统或仿真运行后再使用实物系统，既能避免设施的损坏，又能有效保护师生的人身安全。

（4）有利于学生创新和自信心的提高。一道数控加工工序可由不同的程序完成，一个电子产品的功能可由不同的线路实现，采用模拟仿真软件既能较快地证明这些不同构思异曲同工之妙的可行性，也能弥补教学本身的局限性。

5）构思创新型的实训项目，提高实训的科技含量

实训应区别于倚重动作技能的训练。例如，设计数控机床调试和维护的实训，可随意把机床置于某种状态或设置某些故障，让学生按一定的要求恢复；电子产品的测试和剖析，可要求学生根据输入、输出物理量的变化，辨识系统内部的线路结构。创新型实训项目的设计有利于学生手脑并用，均衡发展。

【课堂活动】

近日，某学院有学生反映，学校安排他们到北京欢乐谷进行与专业无关的实训。据悉，该校同学在欢乐谷的主要工作有在鬼屋扮鬼、卖烤肠、检票、安检等。校方负责人回应称学校与景区有合作，接下来像学会计的同学会安排到会计岗位实习等。对于有同学未参加实训受到降级处理一事，校方称这是辅导员吓唬学生的说法。你怎么看待该学校的这种行为？

四、职业劳动

职业，即个人所从事的服务于社会并作为主要生活来源的工作。

社会分工是职业分类的依据。在分工体系的每一个环节，劳动对象、劳动工具以及劳动的支出形式都各有特殊性，这种特殊性决定了各种职业之间的区别。世界各国国情不同，其划分职业的标准也有所区别。

任何职业必然意味着对社会劳动的参与，职业必然与劳动关联在一起。正因为职业和劳动的关联性，职业劳动才成为一个专门的概念。职业劳动是人类社会中最基本的社会行动类型。

案例阅读

选择

著名科学家、上海大学前校长钱伟长的生命历程中曾经有过数次重大转变：第一次，当他以高分考取清华大学历史系时，因为国家的内忧外患而转学物理；第二次，当他有机会出国从事研究工作时，因为不愿"效忠"外国而毅然放弃；第三次，当他制订自己的专业计划时，放弃专长，而转入国家急需的自动化等全新领域。

"九一八"事变发生时，钱伟长刚刚跨进清华的校门。他本来是立志学中文的，但是国家的危亡和民族的灾难却让他感到，要改变国家的落后面貌，不受别国的欺负，就必须

有强大的科技。他毅然决定弃文从理。在他的心中,"国家的需要,就是我的专业",正是这种爱国信念的激励,钱伟长走上了科学之路。

(资料来源:2010年8月2日,新华社,有改动)

(一)职业选择

大学生应合理地进行职业选择,使个人的能力、兴趣与社会职业劳动条件相匹配,使个人的职业选择意愿与社会上的实际职业岗位的数量和结构相结合,使个人能够从事基本满意的工作,顺利走上职业道路。

1. 职业选择的概念

职业选择是指为了达到选择职业发展方向的目的,在自我认知和职业认知的基础上,从两个或两个以上的可行方案中确定一个方案的分析判断过程。换句话说,职业选择是择业者经过各种考虑和比较之后对应当做什么和应当怎么做所做的决定。决策是一连串决定的组合,任何一个新决定都受前面决定的影响,新做的决定又会影响后面的决定。决策是一个又一个决定连锁反应的发展过程,不是一个孤立的事件;职业选择也不是一次选择,而是持续不断地做出决定并修正的过程。

只有一个可行方案,职业选择就失去了意义。理解这个概念时要注意:职业选择的条件是要有两个或两个以上的可行方案。职业选择没有对错,只有是不是适合,所以职业选择的原则为满意原则。

职业选择是主观的判断过程,是获得机会又是放弃机会的过程,是权衡利弊做出选择的过程。所以要学会放弃,才能完成职业选择。

职业选择和一个人的决策风格有关。决策风格可分为两大类:非理性决策和理性决策。对于非理性决策者,他们在职业选择过程中,或者犹豫不决,优柔寡断,或者选择依赖直觉,冲动决策。而理性决策者收集有关自我和职业环境的信息,综合各方面的利弊得失,仔细考虑各种可供选择的职业前景,确定职业目标,并对实现目标的若干可行性方案进行比较和选择,最终确定最为优化、合理的方案。

2. 职业选择的内容

职业选择的内容包括哪些?作为大学生,主要在以下四个方面做出决策。

(1)选择何种行业。通常情况下,职业方向由所学的专业确定:师范专业的学生适合选择教育类行业,计算机专业的学生适合选择IT行业,医学专业的学生适合选择医疗卫生类行业等。

(2)选择何种岗位。一个行业内有众多的工作类型,如教育业有学前教育、小学教育、中学教育、大学教育;在一所学校里做教育工作,还面临着选择技术岗位还是管理岗位,这些都需要做出适合自己的选择。

(3)选择工作地点。毕业后有的同学选择去北上广深等一线城市,有的同学选择回到父母身边,还有的同学则选择去祖国最需要的地方。工作地点选在哪都无可非议,但在工作地点的选择上，应该综合考虑多方面的因素，不可一时冲动。工作地点选得准，有助于自己在一个地方围绕一个职业长期稳定发展，对自己的经历和经验都有帮助；而频繁更换工作地点，则对个人职业生涯弊多利少，所以工作地点也是职业选择的重要内容之一。

（4）选择具体的工作机会。在进行自我认知和职业认知后，往往会找到一些较为适合自己的工作岗位，这时需要对工作机会进行决策，抓住好的时机。

【课堂活动】

有机构针对社会对大学生的评价和大学生进入社会后的自我感觉进行了调查，结果让人很吃惊：在工作精神方面，67%的企业认为大学生不够踏实、缺乏实干精神，而71%的大学生认为自己是能够吃苦耐劳的；在团队合作方面，52%的企业认为大学生团队合作精神较差，以自我为中心情况严重，而76%的大学生认为自己具备与团队共进退的精神；在薪资方面，61%的企业认为大学生的薪金要求较高，不切合实际，用这些钱可以聘用经验更为丰富的人，而79%的大学生认为，他们的薪金要求是合适的，与他们的学历、能力相吻合。

从以上数据可以看出，用人单位对大学生在工作中的表现，特别是团队合作方面，评价不是很高，而大学生却大多自我感觉良好，认为自己对得住单位付给自己的薪水。

你怎样看待用人单位评价与大学生的自我认知之间的矛盾？

（二）职业道德

确定职业选择之后，大学生应提高职业能力，培养相应职业道德，正确对待职业生涯中的困难与挑战，在艰苦磨砺中提升职业素养。

1. 职业道德的概念

广义的职业道德是指从业人员在职业活动中应该遵循的行为准则，涵盖了从业人员与服务对象、职业与职工、职业与职业之间的关系。狭义的职业道德是指在一定职业活动中应遵循的、体现一定职业特征的、调整一定职业关系的职业行为准则和规范。

案例阅读

诚实守信的职业道德

小吴就职于一家网络公司，他为公司开发出一款网络维护的软件包，为了寻求更大的舞台，小吴选择从公司辞职。

正巧有一家知名的软件公司招聘程序员，待遇非常丰厚，小吴也比较心仪这家公司，觉得在那里可以大展拳脚。于是，他选择去应聘。凭借自己深厚的技术功底，小吴轻松通过了笔试，当他来到最后的面试环节时，该公司的技术主管问他："听说你原来就职的公司已经开发出了一款网络维护的软件包，你是否参与过研发？"小吴自信地回答："这个工程是我来组建团队并进行研发的。"主管大喜，接着问小吴："那你能介绍一下这项技术的核心内容吗？"小吴有点犹豫，摸不准主管的意图，不知道对方是在考察他的技术，还是想打听这项技术的秘密。主管见小吴有些犹豫，又追问道："如果你加入我们公司，能用多长时间为我们开发出同类软件？"这下小吴终于明白了，对方关心的是这项技术。

既然如此，到底说还是不说呢？小吴左右为难。不说的话，多半会丢掉这次难得的机会；说的话，小吴心里似乎又有个坎过不去。这款软件是小吴以前就职的公司花了2年多的时间开发出来的，公司为了这款软件中的技术，为小吴提供了全方位的支持，包括财力、人力和物力，只要小吴要求，公司都尽量办到。当时和小吴一起工作的同事也是夜以继日地拼命工作，大家都付出了很多。而且，公司并没有和小吴签署保密协议，相信小吴的职业操守。

现在，如果把这款软件中的技术交出来，那么以前的公司和曾经的同事将无法在这个行业中生存下去。想到这里，小吴打定了主意，他不会为了自己的前程而砸了大家的饭碗。"对不起，我不能回答这个问题，如果贵公司为了这项技术而让我获得这个工作机会，我宁愿放弃。"说完，他毅然起身离开了办公室。然而，半个月后的某一天，小吴突然接到这家公司人事部的通知，告知他被录用了，人事部向他说明，当天的面试只是一项考试内容，他在考试中交出了一份优秀的答卷。

在现代社会中，有些人只会考虑自己，而不顾他人的职业安危。小吴这种职业道德，正是社会所需要的，也是企业所需要的。作为一家企业的员工，应该遵循起码的职业道德，如果当时小吴选择把前公司的核心技术透露给新公司，那么他就可能做出其他损害企业的事情，这样的人，又有哪家企业敢录用呢？

（1）职业道德是劳动规则。最早的社会道德实际上是由于劳动的需要而产生的，表现为劳动的规则，作用是规范和管理劳动以及与劳动相关的社交行为。社会道德在社会分工不断发展的过程中不断完善，职业道德逐渐从社会道德中分离出来，专门用来规范和管理职业劳动的行为。综上，职业道德从根本上看就是一种劳动规则。

（2）职业道德是服务标准。职业道德应当是服务标准，是一切职业劳动的根本道德要求和基本道德原则。确认职业道德是服务标准，不仅符合社会职业交往关系的客观需要，而且符合职业劳动者自我完善的道德需要。劳动者只有充分理解职业劳动的服务本质，并加以实践，才有可能深刻地理解个人与他人、个人与社会的利益关系，从而确立正确的责任感和道德感。

社会主义的职业道德是适应社会主义物质文明和精神文明建设的需要，在共产主义道德原则的指导下，批判地继承了历史上优秀的职业道德传统的基础上发展起来的。由于社会主义的各行各业没有高低贵贱之分，在职业内部的从业人员之间、不同职业之间以及职业集团与社会之间没有根本的利害冲突，因此，不同职业的人们可以形成共同的要求和道德理想，树立热爱本职工作的责任感和荣誉感。我国各行各业制定的职业公约，如商业和其他服务行业的"服务公约"、科技工作者的"科学道德规范"以及工厂企业的"职工条例"中的一些规定，都属于社会主义职业道德的内容，它们在职业生活中发挥了巨大的作用。

2. 职业道德的主要内容

我国《公民道德建设实施纲要》提出职业道德的主要内容是爱岗敬业、诚实守信、办事公道、服务群众、奉献社会。职业道德是道德在职业实践活动中的具体体现。

（1）爱岗敬业是对自己的职业、自己的工作认真负责，热爱本职工作，以崇敬、严肃的态度对待自己的职业，对本职工作一丝不苟，尽心尽力，忠于职守，为实现职业的目标而努力奋斗。一个人要做好自己的本职工作，没有爱岗敬业的职业精神是不行的，现代社会人与人之间只是分工不同，职业无贵贱之分，这是职业道德所要倡导的首要规范。

（2）诚实守信是指实事求是为人做事，讲信用，守诺言，这是职业道德的最基本准则。

（3）办事公道是指处理各种事务时要公道正派、客观公正、不偏不倚、公开公平。对不同的对象一视同仁，秉公办事；不因职位高低、贫富、亲疏的差别而区别对待。

（4）服务群众是指听取群众意见，了解群众需要，端正服务态度，提高服务质量，这是职业道德的重要原则。

（5）奉献社会就是要履行对社会、对他人的职业义务，自觉努力地为社会、为他人做出贡献。这是职业道德的出发点和归宿，当社会利益与部门利益、个人利益发生冲突时，要求每一个从业人员把社会利益放在首位。

3. 培养职业道德素质

1）在日常生活中培养

"勿以恶小而为之，勿以善小而不为。"职业道德行为的最大特点是自觉性和习惯性，而培养人的良好习惯的载体是日常生活。因此，要紧紧抓住这个载体，有意识培养自己的良好习惯，久而久之，习惯就会成为一种自然，即自觉的行为。

"培养"意为按照一定的目的长期地教育和训练，在日常生活中培养职业道德行为应做到如下几点。

（1）从小事做起，严格遵守行为规范。行为规范是指在行为方面的约定或明文规定的标准、准则，它告诉人们该怎样做，不该怎样做。从小事做起，严格遵守行为规范。例如学生证、干部证、文明监督岗位证等的佩戴，遵守校纪、班纪、宿舍纪律等，在各方面按照大学生的各种规范来要求自己。

（2）从自我做起，自觉养成良好习惯。良好的习惯是每一个人终身受益的资本，不好的习惯则是人的一生羁绊。要从自我做起，从行为规范要求入手，从行为习惯训练抓起，持之以恒，就能养成良好的习惯。

2）在专业学习中训练

专业理论知识与专业技能是形成职业信念和职业道德行为的前提和基础。职业道德行为的养成离不开知识的学习和技能的提高。

"训练"意为有计划、有步骤地使之具有某种特长或技能。在专业学习中训练职业道德行为的要求如下。

（1）增强职业意识，遵守职业规范。职业意识是人们对求职择业和职业劳动的各种认识的总和，是职业活动在人们头脑中的反映。职业规范是指某一职业或岗位的准则，包括操作规程和道德规范。大学生要在专业学习中增强职业意识，遵守职业规范，这是未来干好工作、实现人生价值的重要前提。

（2）重视技能训练，提高职业素养。向劳动模范、先进人物学习，刻苦钻研，培养过硬的专业技能，提高自己的职业素养。

3）在社会实践中体验

"人的正确思想，只能从社会实践中来。"丰富的社会实践是指导个人发展、成才的基础，是实现知行统一的主要途径。职业道德行为的养成离不开社会实践，社会实践是职业道德行为养成的根本途径。

"体验"意为通过实践来认识周围的事物，在社会实践中体验职业道德行为的方法如下。

（1）参加社会实践，培养职业情感。"有知识的人不实践，等于一只蜜蜂不酿蜜。"在社会实践中有意识地进行体验，进而了解社会，了解职业，了解自我，熟悉职业，体验职业，陶冶职业情感，培养对职业的正义感、义务感、主人感、荣誉感等情感。

（2）学做结合，知行统一。在社会实践中，把学和做结合起来，把学到的职业道德知识、职业道德规范运用到实践中，落实到职业道德行为中，以正确的道德观念指导自己的实践，理论联系实际，言行一致，知行统一。

4）在自我修养中提高

自我修养是指个人在日常的学习、生活和各种实践中，按照职业道德的基本原则和规范，在职业道德品质中有目的地自我锻炼、自我改造和自我提高。

在自我修养中提高，应做到如下两点。

（1）感悟生活，经常进行"内省"。一要严于解剖自己，善于认识自己，客观地看待自己，勇于正视自己的缺点；二要敢于自我批评，自我检讨；三要有决心改正自己的缺点，扬长避短，在实践中不断完善自己的职业道德品质。

（2）学习榜样，努力做到"慎独"。"莫见乎隐，莫显乎微，故君子慎其独也。""慎独"是指一个人在没有外界监督的情况下，也能自觉遵守道德规范，不做对国家、对社会、对他人不道德的事情。大学生要激励和鞭策自己，加强道德修养，自觉做到"慎独"，努力提高职业道德修养。

5）在职业活动中强化

职业活动是检验一个人职业道德品质高低的试金石。在职业活动中强化职业道德行为要做到如下几点。

（1）将道德知识规范内化为信念。"内化"是指把学到的道德知识规范变成个人内心坚定的职业道德信念、职业道德理想与职业道德原则，对自己履行的职业责任和义务的真诚信奉。它是职业道德知识、情感和意志的结晶，也是人们职业道德行为的强大动力和精神支柱。只有这样的职业道德行为，才有坚定性和永久性。

（2）将职业道德信念外化为行为。"不要总是在梦想高尚的事情，而要去做高尚的事情。""外化"是把内心形成的职业道德情感、意志和信念变成个人自觉的职业道德行为，指导自己的职业活动实践。大学生要履行自己的责任和义务，做一个言行一致、表里如一、有职业道德的人。

总之，职业道德行为养成对个人的职业生涯至关重要，在学习生活中，要注重行为规范训练，养成良好的行为习惯。要加强职业道德修养，提高职业道德素质。要坚持参加各种实践，在实践中培养良好的职业道德行为，形成高尚的职业道德。

案例阅读

优秀职业道德的养成

小林从小受家风影响，在工作、学习、生活以及社会交往中都秉承家风家训，深受领导、同事和朋友的赞许。爷爷给他讲的3个词语他一直铭记在心，分别是"慎独"、"积善成德"和"防微杜渐"。

首先是"慎独"。"慎独"是一个人道德水准的试金石，是指一个人在独处的时候也要自觉地严以律己，能真诚地面对自己的内心，谨慎地对待自己的所思所行。爷爷告诉小林，一个人在公共场合不做坏事比较容易，而在独处时也能一样不做违反道德准则的事，就需要有很高的道德修养。"慎独"的关键在于自律，即在道德上自我约束。

另外，爷爷也一直在给小林灌输"积善成德"的思想。他告诉小林，战国时期的儒家代表荀子曾说："积土成山，风土兴焉；积水成渊，蛟龙生焉；积善成德，而神明自得，圣心备焉。故不积跬步，无以至千里；不积小流，无以成江海。"这是告诉小林，一个人做一件好事容易，难在一直做好事。要想成为一个拥有高尚的道德品质的人，需要长期的积善过程。

最后就是"防微杜渐"。爷爷告诉小林，当错误的思想和行为刚有苗头或征兆时，就应加以预防与制止，坚决不让它继续发展。爷爷用刘备叮嘱刘禅的话来提醒小林，"勿以恶小而为之，勿以善小而不为。"

小林从小到大一直将爷爷告诉他的这3个道理牢记于心，并严格体现到生活中，这使得小林在工作中培养出了优秀的职业道德——严于利己、热心助人、大公无私、甘于奉献。用他自己的话说，这些行为都是他在生活中不知不觉培养起来的。

【课堂活动】

互联网上有很多虚假、垃圾新闻，传播着不实的消息。现在的媒体行业竞争越来越激烈，自媒体的横空出世也直逼传统纸媒，媒体行业的从业人员数量增多，竞争增大，压力之下，很多人开始寻求快捷的途径，丧失自己的职业道德，去吸引公众的目光。你认为媒体从业者的职业道德重要吗？为什么？

第三部分 服务劳动

广义的服务劳动,把社会的分工与协作都看成彼此提供服务。狭义的服务劳动,同农业劳动、工业劳动和商业劳动等专业劳动相并列,是社会分工的产物,因而服务劳动亦称服务业劳动。

案例阅读

把爱和温暖带进乡村学校课堂

2002年,20岁的李灵从河南省淮阳师范学院毕业。看到家乡辍学在家的留守儿童,她萌生了在家乡办学的念头。2002年7月,经当地教委批准,她创办的希望小学在两间租来的房子里开课。开始,学校只收了几十名留守儿童入学,年轻的李灵就像妈妈一样精心呵护着他们(见图3-2)。上课的时候,李灵全心全意地教授知识,放学后再把孩子们一个个送回家。尽管很苦很累,但李灵觉得这样做值得。

图3-2 李灵和学生们在一起

到了第二年,随着学生增多,教室不够用了,李灵就想办法建校舍。地是村里帮助协调租来的,可房子得自己盖。"建房时最困难的时候,我这边上着课,放了学还要去工地搬砖头和水泥。"李灵说。为了节省开支,很多事情都得亲力亲为。每年暑假,她都自己动手为学校的课桌、板凳刷漆,为了给孩子找教材,李灵骑着一辆破旧的三轮车走街串巷,高价回收旧书本供孩子们使用。此事经媒体报道后,很多人深受感动。后来,多家单位与李灵联合建立了爱心图书中转站,把城市中多余图书通过中转站送到更多农村孩子的手中。为了让爱心传得更远,李灵利用中转来的图书资源,在全国捐建了100所爱心图书室。

1. 上学路上,一个孩子也不能少

"我出身农村,知道教育的重要性。我就想让农村娃在自己的家门口有学上,上好学,读好书。受教育的路上，一个留守儿童也不能少。"被问及办希望小学的初衷，李灵表示。在她的感召下，希望小学陆续迎来了一批志同道合的教师。昔日两间租来的小教室已经变成配有宿舍楼、图书室和足球场的大校园，学校目前有教师 30 余名，开设 18 个班级，近 700 名学生，其中 80%是留守儿童，学校生源覆盖周边 30 个乡村。办学 18 年来，学校累计培养学生万余人。

2．爱在传递，在每个人心中开花结果

"小时候我印象最深的是，每到年关时和弟弟在村子里挨家挨户收红纸，拿回家让父亲为乡亲们义务写春联。"谈起坚守在基层从事乡村教育的初衷，李灵讲起了儿时的故事。李灵的父亲也是一名人民教师，父亲"但行好事，莫问前程"的行事风格让李灵耳濡目染，她从小就在心里埋下一个信念："长大后，我要成为你！"

多年过后，李灵成为像父亲一样的人民教师，同时也继承了父亲善良的性格，一直热衷于公益事业，把温暖与爱传递到更多的地方。

学校里的留守儿童是李灵最关心的群体。为此，学校开展的每一项活动，她都优先安排留守儿童参加，让他们真正融入学校大家庭，切实感受到"家"的温馨。李灵还在学校开展"留守儿童生生结对帮扶"活动，让家庭条件好、学习成绩优秀、父母均在家的学生和留守儿童结对子；开展师生结对，让教师成为学生的"代理家长"，及时了解留守儿童的心理状况，尽力满足他们的精神及心理需求。

爱的传递能开出鲜艳的花，结出丰硕的果。李灵的一言一行感染着身边很多人。学校的老师拿着微薄的收入却甘愿付出，课上是老师，课下是"代理家长"；从希望小学考出的学生都忘不了这里曾经的温暖，也用自己的一份力量，竭尽所能地回报社会。

李灵从事的教育事业是典型的服务劳动。难能可贵的是，李灵选择自筹资金创办小学，不收学费，在环境艰难的条件下始终坚持初心，为农村孩子提供了尽可能高质量的教学服务。当办学条件好转，学校不断壮大时，李灵更加看重教学质量，为社会培养了大量优秀人才。

（资料来源：2021 年 2 月 1 日，中工网，有改动）

一、服务劳动概述

1．社会服务能力与社会能力

社会服务能力是人对社会进行服务时所具备的技能，可通过人际交往实现社会服务的目的。大学生不仅可以通过社会服务正确认识自己，也可在服务他人的过程中无意识地学习到在学校中学不到的待人接物的知识与技能，是一个不断完善自我认知和行为的过程。

社会能力是指正常个体在一定社会情境下，解决问题时所需要的综合能力。大学生在社会服务中，通过服务性劳动，不仅可以培养和提高社会责任感，也可以锻炼和提高作为社会人和职业人的素质能力。

国际卫生组织将社会能力定义为：一个人能够有效处理日常生活中面临的各种需要和挑战的能力。它是一个人能够在他人、社会和环境的相互作用中，保持良好的心理状态，并且表现出适当的、正确行为的能力。社会能力是解决问题使用的一系列方法和技巧，可以划分为社会行为技能、社会认知技能、情绪情感因素和自我管理技能等。

2. 服务与服务劳动

马克思认为服务本质上是一种劳动，它与商品作为实际物品的性质不同，服务是无形的，但是服务与商品相同的性质是都具有自己的特殊使用价值，能够换取其他价值。马克思把服务分为参与再生产劳动力的服务（教师、医生的服务）；服务于商品使用价值的服务（运输、维修、包装、保管服务）；服务于价值实现的服务（商业服务）和服务于人的精神需求和社会需要的服务（政府服务、艺术家服务）。

在"生产劳动特殊"的意义上，马克思认为服务劳动可以是生产劳动，也可以是非生产劳动，把服务劳动分为"在物质生产领域中"和"在物质生产领域以外"两种类型，即生产性服务劳动和非生产性服务劳动。

服务劳动主要包含六类：生产性服务劳动、生活消费性服务劳动、经济性服务劳动、社会性服务劳动、公共性服务劳动、行政性服务劳动。

3. 大学生的服务劳动及创新

大学生的服务劳动是指大学生在校内外参加的有利于他人和社会的行为，既包括校园内的教室、食堂等场所的卫生保洁、绿化美化和管理服务等，也包括校园外的勤工助学、志愿服务、创新创业训练等各类社会实践。大学生要重视服务劳动中新知识、新技术、新工艺、新方法的运用，提高在生产实践中发现问题和创造性解决问题的能力，在动手实践的过程中创造有价值的物化劳动成果。

大学生深入基层，深入群众，深入实际，开展教学实践、顶岗实习、社会调查、生产劳动、志愿服务、公益活动和勤工助学等实践活动都属于社会服务劳动范畴。比较常见的大学生社会服务劳动有科技、文化、卫生"三下乡"，田野调查，社会调查，大型赛事，文艺演出，社区的志愿服务等。大学生社会服务活动也需要专业化和技术化。

随着志愿服务项目化发展逐渐深化，对具有专业精神和一定专业能力的专业志愿者的需求逐渐提升，更需要一批具有纯粹志愿精神、扎实专业知识、良好志愿技能的新时代的优秀学生志愿者。

将社会服务劳动与专业教育相结合，一方面通过社会服务劳动推动专业学习，激发学生的学习兴趣，提高学生的实践能力与知识运用能力，另一方面进一步提升社会服务的专业化水平，突出创新服务劳动，尤其是专业服务劳动在内容、途径、方式上的创新，增强社会服务劳动的时代性。学生可以选择现代农业、工业、服务业项目，在学习和借鉴他人丰富经验、技艺的基础上，尝试新方法，探索新技术，打破僵化思维方式，推陈出新，提升创造性劳动能力。

二、社会调查

社会调查是社会调查和研究的简称。社会调查是指人们为达到一定目的，有意识地通过对社会现象的考察、了解、分析和研究，来了解社会真实情况的一种自觉认识活动。社会调查有助于提升大学生的社会能力和专业能力。

（一）社会调查的分类

社会调查依据其调查对象规模的不同，可分为宏观调查（一般为大范围或大规模的调查，如人口普查等）和微观调查（一般包括两三人或数人的小群体的调查）；据其调查内容和功能的不同，可分为研究性的调查（为解决理论性或政策性的问题而进行）和工作性的调查（为解决当前实际工作中的问题而进行）两类。

大学生社会调查一般可分为三类。

（1）以在校大学生为对象的社会调查，如"大学生择业观调查""大学生诚信状况调查""网络对当代大学生的影响调查"等。

（2）以专业需求为背景的社会调查，如"会计专业社会需求调查""关于计算机专业人才社会需求的调查""管理咨询行业发展现状及前景调查"等。

（3）以民生社会热点为对象的社会调查，如"居民生活满意度调查""农村留守儿童安全教育调查""传统文化保护与开发相关问题调查"等。

（二）社会调查的特点与程序

1. 社会调查的特点

社会调查主要包括以下要素。
（1）明确的调查目的。
（2）具有社会意义的调查对象。
（3）科学的调查方法。
（4）实际的调查效果。

社会调查应有以下态度。
（1）求益的态度：力求促进社会进步，解决社会问题，增进人民幸福。
（2）求实的态度：尊重客观事实，不"唯上"、不"唯书"。
（3）求教的态度：眼睛"向下"，虚心向群众学习与求教。

2. 社会调查的程序

社会调查的程序包括选题、准备（准备调查内容、调查工具、调查对象）、调查（收集资料、实施调查）、分析（审核、整理、统计、分析）、总结（生成调查报告）。

（三）社会调查的方法

1. 选题

根据当前国家经济形势和相关的方针政策，以及自己的兴趣和专业，结合社会调查的要素特征，选定一个值得研究的问题，如小城镇建设、退耕还林等。选题时可采用查阅文献资料、咨询相关老师等方法。

2. 计划

紧扣选定的主题，参照相关资料，提出不同层次的问题，并确定系统的调查项目。比如要研究小城镇建设的问题，就要提出其必要性和所需条件等问题，每个问题又包含若干小问题。

3. 设计指标

指标是指用以衡量或指示调查对象的数量指标或分类指标，如某地区的人口和人均收入等。要用各种数量指标或分类指标从各方面完整地揭示调查对象的本质特征，保证其纵向和横向的可比性。

4. 拟定提纲

用提纲的形式将以上准备工作确定下来，对所有提出的问题和项目加以精选，分出轻重缓急，使系统完整。

5. 选择适当的调查方式和方法

常用的调查方式有普遍调查（对调查对象的每个部分、每个分子毫无遗漏地逐个调查）、典型调查（选择一个或若干个具代表性的单位做全面、系统、周密的调查）、个案调查（对社会的某个个人、某个人群，或某个事件、某个单位所做的调查）。常用的调查方法有问卷法（合理设计问卷，采用开放式、封闭式或混合式问卷收集信息）、文献法（通过书面材料、统计数据等文献对研究对象进行间接调查）、访问法（通过走访交谈获得资料）、观察法（现场观察，凭借感觉的印象搜集数据资料）。

6. 培训与准备

请有关专家对调查人员进行必要的培训，包括调查态度和调查技能的培训。此外，还应该注意筹备必要的资金和物质条件，做好与被调查单位的接洽工作，并争取有关单位的支持，保证调查工作的顺利开展。

【课堂活动】

"马克思主义基本原理"是高等学校的必修课程，该课程通常会要求学生做一些社会调查或校园调查，即学生组成几人小组，首先写一份调查计划书，然后小组成员分工合作完成调查。这项活动十分考验团队的合作能力。

你做过这样的调查吗？

三、志愿服务

赠人玫瑰，手有余香。参与志愿服务既是"助人"，亦是"自助"；既能"乐人"，也能"乐己"；既是在帮助他人、服务群众、贡献社会，也是在传递爱心、宣扬文化、传播文明，对于促进社会的进步与稳定具有重大意义。

> **案例阅读**
>
> "彩虹行动"——关爱和陪伴留守儿童
>
> "彩虹行动"是湖北省妇联坚持多年的儿童关爱品牌。从2014年开始,湖北省妇联每年动员各大高校师生组建"彩虹行动"志愿服务队,分赴全省各地开展留守流动儿童安全自护教育、学业辅导、团体活动等关爱帮扶活动。2022年的"彩虹行动"以"少年儿童心向党,用心用情伴成长"为主题,来自华中师范大学、华中农业大学、武汉科技大学三所高校的120余名师生志愿者携手组成暑期社会实践团队,分成20个乡村服务队赴全省各地。除组建高校"彩虹行动"志愿服务队之外,"彩虹行动"还在全省各市州留守儿童服务站、家教指导服务中心等儿童活动阵地设立了20个省级示范站点,各地妇联也结合自身特点,组建了150余支志愿服务队,设置了一批市级"彩虹行动"服务站点。在炎炎夏日里,为各地留守流动儿童带去了一个充满爱意与快乐的暑假。
>
> (资料来源:2022年8月11日,《中国妇女报》,有改动)

(一)志愿者的含义

志愿者的定义为:在自身条件许可的情况下,参加相关团体,在不谋求任何物质、金钱及相关利益回报的前提下,在非本职职责范围内,合理运用社会现有的资源,服务于社会公益事业,为帮助有一定需要的人士,开展力所能及的、切合实际的,具一定专业性、技能性、长期性服务活动的人。

志愿者从事的服务众多,其中可能包括教育、环保及福利等范畴,因此难以统一划分。

志愿者也叫义工、义务工作者或志工。他们致力于免费、无偿地为社会进步贡献自己的力量。志愿工作是指一种具有组织性的助人及基于社会公益责任的参与行为。2017年12月1日,《志愿服务条例》开始实施。目前中国注册志愿者超过2亿人,累计志愿服务时间超过37亿小时。

每年12月5日为"国际促进经济和社会发展志愿人员日"(International Volunteer Day for Social and Economic Development),简称"国际志愿人员日"(International Volunteer Day)。每年3月5日为"中国青年志愿者服务日"(China Youth Volunteer Service Day)。

(二)志愿者精神

志愿者精神是指一种互助、不求回报的精神,它提倡互相帮助、助人自助、无私奉献、不求回报。

1. 奉献

奉献是指恭敬地交付,奉献即不求回报地付出。奉献精神是高尚的,是志愿服务精神的精髓。志愿者在不计报酬、不求名利、不要特权的情况下参与推动人类发展、促进社会进步的活动，这些都体现着高尚的奉献精神。

2. 友爱

志愿服务精神提倡志愿者欣赏他人、与人为善、有爱无碍、平等尊重，这便是友爱精神。志愿者之爱跨越了国界、职业和贫富差距，是没有文化差异、没有民族之分、不论高低贵贱的平等之爱，它让社会充满阳光般的温暖。

3. 互助

志愿服务精神包含着深刻的互助精神，它提倡互相帮助、助人自助。志愿服务者以互助精神唤醒了许多人内心的仁爱和慈善，使他们付出所余，持之以恒地真心奉献。

4. 进步

进步精神是志愿服务精神的重要组成部分，志愿者通过参与志愿服务，提高自己的能力，同时促进社会的进步。在志愿活动中无处不体现着进步精神，正是这一精神使人们甘心付出，追求社会和谐之境的实现。

四、公益劳动

组织与安排公益劳动，应有目的、有计划地对学生进行思想教育，讲明公益劳动的意义，引导学生自觉自愿地参加为社会服务的无偿劳动。

案例阅读

慰问孤寡老人

临近春节，某高校的学生像往常一样，带着春联、生活用品和慰问金前往当地社区，为多位年近90岁的孤寡老人送去新年祝福。16年来，大学生志愿者换了一批又一批，但为孤寡老人送温暖的精神却一直在学校传承。

一到社区，同学们就开始忙活，大家首先在门和窗户上贴上春联和"福"字，紧接着又帮忙收拾整理老人的房间，让老人过一个干干净净、热热闹闹的春节。忙完这些后，大家围坐在老人身旁，与他们聊天。同学们都把老人当成自己的爷爷奶奶和外公外婆，给他们剥水果、倒开水，听他们诉说往事，和他们聊聊家常。

事实上，除了送去春节祝福，该高校每个月都会组织大学生前往社区看望孤寡老人，为他们带去水果、生活用品以及募集来的慰问金，也定期为他们洗衣服、换床单、打扫卫生、清理房间等。

该社区的负责人说，老人们一看到大学生就笑开了花，这是因为大学生给他们送去了最重要的一样东西——精神慰藉。

公益（便民）劳动是大学生进行社会劳动的又一种常见方式。通过这种活动，大学生能为人们带去温暖,也能够锻炼自己的社交能力,为以后真正踏入社会打下基础。

1. 公益劳动的内涵

我国自古便倡导日行一善,即每天做一些我们力所能及的事情,帮助更多的人。大学生公益劳动是直接服务于公益事业、不取报酬的劳动,体现形式多为学校劳动技术教育和学生社会实践,内容包括工农业生产劳动和各种服务劳动,如参加秋收,植树造林,打扫卫生,帮助烈属、军属和残疾人等,目的在于培养学生为人民服务、为公众谋利益的良好思想品德,推动学生接触社会、深入生活,参加各种社会实践,提升社会技能。

2. 大学生社会公益劳动的属性

1)大学生社会公益劳动的学习性

大学生社会公益劳动是大学生参与社会实践活动的一种方式。在这里,"劳动"指的是学习实践,是把理论和专业知识应用在现实中,将理论与实践结合起来,从而促进学生学习,也就是通过"做"来进行"学习"。所以,在推动大学生参与社会公益劳动时,应强调其"在做中学"的意义,让大学生把社会公益劳动和专业学习有机结合起来,要从理论与实践相结合的高度让学生参与社会、服务他人并最终提升能力,提高学生的综合素质。

2)大学生社会公益劳动的社会性

大学生社会公益劳动是在社会领域践行的,其活动平台是社会,服务对象也应具有社会方面的特征,而不是经济部门或私人部门。参与社会公益劳动的大学生应该走出校园,在了解社会民情及环境特征的基础上参与服务活动。大学生社会公益劳动的社会性也意味着大学生公益劳动将产生一定的社会影响,在一定程度上改善社会某方面的状况,或促成社会的发展进步。

3)大学生社会公益劳动的自愿性

大学生社会公益劳动是大学生自愿参与的一种善意的举动,是以大学生的自愿自觉为前提的,并不是出于政府或学校的强制。当然,政府部门或高校会基于鼓励学生接触社会、了解社会、参与社会以及回馈社会的良好意愿,制定一些政策或采取相关措施来推动大学生进行社会公益劳动,但这些措施和办法是倡导性的而不是强制性的,大学生可以根据自身实际选择是否参与。

4)大学生社会公益劳动的利他性

大学生社会公益劳动具有利他性,不以私利为目的,而是以更多人的公共利益为目标,从社会公益劳动项目的设计初始便应确立"公益"这个核心价值。大学生群体普遍具有热心公益、胸怀理想,希望有所作为的心理特点,青春、理想、激情与公益的结合将激发出大学生服务社会、奉献社会的强大动力,使大学生成为推动社会福利发展的重要力量。

社会公益劳动可以把大学生的个人发展与社会的整体繁荣紧密联系起来,二者通过有效互动而相得益彰。社会公益实践的核心是"人",既是服务"人"的公益行动,也是培养"人"的有效方法。通过促成大学生参与社会服务,可以达到促成大学生深入社会、了解社会、提升社会技能的目的，从而实现培养大学生的担当精神、探索精神、创造精神和实践能力的目标。

学校公益劳动是众多校园活动中的一种，学校公益劳动的形式多种多样，表 3-1 中列举了每月具有代表性的公益劳动供参考。

表 3-1　学校公益劳动形式

时间	公益劳动主题	公益劳动内容	物资准备	活动背景
3月	植树活动——种下绿色，保护环境	开展捡垃圾、落叶，清理花坛，集体种树等活动	树苗、铲子、水桶、化肥	雾霾、重度污染
4月	烈士陵园扫墓——缅怀先烈，勿忘光荣传统	为烈士陵园打扫卫生，献花，默哀	纸质小白花、黄色菊花束	清明节是中国传统节日，也是重要的祭祀节日之一，是祭祖和扫墓的日子
5月	探访环卫工人——感恩劳动天使	给环卫工人送花，学习垃圾分类的方法	锦旗、康乃馨、手套、口罩	5月有劳动节和母亲节
6月	看望孤儿——爱满福利院，成长没有孤独	走进儿童福利院或儿童康复中心等与孩子们互动，给孩子们发放慰问品	水彩笔、玩具	6月1日是国际儿童节，有很多无依无靠、无人抚养的孤儿和残疾儿童需要关爱
7月	瞻仰先烈遗迹——传承红色基因	接受理想信念教育和爱国主义教育，献花圈	校旗一面、印有学校标志的小红旗、花圈	7月1日是建党节
8月	假期支教	利用暑假或周末辅导留守儿童	个人生活物品，支教者需有经济和知识基础	改善中国贫困地区的教育现状
9月	志愿者（义工、志工）——帮助别人，快乐自己	助学、助老、助残，关注弱势群体，关注青少年问题，组织环保以及一些社会公益性宣传活动	奉献个人时间和劳动	无偿地为社会进步贡献自己的力量
10月	看望孤寡老人——爱心重阳，夕阳独好	帮助老人清洗衣物和打扫环境卫生；清洗水果与老人们分享，并与老人谈心了解他们的身体状况和生活情况，同时收集老人们的小愿望	爱心棉被、衣物	九九重阳节，社会中有很多孤寡老人需要照顾与关爱
11月	义务献血——温暖满人心	鼓励、倡导人们健康、积极地献血	献血对年龄、体重、血压等有要求	我国血液制品供不应求
12月	收集废旧物品——环保在身边	物资回收后的费用用于定制绿色环保购物袋，并通过社区居委会散发到家庭	一次性手套、大购物袋	吸纳更多环保志愿者参加环保活动

五、勤工助学

> **案例阅读**
>
> 进货的猫腻
>
> 小雯的家庭经济较为困难,她依靠助学贷款上了大学。刚上大一的时候,小雯就决定要靠自己的双手赚取生活费和学费,不再给家里增加负担。刚开学没几天,就有一名年轻女子来到小雯的宿舍,该女子称自己是一家文具公司的职员,按照公司的推广计划,要在大学中寻找一些校园代理,她带来了许多文具产品,有水笔、U盘、笔记本、耳机等。该女子告诉小雯,这些产品是公司推广计划中包含的产品,因此与公司合作的校园代理的进价都很优惠,每件都是2元,如果卖得好,公司就会按照这个价格长期供货。小雯想了想,U盘和耳机至少能卖20元到30元,笔记本也能卖七八元,而每件的进价都是2元,这太划算了!于是小雯告诉那名女子,说她很感兴趣,想先批发一些U盘和笔记本来尝试一下。但该女子说按照公司的规定不能指定进货产品,如果想要进货,则需要一次批发水笔、U盘、笔记本、耳机等一大包文具。小雯心想,水笔价格低,但也有利润,而且还有U盘、笔记本和耳机利润更高,应该没什么问题,于是决定进一批货来试试。隔天,该女子带来了10个U盘、10个笔记本、20个耳机和400多支水笔,小雯花了将近1000元。
>
> 进货后,勤快的小雯马上开始拎着袋子向各个宿舍推销产品,U盘卖30元,笔记本卖8元,水笔卖3元,耳机卖30元。U盘和笔记本性价比最高,不一会儿就被抢购一空,但当她向同学们推销水笔和耳机时却没人感兴趣,都说耳机看上去是那种很便宜的劣质产品,水笔的质量也非常不好,有的根本不出水。小雯辛辛苦苦跑了几天,但耳机和水笔还是全砸在了手里。
>
> 大学生,特别是大学新生,时常因为缺乏社会经验而让骗子有可乘之机。对大学生来说,勤工助学的精神值得鼓励,但心情太迫切容易被人利用,上当受骗。

勤工助学(或勤工俭学)是指学生在学校的组织下,利用课余时间,通过劳动取得合法报酬,用于改善学习和生活条件的实践活动,是学校学生资助工作的重要组成部分,也是提高学生综合素质和资助家庭经济困难学生的有效途径。

2018年9月,教育部、财政部公布《高等学校勤工助学管理办法(2018年修订)》,明确规定大学生参加校内勤工助学临时岗位的时薪不低于12元/小时。

(一)勤工助学的途径与方式

大学生可以通过学校社团组织、企业招聘、他人介绍等途径实现勤工助学。

大学生勤工助学的方式较为单一,要么是在校内负责与清洁相关的劳动;要么是担任管理助理、教学助理、科研助理等职务,负责帮助学生或教师在生活或教学中更好地开展相关事务；要么是在校外做家教，或做一些临时工作，如发传单、送报纸、做服务员等。

（二）勤工助学涉及的常用文书

勤工助学涉及的常用文书如表 3-2 所示。

表 3-2　勤工助学涉及的常用文书

名称	包含内容	图例
勤工助学申请书	要求学生按照学校规定的方式申请勤工助学，一般要求学生填写勤工助学申请表或勤工助学申请书。无论使用哪种方式申请，申请人都需要详细介绍个人信息、申请勤工助学的原因和目的，还可以表明自己的决心、说明自己的态度等	尊敬的领导：您好！ 　　我叫张××，是我校计算机系2021级应用技术专业2班的学生。我来自湖南省娄底市双峰县石牛乡的一个农村家庭，由于村庄相对偏僻，交通不便，我家只能靠家里仅有的几亩田地艰难地维持生活。 　　在这种环境下，靠着家里人对我的全力支持和期望，也靠着我自身坚持不懈地努力，我终于实现了大学梦，考入了这所我心仪的大学。欣闻学校有勤工助学岗位，我在第一时间找到管理中心进行申请，希望能够减轻家庭经济负担并顺利完成学业。 　　我的父母都是普通农民，家庭经济实在困难，还需支付我高昂的大学学费。我想完成自己的学业，又不想再增加家庭的负担，决定在不影响学习的情况下，依靠自己的能力解决自己的生活问题。对于我自身来说，勤工助学一方面可以减轻家里的经济负担，另一方面，我也可以增强自立自强的劳动观念。 　　对于当代大学生而言，早已不应该只学习单一的文化知识，而应该德、智、体、美、劳全面发展。劳动实践恰恰是检验个人综合素质的较优选择。我从小就能吃苦、不怕累，有很强的责任心，也有一定的组织和管理能力。所以，请相信我，对于学校安排的任何一项工作，我都会全力去完成。希望领导能给我一次锻炼自我的机会，让我为家里减轻一些负担，同时也为学校贡献出自己的微薄之力。 　　　　　　　　　　　　　　　　　此致敬礼！ 　　　　　　　　　　　　　　　　　申请人：张×× 　　　　　　　　　　　　　　　　　2021年10月16日
勤工助学承诺书	有的学校为了保证学生参加勤工助学的工作质量，要求得到勤工助学岗位的学生单独进行劳动承诺，并签订一份勤工助学承诺书。承诺书涉及的主要内容为劳动态度、配合态度、学习态度等	本人自愿接受××大学学生勤工助学管理中心提供的校内勤工助学岗位并自觉遵守各种相关制度，并郑重承诺： 1. 积极认真对待工作，有责任心，若在工作中发现问题，及时向基地岗位管理部或指导老师反映。 2. 熟悉所在岗位的工作内容、性质及要求，不迟到、不早退，在岗期间不擅离岗位，及时认真完成工作。 3. 若有特殊原因不能到岗，需事先向岗位指导老师请假，做好工作协调安排；若有调班，需事先向老师说明情况。 4. 拥有在校勤工助学岗位不超过一个（临时岗位除外）。 5. 熟悉所在岗位的工资考核办法及所在岗位的工作量，每月月末如实填写工资考核表，及时上交到负责人处（由于个人原因未及时上交考核表而导致工资不能及时发放者，自行承担后果），若有伪造工作时间的现象，需接受相应处罚。 6. 因违反勤工助学岗位工作纪律或操作要求而造成该岗位损失时，自愿承担责任。 7. 及时向学院基地岗位管理部上报有效银行卡号，若银行卡有遗失、变动等情况，及时告知基地岗位管理部。 8. 若调动岗位或辞退岗位，提前两星期向基地岗位管理部提出相关申请。 9. 积极配合基地岗位管理部的岗位查访工作，如实反映学习、工作、生活情况，并有义务参加基地岗位管理部召开的会议。 10. 做到学习为先、工作为辅，学习与工作兼顾。确保考试无挂科（若考试有两门及以上挂科，自愿退离该岗位）。 11. 若在工作过程中与他人发生矛盾或冲突，应寻求相关负责人或指导老师协商解决。 12. 工作过程中，维护好个人合法权益，当个人合法权益受损时，及时通过相关责任人进行协调。 13. 接受基地岗位管理部的综合评定，若工作态度极差，且不配合基地岗位管理部及岗位指导老师工作的，则配合退岗处理。 　　　　　　　　　　　　　　　　　承诺人：张×× 　　　　　　　　　　　　　　　　　2021年10月18日

名　称	包含内容	图　例
勤工助学协议（或合同）	勤工助学协议或合同主要用于规范用工单位和学生双方的权利和义务，避免发生不必要的争端。相较于企业的职工合同，勤工助学协议（或合同）更加精简明了	用工单位：＿＿＿＿＿＿＿＿＿（简称甲方） 学生：＿＿＿＿＿＿＿＿＿（简称乙方） 甲乙双方就参加勤工助学活动签订如下协议，共同遵守。 第一条 乙方签订本协议前应仔细阅读本协议。 第二条 乙方因家庭经济困难，自愿参加勤工助学活动，但工作仅限于假期和课余时间，并保证不影响学习。 第三条 乙方应遵守有关法律、法规、校纪校规及勤工助学活动的规定，乙方违反《勤工助学实施细则》而引起的一切后果和责任由乙方自行承担。 第四条 乙方参加勤工助学活动应按照甲方的规定和要求进行，对劳动验收不合格或不按规定工作的，甲方和学校勤工助学管理中心（简称"中心"）有权终止其劳动，提前解聘，并不支付劳动报酬。 第五条 乙方在参加勤工助学活动过程中，因非工作原因损坏劳动工具或公物，由乙方负责赔偿。 第六条 乙方与甲方之间在劳动过程中引起争议，应先请乙方所在学校和中心协调解决。 第七条 乙方在勤工助学过程中发生事故，由乙方所在学校、中心协助甲方处理。 第八条 甲方应为乙方参加勤工助学的人身安全提供保障，不得损害或变相损害学生在劳动保护方面的合法权益。 第九条 乙方每月工作时间不低于＿＿小时，不超过＿＿小时。 第十条 视具体工作情况，乙方每月可获得报酬最低为＿＿＿元，最高为＿＿＿元。 第十一条 协议执行期间因国家有关政策、法规变动及其他重大变化而需修改本协议时，双方本着坦诚的态度对相应条款做调整和补充。 第十二条 本协议自＿＿年＿＿月＿＿日起生效，至＿＿年＿＿月＿＿日终止，一式三份，甲乙双方各一份，中心一份。 甲方（盖章）：＿＿＿＿　　　　　乙方（签字）：＿＿＿＿ 负责人（签字）：＿＿＿＿ ＿＿年＿＿月＿＿日　　　　　　　＿＿年＿＿月＿＿日

（三）勤工助学的注意事项

社会上有形形色色的求职陷阱，涉世不深的学生稍不注意就会上当受骗。因此，学生在勤工助学中选择社会岗位时应注意以下陷阱。

（1）虚假信息。一些不规范的中介机构利用学生急于在假期打工的心理，夸大事实，以"急招"的幌子引诱学生前来报名登记。

（2）预交押金。一些用人单位在招聘时，往往收取不同金额的抵押金，或要求学生将身份证、学生证作为抵押物。

（3）不付报酬。一些流动服务公司找借口拖延给付报酬，有些甚至突然消失，学生拿不到报酬。

（4）临时苦工。一些学生只是想利用假期临时打工，因此对所从事工作的内容往往不太计较，很容易被招作苦工。

（5）"高薪"招工。有些娱乐场所以高薪来吸引学生从事不正当工作，年轻学生在这些场所打工，很容易受骗上当或误入歧途。

【课堂活动】

某高校一款校园食堂外卖 App 在网上走红。勤工助学学生送餐月收入达万余元。你如何看待该校提供的"互联网+勤工助学"平台？对你有何启发？

六、基层建设

建设社会主义新农村，关键还是在人才。但是，从当前实际情况看，农村基层人才匮乏，人员素质需要提高，特别是在农村急需的教育、医疗卫生、农业技术等方面表现更为突出，有些已成为农村发展的瓶颈。可以说，解决农村基层人才匮乏问题已迫在眉睫、刻不容缓。选派高校毕业生支教、支医、支农和扶贫，将为农村输送一大批高素质人才，有利于改善农村人才队伍结构，促进农村经济和社会事业的发展。

（一）"三支一扶"计划

"三支一扶"计划是毕业生基层落实政策，是指大学生在毕业后到农村基层从事支农、支教、支医和扶贫工作。计划的政策依据是2006年发布的《关于组织开展高校毕业生到农村基层从事支教、支农、支医和扶贫工作的通知》。其目的在于为高校毕业生向基层单位落实就业问题提供具体的指导和保障。

"三支一扶"计划自2006年实施以来，已累计选派40多万名高校毕业生到基层服务。

案例阅读

基层工作历练出拼命三郎

小伟从小就胸怀大志，在大学期间更是立志要闯出一片天地。大学毕业后，小伟积极参加当地"三支一扶"大学生志愿者选拔，被成功录取，并分配到某镇人民政府扶贫办工作。

小伟勤奋好学、刻苦钻研，短时间内就完全熟悉了省市县下达的关于脱贫攻坚的政策文件，并熟练掌握了"全国扶贫开发信息系统"的各项功能和操作方法。在小伟服务期的3年中，该镇贫困对象数据质量连续三年居于全县先进行列，多项指标在全县排名第一，贫困户档案资料规范整理水平全面提高，在全市交叉检查中，该镇档案规范化建设工作获得了市检查组的高度肯定。

服务期第3年，小伟与镇扶贫办的同志组织全镇24个村统一整理村级档案，早上准备材料，中午、下午、晚上连开三场培训会。考虑到人多培训效果不好，各村干部对培训内容接受程度不一样等情况，原本可以一起开的会，小伟硬是把它分成了3次来开，宁愿自己多讲两遍，也要保证会议质量。培训结束时，小伟的声音已经嘶哑，但他晚上12点又去查看村干部的整理情况，第二天还分别到10个贫困村进行指导，查漏补缺，确保档案不缺资料、数量、数据信息准确。

服务期满后，凭借优秀的工作业绩和积极向上的工作态度，在征得小伟同意后，他被专门抽调至某县脱贫攻坚领导小组办公室信息中心工作，负责信息管理、数据质量管理、档卡建设等工作。为了迅速提高业务水平，提高服务全县的工作能力，小伟继续发扬勤学苦练的精神，深入分析数据审核规则，研究发现数据问题的高效方法。功夫不负有心人，在全省省级数据审核评比中，该县信息数据质量位居全市第一名。

大学生下基层进行帮扶工作并不是"屈才"，相反，在基层可以更好地磨炼自己。小伟也是通过不断在基层进行数据整理工作，才磨炼出了更高的技术能力、更坚定的工作决心以及更优秀的工作态度。通过基层锻炼，小伟走上了更好的职业发展道路。

1. "三支一扶"计划的招募政策

"三支一扶"计划招募的对象主要为全国普通高校应届毕业生，且要求毕业生政治素质好，热爱社会主义祖国，拥护党的基本路线和方针政策；学习成绩合格，具有相应的专业知识；具有敬业奉献精神，遵纪守法，作风正派；身体健康。招募工作以"公开、平等、竞争、择优"为原则，并保证招募一定比例的家庭经济困难的学生。具体招募工作的程序如下。

1）汇总计划

每年4月20日前，各市"三支一扶"办公室要收集、汇总当地乡镇一级教育、农业、卫生、扶贫等基层岗位需求信息，并上报省"三支一扶"办公室，办公室根据统一规划和有关要求，综合确定各市招募岗位和数量，提交领导小组研究，形成全省年度"三支一扶"招募计划，于每年5月面向社会发布。

2）组织招募

各级工作协调管理办公室和各高校要充分利用广播、电视、报刊、互联网等媒体，广泛宣传有关政策，积极动员高校毕业生踊跃报名。报名由省"三支一扶"办公室统一组织，采取网上报名方式进行，6月上旬完成。各市"三支一扶"办公室按照招募要求，对报名学生资格条件进行审核，通过考核或考试方式确定服务人员初选名单，于6月中旬报送省"三支一扶"办公室审定。

3）确定人选

6月下旬，省"三支一扶"办公室对各市确定的人选审核后，统一指定时间和医院，安排入选学生体检。经审核、体检合格的大学生，由省"三支一扶"办公室组织其填写《××省高校毕业生"三支一扶"计划登记表》，同时与服务单位签署《××省高校毕业生"三支一扶"计划协议书》。6月底前，将确定的"三支一扶"大学生名单上报全国"三支一扶"办公室备案。

4）培训上岗

"三支一扶"大学生上岗前，要集中进行培训。培训主要内容为党和国家关于基层工作，特别是农业、农村、农民等方面的方针政策，本地区基层工作的现状，拟服务单位和岗位的基本情况等，同时也应对服务地的生活、民情、风俗等予以介绍，帮助他们更快地适应工作和生活环境。培训工作按照省"三支一扶"办公室的统一部署，由省教育厅、农业厅、卫生厅、扶贫办等部门按不同服务项目人员分别组织。培训时间一般为5天。被招募高校毕业生由省"三支一扶"办公室统一出具招募通知。毕业生接到招募通知后按规定的时间和地点直接到服务县的政府人事部门报到。超过规定时间不报到者，取消招募。

2. "三支一扶"计划的服务政策

政策要求各地及有关部门要高度重视并积极制定和完善有关政策规定，切实做好"三支一扶"大学生的管理服务工作。

1）户档管理

服务期间，"三支一扶"大学生户口保留在原学校管理，也可根据本人意愿将户口转至入学前户籍所在地，公安机关应按规定为其办理落户手续。人事档案统一转至服务单位所在县政府人事部门，党团组织关系转至服务单位。对服务期间积极要求入党的，由乡镇一级党组织按规定程序办理。

2）日常管理

县级"三支一扶"办公室要负责生活补贴、交通补贴的发放，交纳保险费用，指导、协调服务单位落实"三支一扶"大学生的服务岗位、住宿以及安全、健康、卫生等后勤保障，帮助解决其遇到的困难和问题，并对服务单位的日常管理和服务工作进行监督和检查；服务单位要负责为"三支一扶"大学生安排工作岗位，提供必要的生活条件，承担日常管理和服务工作，并根据工作需要提供培训机会；县（市、区）团委要在每个接收"三支一扶"大学生的乡镇择优选拔 1 名符合条件的大学生兼任乡镇团委副书记，并负责协调落实相关任职手续。"三支一扶"大学生应遵纪守法，服从安排，虚心学习，联系群众，自觉遵守服务单位的各项规章制度，充分运用掌握的知识和技能为基层群众服务。

3）考核管理

县"三支一扶"办公室负责"三支一扶"大学生年度考核和服务期满考核工作；服务单位负责平时考核。其中对兼任乡镇团委副书记的大学生考核工作由县（市、区）团委会同乡镇党委进行。考核主要内容是"三支一扶"大学生的日常工作表现、服务业绩等。年度考核、服务期满考核材料存入本人档案，并将考核结果报省、市"三支一扶"办公室备案。服务期满考核合格的，经省"三支一扶"办公室审核，颁发由人事部统一印制的《高校毕业生到农村基层服务证书》，作为享受相关就业政策的依据。"三支一扶"大学生应按规定完成服务工作，服务期间由于身体状况等特殊原因不能继续服务的，须经省"三支一扶"办公室批准，并履行有关手续。

4）经费保障

"三支一扶"计划所需各项经费，由财政安排专项经费予以解决。其中，到经济欠发达县服务的生活、交通补贴和保险费用，由省、市、县（市、区）财政按 5∶3∶2 的比例负担；到其他县（市、区）服务的生活、交通补贴和保险费用，由所在市、县（市、区）财政负担，省财政将通过不断加大转移支付力度对财政困难县予以支持。"三支一扶"大学生的体检和培训费用由省财政承担，工作经费由各级财政承担。

3. "三支一扶"计划的优惠政策

"三支一扶"大学生服务期满后，进入市场自主择业。各地及有关部门要高度重视和做好服务期满的"三支一扶"大学生就业工作，采取多种形式，开辟多种渠道，积极为其就业创造条件。

（1）原服务单位有职位空缺或有相对应的自然减员需补充人员时，要聘用服务期满考核合格的"三支一扶"大学生。相关事业单位公开招聘工作人员，应拿出不低于40%的比例，聘用具有两年以上基层工作经历的高校毕业生，在同等条件下要优先聘用"三支一扶"大学生。

（2）准备自主创业的人员可享受行政事业性收费减免、小额贷款担保和贴息等有关政策。

（3）服务期满且考核合格的"三支一扶"毕业生可以享受一定的政策加分或同等条件优先录用。

（4）到西部地区或艰苦边远地区服务2年以上，服务期满后3年内报考硕士研究生，同等条件下优先录取。

（5）服务期满考核合格的"三支一扶"大学生，根据本人意愿可以回到原籍或到其他地区工作，凡落实了接收单位的，接收单位所在地区应准予落户。

（6）进入国有企事业单位时，由接收单位按照所任职务比照同等条件人员确定其职务工资标准，其服务期限计算为工龄，在今后晋升中高级职称时，同等条件下优先评定等。

4. "三支一扶"计划考试介绍

1）考试科目

"三支一扶"计划考试分笔试和面试。笔试科目为职业能力测试和综合知识，笔试不指定考试复习用书；面试和考核由"三支一扶"工作办公室负责，按计划设定一定比例，以县（市、区）为单位按岗位分类从高分到低分确定进入面试、考核人员名单。

2）考试题型

职业能力测试主要考查考生的言语理解与表达、数量关系、判断推理、资料分析等能力。综合知识考试内容主要包括政治常识、党的建设、法律知识、乡镇行政管理、乡镇经济管理、乡镇机关公文写作、省情等。试卷由客观题和主观题两部分组成。

面试和专业科目考试由招录机关确定考试方式和题型。

【课堂活动】

农村教育是我国国民教育中极为重要的环节。小张是教育类专业高校学生，她与几名同学相约开展"义教"活动，意在为农村的孩子带去新知识，拓展他们的视野，提高他们的学习兴趣。可是上课时却遇到了种种难题，这其中的酸甜苦辣，令人回味无穷。可能是因为参加支教的学生年龄不大，也不严厉，所以刚开始课堂控制比较困难。孩子们会问奇奇怪怪的问题，上课时学生也总想站起来或是在教室里走动……十多天在不知不觉间就过去了，看着那些孩子的进步，小张第一次有了欣慰的感觉。这些天的实践体验在她心里已是沉甸甸的回忆，不仅丰富了大学生活，更是为漫漫人生旅程增添了一抹绚丽的色彩。第一次站上讲台的激动小张仍记忆犹新，经过这次支教，她深切地体会到当老师的不易，也决心扎实提高教学基本功。

支教很苦也很累，却成为很多大学生成长中最难忘的一页，你愿意去支教吗？

（二）"三下乡"活动

1997年以来，共青团中央会同宣传部、教育部、全国学联共同组织开展了大中专学生志愿者暑期文化、科技、卫生"三下乡"社会实践活动。在这项活动中，每年暑期，数以百万计的青年学生以志愿者的身份组成实践服务团队，深入农村，特别是贫困落后和欠发达地区，开展文化、科技、卫生服务。从2000年开始，这项活动中增加了一个深化性的子项目：百支博士团"三下乡"志愿服务行动。

文化下乡包括图书、报刊下乡，送戏下乡，电影、电视下乡，开展群众性文化活动；科技下乡包括科技人员下乡，科技信息下乡，开展科普活动；卫生下乡包括医务人员下乡，扶持乡村卫生组织，培训农村卫生人员，参与和推动当地合作医疗事业发展。

案例阅读

难以忘怀——暑期"三下乡"社会实践活动

某大学在2022年"三下乡"活动中面向全校本科生和研究生招募了近千名志愿者，组建了40支队伍，利用暑假在各地开展活动。

他们走进革命圣地延安，向当地村民宣传二十大精神，义务为当地村民维修家电；他们走进学校，向孩子们介绍改革开放伟大成就，并开展防溺水安全主题教育；他们走进民居，为当地居民带去慰问品和祝福，并开展了义务劳动；他们走进学院，向留学生普及丝路文化知识；他们还为老人做医疗服务，为聋哑人开展手语教学……

志愿者们在"三下乡"活动中收获颇丰，不仅真切地感受到国情与民情，把所学到的知识应用到实践中，真正做到学以致用，还收获了人民群众的真情实意，得到了人民群众的赞誉和祝福。

"三下乡"活动是大学生增长阅历的有效途径，该活动不仅能锻炼自己，更能帮助他人、帮助社会。大学生应该积极参与"三下乡"活动，在活动中不断成长！

1. "三下乡"活动的意义

大学生通过参加"三下乡"活动，不仅可以在农村传播自己所学的先进知识，开展多种形式的先进科技文化知识宣讲活动，还可以丰富自己的人生经历，提升自身的综合素质。

大学生志愿者"三下乡"社会实践活动把大学生成才报国的理想同国家经济社会发展的实际需要结合起来，促进了产、学、研结合，在全社会弘扬了志愿服务精神。大学生在服务农村两个文明建设的实践中，认识国情，了解社会，增长才干，增进了与人民群众的感情。

2. "三下乡"活动的安排

每一次"三下乡"活动都要确立活动主题。2022年全国大学生志愿者暑期文化科技卫生"三下乡"社会实践工作的活动主题为"喜迎二十大，永远跟党走，奋进新征程"，主要包括理论普及宣讲团、党史学习教育团、乡村振兴促进团、发展成就观察团、民族团结实践团。

(三)大学生志愿服务西部计划

2003年,团中央、教育部、财政部、人事部根据国务院常务会议和全国高校毕业生就业工作会议精神,联合实施大学生志愿服务西部计划,招募一定数量的普通高等学校应届毕业生或在读研究生,到西部基层开展为期1~3年的志愿服务工作,鼓励志愿者服务期满后扎根当地就业创业。

西部计划按照服务内容分为基础教育、服务三农、医疗卫生、基层青年工作、基层社会管理、服务新疆、服务西藏7个专项,主要服务地包括河北、山西、内蒙古、吉林、黑龙江、安徽、江西、河南、湖北、湖南、广西、海南、重庆、四川、贵州、云南、西藏、陕西、甘肃、青海、宁夏、新疆和新疆生产建设兵团,共22个省(区、市)。

2022年,西部计划纳入"共青团促进大学生就业行动",西部计划总实施规模扩大到5.5万人,已累计选派46.5万余名高校毕业生和在读研究生。

【劳动榜样】

党容伦:18年医者仁心路,扎根西部终不悔

党容伦,从最初的一名西部计划志愿者,到扎根哈密,成长为哈密市中心医院神经外科主任,他用真心真情践行初心,谱写对医疗事业的热爱。图3-3是他在工作中的照片。

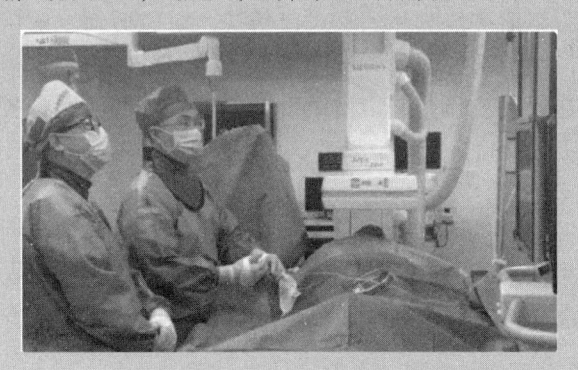

图3-3 党容伦在工作中

2004年,党容伦作为西部计划大学生志愿者来到了哈密,两年的服务期转瞬即逝,可他却在这里找到了不一样的归属感,领导的认可、同事的帮助、患者的肯定,让他毅然决然选择留在这里,实现自己的职业梦想。党容伦告诉记者,他觉得在这里能发挥自己的特长,能为哈密人民的医疗事业做出自己的一点贡献,所以当时就决定留下来,这一待就是18年。

每天早晨,党容伦都要组织大家开展病例讨论,从术前评估到术后护理,他时刻关注

病人的各种反应，随后进行查房、出诊等工作。为了学习更先进的理念和技术，党容伦曾主动申请去上海华山医院进修一年。回来后就进行了第一台脑血管造影介入手术，自此，他和团队开始不断地突破……"我们新开展的一些东西，原来都做不了，像脑动脉瘤的介入栓塞手术、脑动脉瘤的开颅夹闭术，以及脑动脉狭窄的支架植入、球囊扩张术等。现在神经外科团队能做的手术更多了，更难了，也更高精尖了，我们最近5年每年都有哈密市科技计划项目，还成功申请了自治区人才项目计划的一个课题。"党容伦说。

医疗服务水平与人民的健康和幸福生活息息相关，提高医疗服务水平是回应人民群众对美好生活向往的有力举措。作为曾经的志愿者、现在的学科带头人，党容伦暗下决心，自己一定会把握好机遇，和自己的团队更好地回应群众对他们的期待。"接下来要带领团队更进一步扎实学习理论知识和技术方面的研究成果，不断总结手术病例经验，进一步提升我们的手术技术水平，为我们哈密老百姓的健康保驾护航。"党容伦说。

（资料来源：2022年9月12日，中国新闻网，有改动）

西部计划是国家重大人才工程"高校毕业生基层培养计划"的子项目，是引导和鼓励高校毕业生到基层工作的五个专项之一。党中央、国务院高度关心西部计划志愿者，高度重视西部计划和研究生支教团工作。习近平总书记曾多次做出批示或给志愿者回信，肯定志愿者在西部地区辛勤耕耘、默默奉献，为当地经济社会发展、民族团结进步做出了贡献，勉励越来越多的青年以志愿者为榜样，到基层和人民中去建功立业，让青春之花绽放在祖国最需要的地方，在实现中国梦的伟大实践中书写别样精彩的人生。

1. 西部计划招募政策

1）招募指标的确定

全国项目办根据历年招募情况和国家对口帮扶、对口援疆、对口援藏机制等，建立相关省份对口招募机制，并明确各服务省省内招募指标、对口招募省招募指标。各招募省可在招募总指标10%内进行自主调整，以解决部分志愿者个性化服务省份的需求，全国项目办在信息系统中予以协调支持。

2）宣传动员

各招募省、服务省、高校项目办按照全国项目办部署的西部计划年度招募宣传工作要求，用好各类宣传产品，以线上宣传为主，全面用好新媒体、校园媒体、主流媒体等各类阵地，多措并举宣传推介，使广大高校应届毕业生和在读研究生全方位了解西部计划，踊跃报名参加。

3）选拔标准

普通高等学校应届毕业生或在读研究生，拥护中国共产党的领导，热爱祖国、热爱人民、热爱社会主义，理想信念坚定，思想政治素质好，到岗之前获得毕业证书和学位证书，通过西部计划体检（体检内容和标准见西部计划官网，网址为http://xibu.youth.cn）。有志愿服务经历的优先录用。

4）报名时间和报名方式

每年5月20日前，高校毕业生可登录西部计划官网，在西部计划报名系统进行注册、填写报名表并选择三个意向服务省。下载打印报名表后，经所在院系团委审核盖章，交所在高校项目办（设在团委）审核备案。

5）选拔方式和流程

各招募省项目办负责本省（区、市）报名志愿者的选拔统筹工作，可单独或会同、指导报名学生所在高校项目办开展审核、笔试、面试、心理测试等选拔工作，做好入选志愿者集中体检及公示，并加强与服务省项目办的沟通协调。各招募省原则上 5 月 31 日前完成选拔工作，6 月 10 日前完成体检工作，6 月 20 日前与志愿者签订招募协议书（见西部计划官网）并向志愿者发放《确认通知书》。鼓励服务市（地、州、盟）和服务县（市、区、旗）参与本省志愿者的面试选拔与人选确定工作。

2. 西部计划服务保障

（1）中央财政按照西部地区每人每年 3 万元（南疆四地州、西藏每人每年 4 万元）、中部地区每人每年 2.4 万元的标准给予补助，通过一般性转移支付体制结算方式拨付省级财政部门。

（2）各地参照当地乡镇机关或事业单位从高校毕业生中新聘用工作人员试用期满后的工资收入水平，确定西部计划志愿者工作生活补贴标准，并为在艰苦边远地区服务的志愿者提供艰苦边远地区津贴。

（3）各地加强统筹协调和督促检查，确保为每名西部计划志愿者（含研究生支教团志愿者）落实社会保险。各地按照全国项目办有关要求，为每名西部计划志愿者（含研究生支教团志愿者）购买重大疾病、人身意外伤害等商业保险。

（4）县级项目办及基层服务单位应积极为志愿者提供交通、住宿和伙食等方面的便利，提高保障水平。有条件的地方可建立年度考核奖励机制或将志愿者纳入本单位年度绩效考核对象，按考核结果等次给予志愿者相应奖励。

（5）各服务省项目办应做好西部计划志愿者年度考核工作。优秀等次志愿者数量原则上不超过当期在岗志愿者人数的 20%，全国项目办统一表彰。

（6）经全国项目办审批的地方项目的志愿者，在升学、就业、工龄计算等方面与全国项目享受同等优惠政策。

3. 西部计划优惠政策

（1）服务 2 年以上且考核合格的，服务期满后 3 年内报考硕士研究生的，初试总分加 10 分，同等条件下优先录取。

（2）参加西部计划项目前无工作经历的志愿者，服务期满且考核合格后 2 年内（研究生支教团志愿者自研究生毕业时开始计算），在参加机关事业单位考录（招聘）、各类企业吸纳就业、自主创业、落户、升学等方面须同等享受应届高校毕业生的相关政策。

（3）按规定符合相应条件的，可享受相应的学费补偿和助学贷款代偿政策。

（4）服务期满考核合格的，依实际服务年限计算服务期及工龄（参加工作时间按其到基层报到之日起算），并在服务证书和服务鉴定表中体现。

（5）服务期满 1 年且考核合格后，可按规定参加职称评定。

（6）出省服务的和在本省服务的志愿者享受同等优惠政策。

七、青年红色筑梦之旅

"青年红色筑梦之旅"活动是中国国际"互联网+"大学生创新创业大赛的重要活动，旨在鼓励广大青年学生扎根中国大地，了解国情民情，接受革命传统教育，用创新创业成果服务乡村振兴战略、助力精准扶贫脱贫，走好新时代青年的新长征路。

学生课外科技创新实践活动对提高学生的实践能力，培养其创新意识、创新能力具有至关重要的作用。丰富的大学生活与社会实践经历开阔了当代学生的视野，毕业后就业不再是唯一选择，有一部分人毅然走上创业道路。

> **案例阅读**
>
> **高原红·川藏青光明行——眼健康救助公益项目**
>
> 由林娜负责，姚王静、孙睦涵、郑郑、左菁菁、陈敏峰、陈航、陈国富、陈世佳等参与的"高原红·川藏青光明行——眼健康救助公益"项目，在第五届中国国际"互联网+"大学生创新创业大赛全国总决赛"青年红色筑梦之旅"赛道中获得了精准扶贫奖。
>
> 我国西部高海拔地区自然环境恶劣、紫外线辐射强烈，加之经济水平及医疗资源限制，当地群众视觉损害情况尤为严重，而当地每百万人口只有16名眼科医生。温州医科大学学生林娜创建了"高原红"眼健康硕博服务团队，致力于提升中国高原地区眼科医疗服务能力。
>
> 多年来，林娜团队走过川、藏、青、闽、浙5个省16个县市，科普近30万人，检查2.6万例，屈光矫正3700例，进行复明手术2561例，发放眼镜2万副，直接增创当地群众家庭收入3500万元。
>
> 林娜团队帮助建立起4所联合眼视光中心，培养眼科专业人员15名，分层次指导3000余次，累计1.4万门诊量，手术664例，逐步形成全面的"造血"式眼健康公益模式，推动眼健康事业发展。
>
> 林娜团队怀着"让人人看得清晰、看得舒适、看得持久"的梦想，培养了多支"带不走的高原眼科医疗队"，走出一条可持续发展的公益之路。
>
> 林娜团队凭借着积极的创新意识和先进的创新技术，将全程、全面的眼健康医疗服务体系带到了祖国偏远的贫困地区，守护了当地人民的眼健康，造福了一方百姓，为实现中国梦贡献出了自己的力量。
>
> （资料来源：2021年8月12日，光明网，有改动）

截至2022年6月17日，483万名大学生，98万个创新创业项目，对接农户近255万户、企业6.1万余家……这是中国国际"互联网+"大学生创新创业大赛"青年红色筑梦之旅"活动5年来交出的青春答卷。

2017年8月15日，习近平总书记给第三届中国"互联网+"大学生创新创业大赛"青年红色筑梦之旅"的大学生回信，希望青年学子扎根中国大地了解国情民情，在创新创业中增长智慧才干，在艰苦奋斗中锤炼意志品质，在亿万人民为实现中国梦而进行的伟大奋斗中实现人生价值，用青春书写无愧于时代、无愧于历史的华彩篇章。5年来，"青年红色筑梦之旅"活动把思政教育、专业教育和创新创业教育深度融合，把大学生的创新创业实践与精准扶贫脱贫、乡村振兴紧密结合，已经成为一堂融党史教育课、国情思政课、创新创业课、乡村振兴课、红色筑梦课为一体的中国金课，交出了一份关于教育"培养什么人、怎么培养人、为谁培养人"的厚重答卷。

"青年红色筑梦之旅"活动与创新驱动、脱贫攻坚、乡村振兴等国家战略同频共振，有效促进了高校智力资源特别是大学生创新创业成果在基层精准落地转化。5年来，"青年红色筑梦之旅"青年学生聚焦学以致用，全国理工、农林、医学、师范、法律、人文社科等各专业大学生组成一批批"科技中国小分队""健康中国小分队""幸福中国小分队""教育中国小分队""法治中国小分队""形象中国小分队""政策宣讲小分队"走进革命老区、贫困地区、城乡社区，在现代农业、美丽乡村建设、弱势群体帮扶等方面做出了实实在在的贡献。

2022年6月17日，第八届"青年红色筑梦之旅"比赛活动正式启动。本届"青年红色筑梦之旅"以"红色青春筑梦创业人生，绿色发展助力乡村振兴"为主题，以新工科、新医科、新农科、新文科助力"新农业、新农村、新农民、新生态"建设，引导广大高校师生扎根基层创新创业，推动乡村振兴取得新进展、农业农村现代化迈出新步伐。

教育部积极推动新工科、新医科、新农科、新文科为"青年红色筑梦之旅"赋能，促进高校工科教育、人才和科技等资源助力乡村工业发展，促进高校医科教育、人才和医疗等资源助力乡村公共卫生事业发展，促进高校农科教育、人才和科技等资源助力新农业、新农村、新农民、新生态建设，促进高校文科教育、人才等资源助力乡村文化建设，引导广大青年争做社会主义核心价值观的坚定信仰者、积极传播者、模范践行者。

【课堂活动】

> 现在有很多大学生利用大学四年时间创业或者参加很多社会实践。但是人的精力是有限的，可能会导致学业落后。社会实践的确能给我们带来很多人脉资源，有利于我们以后职业发展。但是作为大学生，主要任务还是学习，所以学习比较重要。
> 你觉得学业和社会实践哪个更重要？

劳动体验

到乡村去发光发热

为发挥社会实践在加强和改进大学生思想政治教育中的重要作用，引领和帮助大学生在社会实践中受教育、长才干、做贡献，为实现"两个一百年"奋斗目标和中华民族伟大复兴的中国梦贡献青春力量，经研究决定，学校将在暑期开展大学生社会实践活动。

一、活动名称

到乡村去发光发热。

二、活动主旨与意义

本次劳动实践活动以积极引导大学生在社会实践中了解国情、感知社情、体会民情为主旨，通过社会实践培养大学生的社会责任感、创新精神和实践能力。

三、活动开展

（1）活动集中在7月、8月，实践时间不少于两周。

（2）活动经费实行学校资助、社会资助和个人自筹相结合的筹措方式。

（3）团队设指导教师1～2人，指导教师必须全程随队参加。

四、活动内容

（1）组织大学生理论宣讲服务队，深入农村乡镇、城市社区、企业、学校等地，主要围绕党的二十大精神以及社会主义核心价值观开展形式多样的普及宣讲活动。

（2）重点发挥学校专业特色，组织开展农业科普宣讲、先进农业技术推广等活动，为农民提供生产实践指导等服务，解决农民在生产生活中遇到的实际问题和困难。

（3）组织学生赴教育基础薄弱、教育资源匮乏、留守儿童相对集中的乡镇农村学校开展课业辅导、素质拓展、亲情陪伴、爱心捐赠、心理援助等活动。

五、活动要求

（1）应高度重视暑期社会实践工作，认真做好暑期社会实践的宣传发动工作，召开暑期社会实践动员会，从实践培训、经费支持、带队指导、监督考核等环节做好暑期实践的指导工作。

（2）加强安全教育和保障工作，做好前期调研和出发准备，制定社会实践安全预案。选派相关指导教师全程随队指导，有效落实安全责任制，确保学生人身和财产安全。

（3）要结合自身专业特色、依托对口厅局单位和行业协会，分层次、有重点地组建暑期实践团队。服务内容和形式切合基层实际和需要，切忌走马观花、变相旅游等形式主义。

课后拓展1

"断舍离"中的家庭整理方法

"断舍离"是由日本杂物管理咨询师山下英子提出的人生整理观念。

1. 三分法

三分法是山下英子认为最重要的整理收纳方法，先把分类物品分为大分类、中分类和小分类三种，然后再重复三遍，小分类完成才正式进入收纳阶段。比如厨房，可以大体把厨房里的东西分成食材、烹调器具和餐具三大类。原则上，这三类不能混淆，如碗柜里放食物这种情况就一定要避免。不要在一开始给物品进行过细的分类，过细的分类会引起混乱，如分成四类不容易记住。先分成三类，再细分成三类，如餐具分为碟盘类、器皿类、饮瓶类，依此类推。这样，分类工作就能顺利进行下去了。

2. "七、五、一"总量限制原则

山下英子的"七、五、一"总量限制原则是，看不见的收纳空间只能放七成物品，如带门的橱柜；看得见的收纳空间只能放三成物品，如碗柜、餐具架；装饰性的专门给人看的空间只能放一成物品，如酒柜、装饰架。留出的空余是美观的保证，它让人产生好好维持和收拾的欲望，同时它也是物品进出的通道，让物品的进出变得更加顺利。

你了解"断舍离"（入选《消费日报》年终盘点"2021年消费领域年度五大热词"）网络用语吗？你学会"断舍离"了吗？

课后拓展 2

某大学生网上"勤工俭学"被骗数万元

小马是某学院的一名大学生，从上大学开始就想靠自己赚钱，减轻家里的负担。近日，她被微信好友拉入一个广告群，当时，群中一名微信好友邀请她参加购物刷单活动，声称可以提取百分之十的佣金。"反正我也经常玩手机，刚好把这个时间拿来刷单赚钱，动动手指就能赚钱，何乐而不为呢？"怀揣着这样的想法，小马做起了兼职刷单的工作。

小马在刷了第一单后很快就得到了返还的佣金，这时对方又声称大额刷单利润高，但是名额有限，如果小马愿意，可以给小马特地申请一下。小马忍不住诱惑，便向亲朋好友借了2万元，刷了一个2万元的单。但提现时对方却说当天的提现额度满了，需要刷足4万元，才能连本金带佣金一并返还。这时小马才意识到，自己应该是上当受骗了，便拨打110报了警。

你是否也收到过短信，或者被好友拉进微信、抖音等群聊，要你参加网络刷单活动，许诺给你高额的佣金？别信！请擦亮自己的眼睛。请你写一篇300字左右的反诈宣传稿。

课后拓展 3

成功源于敬业

　　一个中国留学生在日本东京的一家餐馆打工，老板要求洗盆子时要刷 6 遍。一开始他还能按照要求去做，刷着刷着，发现少刷一遍也挺干净，于是只刷 5 遍；后来，发现再少刷一遍还是挺干净，于是又减少了一遍，只刷 4 遍。他暗中观察另一个打工的留学生，发现他还是老老实实地刷 6 遍，速度自然要比自己慢许多，便出于"好心"，悄悄地告诉那个留学生可以少刷一遍，看不出来区别。谁知那个留学生一听，竟惊讶地说："规定要刷 6 遍，就该刷 6 遍，怎么能少刷一遍呢？"

　　有调查显示：学历已不是公司招聘首先考虑的条件，大多数雇主认为，正确的工作态度是雇用员工时要优先考虑的，其次才是职业技能，接着是工作经验。毫无疑问，工作态度已被视为组织遴选人才时的重要标准。

　　如果你是老板，希望用哪种心态的员工？

课后拓展 4

社区服务中的困境

　　大学生志愿者是青年志愿者的主力军，志愿者参与社区服务是当代中国高校顺应社会经济体制转型发展的迫切需要。小夏就是顺应大潮的一名共青团员，在某高职学校的健康管理专业学习两年后，按照学校安排进入社区的一家养老院做志愿服务。随着人口老龄化问题的逐渐加剧，面对养老服务人才短缺的困境，引导培育大学生参与养老志愿服务具有重要意义。在服务中，小夏遇到了一系列的问题。首先是养老院里的老人脾气特别大，总是埋怨小夏干活不利落；其次是老人们嗓门大，说话基本在吼，搞得小夏异常疲惫；再次是自己的专业技能始终没有顺畅发挥出来。另外，养老院用人的时间恰巧与学业时间冲突。心灰意冷的小夏已经没有当初报名时的热情了。通过社区服务，他希望提升"奉献、友爱、互助、进步"精神，但是现实状况并未尽如人意。

　　你参加过哪类社区服务？你认为怎样才能提高大学生参加社区服务的效果？

课后拓展 5

劳动实践方案设计大赛

一、活动主题

共克时艰砥砺行，青春奋进新时代。

二、活动内容

（1）"投身脱贫攻坚"专题活动。围绕助力乡村扶贫脱困、脱贫攻坚成就观察、深入乡村脱贫攻坚、探寻脱贫战略实施等方面，结合专业知识，利用新理念、新技术、新方法助推贫困乡村脱贫致富，绿色产业、红色产业健康发展。深入挖掘扶贫干部一线工作优秀事迹和取得的良好成果等，开展活动设计。

（2）"深入社会调研"专题活动。从社会、企业、人民生活等方面的具体问题入手，围绕企业改革、国民基准生活、新旧动能转换、社会热点话题等方向，坚持社会调研与专业学习相结合、与就业创业相结合，积极探索社会调研项目化推进模式，深入开展以线上调研为主，以多种渠道、多种调研方式相结合的调研形式，开展活动设计。

（3）"投身劳动实践"专题活动。深入城乡社区、福利院等公共场所参加志愿服务，投身公益劳动；引导学生参加当地生产劳动和参与服务劳动，以专业知识与技术创造性地解决实际问题。从增强劳动意识，积累职业经验，提升就业创业能力等方面开展活动设计。

（4）"携手爱国行"专题活动。引导学生参观网上纪念馆、展览馆、博物馆等，弘扬爱国奋斗精神，强化责任担当；动员大学生围绕改革开放前沿、经济发展一线和革命老区、民族地区、边疆地区、贫困地区开展线上调研考察和咨询服务，深入了解国情，坚定爱国追求；系统梳理传统文化资源，推动资源合理利用；结合自身实际，积极投身各项爱国行动。围绕以上方面开展活动设计。

各团队可根据学校社会实践专题活动方向，自主设计社会实践方案，也可结合实际，自行确立具有实践意义、操作可行的社会实践选题，开展活动设计。

三、活动流程

1. 报名方式

报名团队所有成员登录学校网站进行报名，同时各报名团队负责人加 QQ 群。

2. 作品提交

参赛的团队可就某项专题向学院提交策划书、申报表。团支书于*月*日 17:00 前将汇总表电子版报送至任课老师邮箱（一个团队一个文件夹，文件夹里要有策划书和申报表，并以"团队名称+负责人姓名"命名。汇总表按照推荐顺序和专题分类排序，并以班级命名。最后一起打包，压缩包以班级命名）。

四、注意事项

（1）鼓励参赛团队结合各专题活动方向，重点围绕返家乡社会实践开展方案设计。鼓励各参赛团队积极开展线上实践模式的创新与探索。

（2）参赛团队人数限制为 3~12 人，学生可跨学院、跨年级、跨专业组建团队参与比赛。

（3）劳动实践策划书要完整全面，内容详略得当，重点突出。参赛作品应为原创，严格控制抄录比例，否则将取消资格。

课后拓展 6

阅读材料，回答问题

小胡就读于西安某大学，在大学的最后一学期，迎接小胡的是一场又一场的招聘会和一次又一次的失败。通过与企业接触，小胡了解到企业也存在类似的烦恼，例如，因为缺乏对学生的了解，企业仅通过一次招聘会或一次简单的面试就与大学生签订用人协议，事后却发现招聘来的员工并不适合这份工作，为此造成企业大量人力和物力的损失。于是，小胡萌发出一个想法——办一个不同寻常的求职网站，为企业和大学生搭建一个长期稳定的接触平台。大学生和企业只要在平台上进行注册和登录，就可以通过这个平台相互了解，企业甚至可以跟踪大学生在校期间的表现，以便在大学生毕业时决定是否予以录用。

小胡的这一想法得到了当地政府和亲戚朋友的赞赏与支持。在他们的鼓励下，这个充满创业激情的小伙子迅速完善了酝酿许久的创业计划书，架构未来平台的基本框架。接下来的几个月，小胡开始进行市场调研。他对本市20多家企业进行了调查，并与人力资源管理部门的负责人进行了沟通，平台的特色服务内容得到了多数人的肯定。小胡计划用2~3年的时间向外界推广该平台，尽可能多地吸纳企业和即将毕业的大学生注册，并向企业收取一部分会员费。预计在几年后，平台访问量提高，广告将成为平台赢利的又一渠道。在不断完善平台服务内容的基础上，还可以推出一系列连带产品，到时该平台会有更大的发展前景。尽管小胡已经制订了自己的创业计划书、确立了赢利模式、进行了市场调研，也得到了资金支持，但小胡却忽视了创业最为关键的因素——组建得力的团队，这是一个不可避免的问题。小胡自己不会编写计算机程序，但平台的建立必须由专业的技术人员来操作，在哪里能找到这样一位技术人员呢？小胡及时向身边的好友发布信息，通过朋友的推荐，找到了专业的技术团队，并通过不断的沟通和协商，双方建立了长期合作关系。因为及时弥补了自己的疏忽，小胡的创业梦想才没有被搁置。

（1）通过阅读案例，你认为创业有哪些不可缺少的要素？
（2）创业计划书对大学生初次创办企业有何作用和价值？
（3）你认为大学生创业会经历哪些阶段？

课后拓展 7

阅读材料，回答问题

大三的小吴凭借自身优秀的条件在一家律师事务所实习近半个月了。他的实习职位是律师助理，本来他想通过这次实习机会积累一些岗前经验和提升工作能力，但是他每天做的却是整理文件等琐碎的工作。小吴同学很失望，这和自己想象中的能够在律师事务所大放光彩的场景完全不同，他觉得"这样的实习简直是在浪费时间"。

中文系的诗诗进入一家杂志社实习。由于所学专业对口，加上诗诗平时在学校常发表一些文章，写作能力较强，她想着进入杂志社后能够充分发挥自己的文学功底。但是没想到杂志社里的人都认为诗诗只是一个大学生，没有太多的经验，就只让她做打字或跑腿的工作。诗诗自嘲自己是来当勤杂工的。

在师范大学读书的小琴暑假期间在一家教育培训机构找到了一份班主任的实习工作。小琴想这份实习工作肯定可以锻炼自己，提升自己的工作能力和职业技能，增强自己以后的就业竞争优势。但是在近一个月的时间里，小琴做的全是接待学生家长和招生的工作。她感慨每天做的工作和自己想的完全不一样，做的不是教师的工作，反而像在做业务员。

（1）许多大学生对于自己在实习中只能做杂事而心有不满，认为这完全是大材小用，认为凭自己的能力应该做更复杂、更重要的工作。对此，你有何看法？

（2）你认为大学生实习应该持有何种态度？在实习中该如何将自己的专业能力运用到工作中，并学到实实在在的本领？

模块四　劳动精神、劳模精神和工匠精神

劳动导语

党的十八大以来，习近平总书记站在中国特色社会主义新时代的历史方位，多次就劳动精神、劳模精神、工匠精神发表重要讲话，做出重要指示。这些讲话和指示界定了"三种精神"的丰富内涵，对事关"三种精神"的重大理论和实践问题进行了系统回答，具有较强的政治性、思想性、理论性、指导性。

这是以习近平同志为核心的党中央对劳模工匠群体和广大劳动人民的高度重视、充分肯定和深切关怀，为新时代坚持、发展、弘扬"三种精神"，培育和践行社会主义核心价值观，激发劳模、全体劳动者创新创造的热情和活力，充分发挥工人阶级主力军作用，提供科学理论指引和有力思想武器。因此，我们应深刻认识"三种精神"的丰富内涵，有效把握三者之间的辩证关系。

扫码看视频

北京现代常锋机器人创新工作室技术带头人常锋，用热爱在自己的专业领域"玩"出了新突破，"玩"出了大成就。用他的话说，他的工作主要是"玩"转各种工业机器人。今天让我们来一起遇见这位乘"锋"破浪的新劳模。

扫码看视频，北京劳模常锋：玩转工业机器人的"80后"劳模

（资料来源：中国教育电视台）

学习进行时

习近平谈劳动

"五一"国际劳动节是全世界劳动人民共同的节日。习近平总书记在不同场合多次深情寄语劳动者,为他们的辛勤付出点赞喝彩。

我国工人阶级和广大劳动群众要大力弘扬劳模精神、劳动精神、工匠精神,适应当今世界科技革命和产业变革的需要,勤学苦练、深入钻研,勇于创新、敢为人先,不断提高技术技能水平,为推动高质量发展、实施制造强国战略、全面建设社会主义现代化国家贡献智慧和力量。

2022年4月27日
致首届大国工匠创新交流大会的贺信

扫码看视频,习近平谈弘扬劳动精神

(资料来源:人民网;图片来源:新华网)

第一部分 劳动精神

【劳动榜样】

劳动成就梦想——劳动精神述评

中国共产党历史展览馆中，不少参观者在一组题为《十八颗红手印》的雕塑前停下了脚步。雕塑中的18位农民，有人蹲着思考，有人站着议论，有人挽起袖子，在土地承包责任书上郑重按下手印。

这是1978年冬天的安徽凤阳小岗村，当18位农民依次按下自己的手印，改革开放的奇迹随之展开。这些农民为何敢闯敢试、敢为人先？因为他们内心有对劳动的满腔热忱；因为他们相信，辛勤的劳动一定能换来幸福的生活。

劳动开创未来，奋斗成就梦想。劳动没有高低贵贱之分，不论身处哪个行业，只要付出足够的辛劳与智慧，干一行、爱一行、钻一行，就能够在平凡的岗位上取得不平凡的成绩。

（资料来源：2021年9月28日，《光明日报》，有改动）

没有劳动和劳动精神，就没有中华民族站起来、富起来到强起来的伟大飞跃。烈日炎炎，农民在田野间劳作，汗珠砸在泥土上，一株株秧苗结出沉甸甸的粮食；天寒地冻，外卖小哥骑着电瓶车在大街小巷穿梭，头盔染上了白霜，保温箱里的饭菜还是热气腾腾；冬去春来，教师始终站在三尺讲台，陪着孩子们慢慢长大；花开花落，科技工作者一直守在实验室，验证一个个奇思妙想……日复一日，年复一年，在中华大地上，千千万万劳动者耕耘着、创造着，用汗水和心血浇灌着劳动的果实。

一、我国劳动精神的形成与发展

1. 勤劳是中华民族几千年来的精神倡导

人类劳动的发展经历了奴役劳动、谋生劳动、体面劳动、自由劳动四个阶段。中华民族对社会劳动的热爱和推崇，在中国古代典籍及艺术作品中留下了鲜明印记。晋代文史学家皇甫谧的《帝王世纪》里记载，"三皇"之首伏羲重农桑，务耕田，每年二月初二都要"御驾亲耕"，百姓也要在这天开始下田耕作。司马迁在《史记》中也记述了周武王在二月初二不仅举行盛大仪式，还率文武百官亲耕。到了宋元时期，二月初二的含义进一步扩大，既是"耕事节"，又是"劳农节""踏青节"。发展到明清两代，皇家对二月初二的劳动意义更加重视。自雍正以后，每年二月初二，皇帝都会走出圆明园，带领朝廷官员和皇后、宫女到专门开辟的"一亩园"扶犁耕田。民间流传着一首打油诗:"二月初二龙抬头,天子耕地臣赶牛,正宫娘娘来送饭,当朝大臣把种丢,春耕夏耘率天下,五谷丰登太平秋。"这首打油诗生动反映了明清两代皇帝对二月初二"劳农节"的重视。

到了现代,无论节日内容如何变化,劳动精神一直得以延续,劳动创造了一切成就,劳动推动了文明发展。

2. 古代劳动人民的辛勤劳动创造了生活本身和美好的精神意境

古代劳动人民通过辛勤的劳动实践,留下了对劳动美好的精神向往和价值追求。《诗经》是我国最早的一部诗歌总集,里面有大量描绘劳动生产的农事诗。著名的《伐檀》一开头就讲"坎坎伐檀兮,置之河之干兮",是一首描写伐木工人劳作的民歌。《芣苢》诗曰:"采采芣苢,薄言采之。采采芣苢,薄言有之。采采芣苢,薄言掇之。采采芣苢,薄言捋之。采采芣苢,薄言袺之。采采芣苢,薄言襭之。"则是农妇们采摘车前子的乐歌,既生动又欢快,热情歌颂了劳动人民热爱劳动的高贵品质。

东晋陶渊明不为五斗米折腰,甘愿归田务农,他把农活写进诗里,充满诗情画意。例如他的《归田园居》:"种豆南山下,草盛豆苗稀。晨兴理荒秽,带月荷锄归。道狭草木长,夕露沾我衣。衣沾不足惜,但使愿无违。"全诗平淡自然,清新质朴,抒写了对田园生活的热爱以及享受田园劳作之乐的惬意、闲适。他在《庚戌岁九月中于西田获早稻》一诗中写道:"人生归有道,衣食固其端,孰是却不营,而以求自安。"告诫了人们要自食其力,勤奋劳动,如果什么事都不做,又怎么能解决自己的温饱问题呢?明代冯梦龙在《醒世恒言》中写道:"富贵本无根,尽从勤里得。"表明劳动最光荣,劳动最崇高,劳动最伟大,劳动最美丽。热爱劳动、尊重劳动永远是中华民族的传统美德。

案例阅读

曾国藩治家之道中的劳动精神

曾国藩治家有道、教育有方,离不开他制定的"治家八字诀",分别是早、扫、考、宝、书、蔬、鱼、猪。这八个字让曾家得以长期保持农耕生活方式,子弟勤奋好学,家风严谨、和善而又朴实。曾国藩的持家治国思想在某种程度上影响了湖湘文化中吃苦霸蛮、重视耕读的文化基因。

八字诀中饱含重视劳动精神的内容。正是曾国藩对家庭的严格要求和教育,才使其整个家族繁荣兴旺,连绵不衰。曾国藩作为晚清四大名臣之首,作为践行中国儒家核心思想的典范,在精神与文化层面影响着他的家族,给世人以无限的启示。

3. 中国共产党是中华民族劳动精神的忠实继承者和坚定弘扬者

在建党以来各个历史时期,中国共产党都强调劳动的重要性,重视发挥劳动精神的能动作用,提倡和践行自力更生、艰苦奋斗的精神,使劳动精神得到进一步发扬光大。

抗日战争进入相持阶段时,由于日军的疯狂进攻和大规模扫荡,国民党顽固派的军事包围和经济封锁,陕甘宁边区及各抗日根据地财政经济面临极大困难,一度陷入没粮、没油、没纸、没衣、没经费的境地。危难之际,党中央号召边区军民自力更生,克服困难。一场轰轰烈烈的大生产运动在黄土高原开展起来——1941年春,迎着料峭寒风,三五九旅的战士们肩挎钢枪,手握镢头,挺进南泥湾垦荒。广大军民以高昂的劳动热情将荒无人烟的"烂泥湾"变成庄稼遍地、牛羊成群的"陕北好江南"。纺一根线,垦一亩荒,边区军民在逆境中自己动手,丰衣足食,顽强生存,英勇斗争。毛泽东指出"这是中国历史上从来未有的奇迹"。

从烽火连天的革命年代,到如火如荼的建设岁月,再到波澜壮阔的改革大潮,长期以来,在党的领导下,我国广大劳动群众始终站在时代前列,用汗水和智慧奏响"咱们工人有力量"的主旋律——老工人孟泰带领工友献交器材、刨开冰雪收集废旧零件,硬是没有花国家一分钱,建成鞍钢当时著名的"孟泰仓库";产业工人许振超带领班组练就"一钩准""一钩净""无声响操作"等绝活,多次刷新集装箱装卸世界纪录;航天科技"嫦娥"团队勇于探索,成功研制我国第一颗绕月人造卫星"嫦娥一号"……一座座丰碑上,镌刻着不同时代劳动者只争朝夕、奋力拼搏、开拓创新的身影。习近平总书记强调:"正是因为劳动创造,我们拥有了历史的辉煌;也正是因为劳动创造,我们拥有了今天的成就。"

二、新时代劳动精神的内涵

劳动精神是每一位劳动者为创造美好生活而在劳动过程中秉持的劳动态度、劳动理念及展现出的劳动精神风貌。劳动精神是全体劳动者共同的精神财富,是对广大劳动者劳动实践的高度肯定与科学总结,也是人类为了自身的幸福而不懈努力奋斗的实践结晶。人民创造历史,劳动开创未来,劳动是推动人类社会进步的根本力量。在不同的社会形态下,由于对劳动的理解不同,劳动精神也有差异。

新时代劳动精神的科学内涵包含两方面内容,即思想认知方面和行动实践方面。新时代劳动精神在思想认知方面体现为崇尚劳动、尊重劳动、热爱劳动,懂得劳动最光荣、劳动最美丽、劳动最伟大的道理;在行为实践方面体现为辛勤劳动、诚实劳动和创造性劳动。

新时代劳动精神的内涵如图4-1所示。

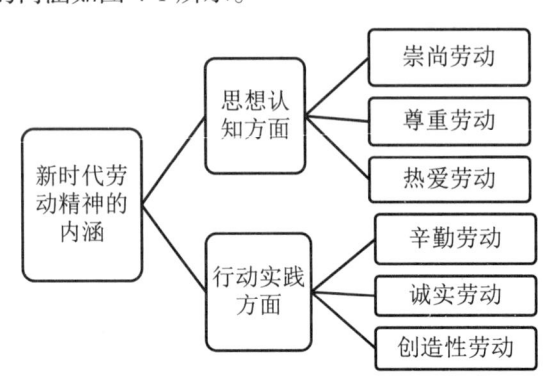

图4-1 新时代劳动精神的内涵

案例阅读

电视剧《劳动铸就中国梦》

《劳动铸就中国梦》围绕"劳动托起中国梦"的主题,以多种艺术手法,深入阐释"劳动是人类的本质活动,劳动光荣、创造伟大是人类文明进步规律"的深刻道理,从"劳动改变命运""劳动创造财富""劳动点亮智慧""劳动提升品质""劳动缔造幸福""劳动彰显国魂"六个侧面,精心选取了典型的优秀劳动者进行介绍,那一个个感人的故事,就是真正精彩的"中国故事"。

抄表工王炳益、护士长王克荣、中学美术教师王伟涛……他们在不同的岗位上充分地展示了基层劳动者的风采。他们无私、尽责、勤奋,只要一走上工作岗位,就全身心地投入。工作对象满意、快乐,他们脸上就永远有笑容。正是因为有无数像他们一样朴实无华的劳动者,祖国的各项事业才能蒸蒸日上。

这些故事集中体现了劳动者的巨大能量。餐厅经理冉志平原来只是一个传菜工,但他用自己的勤奋和真诚换来了尊重与价值;中化东方储运员工虞纪春那句"做储运,先做人;人品佳,无不欢"并非空洞的口号,而是实实在在地成就了他20年成功保持码头安全无事故纪录的卓越;安哥拉中国建设者,"80后"女孩李慧星以自己的智慧与勇气,在中安两国人民心中架起了一座友谊的桥梁……正是因为祖国有无数这样在自己的岗位上付出汗水和智慧的劳动者创造的一个个奇迹,祖国改革开放的步伐才如此快捷而沉稳。

(资料来源:新华网,有改动)

(一)崇尚劳动、尊重劳动、热爱劳动

1. 崇尚劳动

崇尚劳动是要树立正确的劳动价值观,充分认识到劳动最光荣、劳动最伟大、劳动最崇高、劳动最美丽。

"功崇惟志,业广惟勤","无论从事什么劳动,都要干一行、爱一行、钻一行","中国特色社会主义事业大厦是靠一砖一瓦砌成的,人民的幸福是靠一点一滴创造得来的"……

劳动之美,不仅仅有轰轰烈烈、震撼眼球的"经济大手笔",更有默默无闻、波澜不惊的"技术小奉献"。以平和的心境、任劳任怨的劳动心态,经营好小细节、小技术,发挥劳动者的"螺丝钉效应",也是"微而著""小而实"的劳动之美。

孟广彬注册"雷锋号"小鞋摊,几十年如一日,用一针一线穿写出诚实守信的人生信条,以一个平凡劳动者的坚守,诠释了一名草根工匠的社会价值。他的鞋摊旁有块小黑板,上面写着:"鞋子穿坏请别愁,广彬为您解忧愁;生活之中互帮助,雷锋精神记心头。"

2020年6月23日9时43分,我国在西昌卫星发射中心用长征三号乙运载火箭,成功发射北斗系统第五十五颗导航卫星,暨北斗三号最后一颗全球组网卫星。北斗导航系统是

为全球用户提供全天候、全天时、高精度的定位、导航和授时服务的国家重要空间基础设施。参与研制的科研人员磨剑二十年，把梦想的天际线拓展至太空，再次彰显劳动创造的重大意义和重要价值。当代大学生生在新时代，应大力弘扬和践行劳动精神，树立正确的劳动价值观，撸起袖子加油干，用辛勤汗水书写精彩人生，成就伟大梦想。

【课堂活动】

近年来，在北京、上海、广州、深圳等大城市出现了一种新现象：越来越多的城市居民到郊区租地种菜，有的地方还出现了专门给城市居民提供租地服务的公司。到田间亲自种植已成了一种新时尚。

田间劳作非常辛苦，尤其是夏天，头上骄阳似火，地上热浪滚滚。本可以在家里享受舒适生活的城市居民为什么要去吃这份苦？谈谈你对这种现象的看法。

2. 尊重劳动

尊重劳动是指对劳动的认识，把劳动作为人类的本质活动，作为创造财富和获得幸福的源泉，尊重一切有益于人民、造福于社会的劳动者及其劳动价值。

"在我们社会主义国家，一切劳动，无论是体力劳动还是脑力劳动，都值得尊重和鼓励；一切创造，无论是个人创造还是集体创造，也都值得尊重和鼓励。"

"民生在勤，勤则不匮。"新冠肺炎疫情之后，我们对劳动有了更深的认识，对劳动者也有了更多的尊敬。战"疫"中，从一线医务人员到社会各个方面参与防控的人员，从环卫工、快递小哥到生产防疫物资的工人，千千万万劳动群众在各自岗位上埋头苦干、默默奉献，汇聚起了战胜疫情的强大力量，让举国战"疫"取得了阶段性成效。

有很多人看不起农民，也有很多人看不起工人。但是，请看看我们教室里的一切，电视、投影仪、电灯、桌椅、黑板、文具等，想想我们身上的校服、吃的饭、回家时乘坐的公交车等，这些都是常被人忽略甚至被人看不起的工人和农民的劳动成果。尊重劳动、尊重劳动者才是我们应有的态度。

【课堂活动】

因行李多而被拒载的农民工、因停车争执而被打的保安、因满身尘土而被嫌弃的建筑工人……在经济社会快速转型过程中，不可否认还有许多不和谐的因素。尊重劳动、尊重劳动者仍然任重道远。如何让劳动的人们都享有尊严，感到光荣？

3. 热爱劳动

热爱劳动是指对劳动的情感，焕发劳动热情，积极投身劳动，珍惜劳动成果，把劳动与实现自身价值紧密结合起来。

条件反射理论的创始人、1904年荣获诺贝尔生理学或医学奖的俄国著名生理学家巴甫洛夫，从小就十分热爱劳动。在他小时候，有一天，巴甫洛夫和弟弟米加约好去园子里种树，费了很大的劲才挖了一个坑，正要把苹果树栽下去的时候，爸爸从屋里跑出来了，指着园子里一块突出的高地对兄弟俩说:"你们看,那儿地势高,一下雨,这里就会积水,苹果树不就要淹死了吗?"弟弟听了爸爸的话,小嘴一噘,不高兴地走了。而巴甫洛夫并不灰心,跟着爸爸在高地挑选了一块空地,重新挖起来……巴甫洛夫爱劳动的习惯一直持续到晚年。战争年代,他在实验室周围的空地上种菜,自力更生,解决了吃菜的困难。

【课堂活动】

当今有些学生对劳动存在许多偏见,他们轻视劳动、厌恶劳动、鄙视劳动,而乐于接受劳动、愿意主动劳动的学生越来越少。图 4-2 所示为一份针对大学生对劳动看法的调查结果,谈谈你的看法。

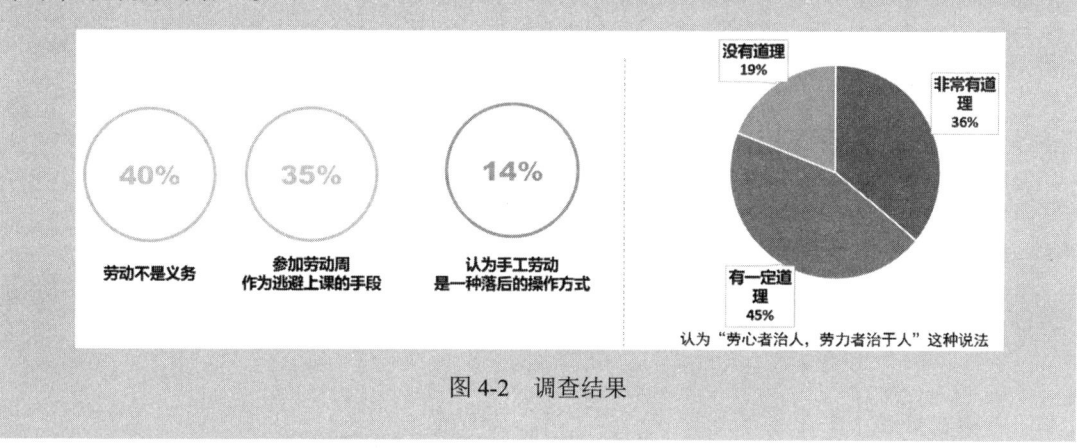

图 4-2　调查结果

(二)辛勤劳动、诚实劳动和创造性劳动

案例阅读

致敬,最美逆行者!

春节是一个团圆的节日,此起彼伏的欢笑声总会充满一个个家庭。可 2020 年的春节,突如其来的疫情,向我们发起了一场猝不及防的、没有硝烟的战争!

鲁迅说:"中国自古以来,就有埋头苦干的人,有拼命硬干的人,有为民请命的人,有舍身求法的人,他们是中国的脊梁。"

自新冠病毒肺炎疫情暴发以来,从北京到上海,从江苏到浙江,从陕西到四川……来自全国不同地方的医护人员或在"请战书"上签字、摁手印;或已赶赴现场,正殚精竭虑地救治患者。沧海横流,方显英雄本色。"我可以上!但请别告诉我妈妈。""不计报酬,无论生死。""我们不冲上去谁上去!"……铿锵话语显示了他们的英勇。此时此刻,那些在疫情防控一线奋战的逆行者,就是我们最伟大的英雄。

"没有特殊的情况,不要去武汉。"说完这句话,84 岁的钟南山院士便从广州出发赶往武汉。由于当天航班已买不到机票，他挤上了高铁餐车的一角。到达住处后，他又简单听取了武汉方面的情况，满满当当的一天工作和行程才算结束。

"苟利国家生死以，岂因祸福避趋之。"疫情发生以来，钟南山院士每天都在奋战，他像一个倔强的战士，挺身而出，满腔热血为国为民，令人肃然起敬。

"我必须跑得更快，才能从病毒手里抢回更多病人。"张定宇脚步匆匆，他是武汉市金银潭医院的院长。在抗疫的最前线，他每天几乎只睡2个小时，即便是休息时间，也不停地接电话、翻看病历，作为一个渐冻症患者，他很清楚自己的身体在一点点地被侵蚀，但在和时间赛跑、和命运叫板时，他必须争分夺秒。张定宇阻挡不了自己的病情，却用尽全力去把危重患者拉回来，他的双腿已经开始萎缩，但他站立的地方是最坚实的阵地。

疫情就是命令，防控就是责任。一方有难，八方支援。来自全国各地，包括部队的医务工作者共3万多人，迅速组织集结，从四面八方奔赴抗疫前线。

在这场全国人民的疫情阻击战中，还有很多的逆行者。他们是骑着电动三轮车开了40千米为医疗队送菜的秦师傅；每天做将近1000份盒饭，专门供给金银潭等医院的店主小姐姐；正在尼泊尔旅行，腾空自己的行李箱，带着满满四大箱口罩回国，免费送给医护人员的陈雪燕；招募志愿者一起接送医护人员的快递小哥汪勇……

致敬逆行者，他们的身影是寒冬里的一股暖流，是他们用执着和坚守诠释着爱的奉献。期待着他们早日平安归来，坚信我们终将迎来春暖花开。

（资料来源：2020年5月1日，央视网，有改动）

1. 辛勤劳动，苦干笃行

> **案例阅读**

最美快递员汪勇，平凡人中的英雄

汪勇是湖北顺丰在武汉的一名普通快递小哥。新冠肺炎病毒疫情暴发后，汪勇牵头建起了医护服务群，从调配医疗物品、保障医护人员日常出行、协调1.5万份盒饭，到给医护人员修眼镜、买拖鞋……一个多月来，汪勇成了医护人员的"大管家"。汪勇和他的志愿者团队将温暖聚拢，守护着冬日里逆行的医务英雄。

"我做了力所能及的事，我不后悔。"汪勇说。汪勇的事迹让许多人为之泪目，也让更多人感受到一名普通"80后"快递小哥的无私与无畏、担当与奉献。汪勇和他的志愿者团队就像一团火，在这个寒冷的冬季给人们带来温暖和希望，鼓舞人们奋勇战胜疫情。汪勇的优秀表现也激励和带动着更多顺丰员工积极投身抗疫工作。湖北顺丰相关负责人介绍说，战"疫"期间，湖北顺丰有超过4000名快递小哥勇冲一线，为保障物资运送做出贡献。近日，湖北顺丰对25名在疫情期间奋勇拼搏、彰显担当的优秀员工予以火线提拔，其中汪勇更是被跨等级提拔为硚口分公司经理。

（资料来源：2020年2月22日，《长江日报》，有改动）

辛勤劳动是指勤奋敬业、埋头苦干，是劳动者应有的基本要求，是诚实劳动、创造性劳动的基础和保障。

我们每天的衣食住行都离不开劳动。从复兴号到大飞机，从移动支付到共享单车，从"中国制造"到物联网、大数据、云计算等新技术，从空天领域、海工领域到芯片、人工智能等尖端领域，这一系列成就离不开广大劳动者的艰苦奋斗、勤勉工作。

抗击新冠肺炎病毒疫情的斗争中，无数劳动者携手同心，汇聚成抗击疫情的强大合力。10天左右时间建成火神山医院、雷神山医院，背后是4万多名建设者的日夜奋战；医护人员白衣执甲、逆行出征，哪怕脸颊被口罩勒出印痕、双手被汗水浸到泛白，也要跑赢时间，"从病毒手里抢回更多的病人"；提前复工为前方提供抗疫物资，快递小哥说"我多跑跑腿，大家就可以减少出门的风险"；社区工作者挨家挨户排查，守住社区防控阵地……所处岗位不同、工作方式各异，但他们有一个共同的名字——劳动者。无数劳动者同心携手，辛勤劳动，为全国疫情防控阻击战取得重大战略成果、经济社会秩序全面恢复做出了应有贡献。

2021年8月19日上午，义乌西站，一列挂着大红花的火车鸣笛起程，驶向德国罗斯托克港。这是中欧（义新欧）班列义乌平台累计开行的第3000列班列。四五十年前，这个浙中小县还不富裕，义乌人拿着拨浪鼓走街串巷，鸡毛换糖，艰苦创业。后来，条件稍好，义乌人在路边支起小摊，虽然经营场所相对固定了，但依旧简陋。再后来，义乌建成了全国最大的小商品批发市场，又进军海外市场，被誉为"世界小商品之都"。有外媒戏称，"圣诞节的真正故乡其实是义乌"，因为这个奇特的中国城市是"全球节庆饰品的主要来源地"。

义乌发展的奥秘就是辛勤劳动。中国奇迹的源头也是辛勤劳动。

【课堂活动】

有些人好吃懒做，不愿付出劳动，只想过衣来伸手、饭来张口的生活，到了应该参加工作的年龄却不去上班，待在家里"啃老"。就算他们离开父母独自生活，也不愿意干基本的家务活，生活一团糟。

你的身边是否有"啃老族"？谈谈你的想法。

2. 诚实劳动，实干求真

【劳动榜样】

创造成就梦想，实干创造未来

如果给你一些A4纸，你能叠成什么？

这个问题如果是问天津科技大学的"纸来纸往"学生创业团队，答案可就花样百出了。这群大学生曾经花了10天时间，用3万多个纸雕三角插，手工制成了高达2.3米的"大火箭"，气势宏伟。会折纸的人并非只是手巧，把一张平整的纸叠出各种形状并有立体感，有时更需要创作的天分。折纸其实是一门非常"烧脑"的技艺，逻辑思维和艺术设计都不可或缺。"95后"、天津科技大学2018届本科生万得生2020年带领有同样爱好的同学创办了学生工作室。如今，他们制作的兼具实用性的纸雕三角插作品，不仅得到了大家的认可，更吸引了越来越多的人来学习折纸技艺。

（资料来源：2021年11月13日，新华网，有改动）

诚实劳动是指脚踏实地，恪尽职守，遵守法律法规和政策，遵循职业道德规范和工作标准，实事求是地认识和对待劳动过程和劳动成果。它是辛勤劳动的升华，也是创造性劳动的前提。

今天的大学生习惯了动动手指外卖送来、语音指令机器人擦地。那么，劳动已经离我们远了吗？不是的。产业结构变化、社会分工细化不会改变劳动是创造价值的源泉、是财富的源泉、是幸福的源泉。

"人世间的美好梦想，只有通过诚实劳动才能实现；发展中的各种难题，只有通过诚实劳动才能破解；生命里的一切辉煌，只有通过诚实劳动才能铸就。"

"空谈误国，实干兴邦"，实干首先就是要脚踏实地。潍柴动力股份有限公司一号工厂首席技师王树军，从"小王"到"王师傅"再到"王工匠"，用数十年修炼"内功"，在很多专业领域打破了国外技术封锁、填补了国内空白；中建七局总承包公司砌筑工人许纪平，立志要在建筑工地学一门手艺，从砌一般墙体的工匠变成了能砌各种造型的多面手，每天砌砖够达4000多块；中国航天科技集团的工程师崔蕴，从一名普通的火箭装配工成长为国家级技能大师……劳动是一切成功的"地基"。

天津三建建筑工程有限公司原项目经理、副总工程师范玉恕，干了几十年的建筑，始终对自己要求"四个一样"：大事小事一个样，外露工程和隐蔽工程一个样，分内事和分外事一个样，甲方有要求和没要求一个样。他常说："我们建筑工人讲诚信，最根本的就是要确保工程质量。""老老实实做人，结结实实盖楼"的他多次荣获"全国劳动模范"称号，被誉为"群众信得过的建房人"。

【课堂活动】

有人认为"诚信者吃亏，失信者沾光"。以盗版书、盗版光碟为例，对于顾客而言，只要花很少的钱就可以看更多的图书和影片，且不影响知识的获取；对于盗版商来说，可以以较少的成本获得更大的收益，这岂不是聪明的做法？

还有人说21世纪是一个弱肉强食的年代，竞争成为人们的生存方式。比如两个同样拥有大专文凭的人去同一家公司应聘，一个讲诚信，另一个不讲诚信。不讲诚信的那位凭借一张假的大学文凭被公司录取了；另一位因为学历而被淘汰了。讲诚信的那一位不就吃亏了吗？

对此，你怎么看？

随着互联网平台经济和数字经济的蓬勃发展，许多新业态、新技术和新模式产生，网约车司机、外卖配送员等新就业形式劳动者成为劳动大军中的重要组成部分。他们工作的灵活性、个体性、分散性比较突出，但是劳动的本质没有变化，其中所蕴含的劳动精神也没有变，都是通过自己的诚实劳动，为社会创造财富，为客户提供服务，为自己创造美好生活。

3. 创造性劳动，进取创新

【劳动榜样】

劳动开创未来

0.00068 毫米的加工公差，意味着什么？它相当于头发丝直径的 1/125，连数控机床都难以实现。这不可思议的加工公差出自方文墨之手。这位航空工业沈阳飞机工业（集团）有限公司首席技能专家说："开始很多人说我不适合干这行，但我既然选择了，就一定要做到最好。"凭着追求"最好"的劲头，他不断挑战打磨精度的边界，让"文墨精度"名震业内。

一片钢板能够薄到什么程度？太钢集团不锈钢"手撕钢"创新研发团队不断给出新答案。2018 年，在经历 700 多次失败、攻克 175 个设备难题、452 个工艺难题后，这支团队自主研发的 0.02 毫米"手撕钢"成功面世，有效破解了制约我国高精尖领域长远发展的材料难题；2020 年，团队再次突破极限，轧出了光如镜、质地硬、厚仅 0.015 毫米的"手撕钢"……团队技术员廖席说："创新是什么？是干别人干不了的，挑战不可能！"

劳动者的字典里没有"不可能"。无数像方文墨、太钢集团创新研发团队这样的劳动者及团队，以争创一流、勇攀高峰之志，赋予劳动精神丰富的时代内涵。

在 2020 年全国劳动模范和先进工作者表彰大会上，习近平总书记发出"努力建设高素质劳动大军"的号召，强调"要增强创新意识，培养创新思维，展示锐意创新的勇气、敢为人先的锐气、蓬勃向上的朝气"，为新时代劳动者指明了奋斗方向。

劳动开创未来，奋斗成就梦想。如今，在古老的神州大地上，梦想与希望扬帆启航，正向着第二个百年奋斗目标迈进。广大劳动者必将继续发扬伟大劳动精神，使出"一个汗珠摔八瓣"的干劲，以奋斗为笔、用汗水作墨，挥毫绘就美好生活新画卷。

（资料来源：2021 年 9 月 22 日，新华网，有改动）

创造性劳动是指敢闯敢试、开拓创新，体现了体力劳动和脑力劳动、简单劳动和复杂劳动的结合，是辛勤劳动、诚实劳动的发展。

"尊重劳动者的首创精神，在全社会形成劳动光荣、知识崇高、人才宝贵、创造伟大的价值导向，让一切劳动与创新的活力竞相迸发，让一切创造社会财富的源泉充分涌流。"

在当下中国，一分钟，快递小哥收发 7.6 万件快递，"神威·太湖之光"超级计算机运算 750 亿亿次。我国经济从高速增长进入高质量发展阶段，需要更多知识型、技能型、创新型劳动者，也为劳动者、奋斗者实现人生精彩提供了广阔舞台。

全国五一劳动奖章获得者孙丽大胆运用新技术和新设计理念，创造性地采用超大型履带起重机模块化、集成化设计技术，让中国徐工创造出了能一次吊起 60 辆 M1 主战坦克的 4000 吨级履带起重机 XGC88000，将我国的起重机设计技术提升到能与国际同台竞技的水平。

全国技术能手、全国"最美职工"孙云毅经过多年的潜心学习和创新创作，凭借努力和坚持，通过不断地摸索实践，系统改良了名贵料器鸡油黄、鸡肝石的技术和配方规范，使鸡油黄制作及基于此的琉璃浮雕加工工艺得到了保护、继承和发展，大幅度提高了成品率及产品颜色的纯正度。

山东轻工职业学院根据乡村电商产业链需求，充分利用专业优势，通过联合培育高素质复合型、应用型电子商务技术技能人才，以数字电商赋能乡村振兴。学院承办了"淄博在崛起'鲁力助农'"系列农产品推广网络公益直播活动，对淄博原产地农产品进行了有力推广，使普通的农产品成了抢手的"香饽饽"。

《中国科技成果转化2020年度报告（高等院校与科研院所篇）》发布，中科院上海药物研究所科技成果合同金额17.17亿元，排名第一。这样的成果与一项重要改革分不开——6年前，作为全国首批试点单位，中科院上海药物研究所启动了科技成果使用权、收益权、处置权改革，全面深入推进体制机制、评价方式、资源配置、激励机制等变革举措落地。沉睡在实验室里的科研成果被唤醒了，科研人员有了满满的获得感、幸福感！

近年来，我国在企业、学校等单位普遍建立技能人才（劳动模范、工匠）创新工作室，对在劳动竞赛中脱颖而出的"技术比武能手""技能大赛状元""先进操作者"等按规定晋升技术等级，给予相应的物质奖励，并优先推荐评选各级"劳动模范""五一奖章"等。这一切都是对创造性劳动价值的尊重，也是对创造性劳动的弘扬。

【课堂活动】

想一想，在智能化时代，机器能取代人类的所有劳动吗？崇尚劳动的道德观念还有必要存在吗？

三、弘扬和践行劳动精神

2018年9月10日，习近平总书记在全国教育大会上强调，要在学生中弘扬劳动精神，教育引导学生崇尚劳动、尊重劳动，懂得劳动最光荣、劳动最崇高、劳动最伟大、劳动最美丽的道理，长大后能够辛勤劳动、诚实劳动、创造性劳动。

（一）向最美职工学习，弘扬和践行劳动精神

最美职工扎根基层默默奉献，立足本职干事创业，他们的事迹感人肺腑、振奋人心，生动诠释了"劳动最光荣、劳动最崇高、劳动最伟大、劳动最美丽"的时代强音。

【劳动榜样】

技能"后浪"摘金的秘诀

"年纪这么小就取得这么好的成绩，真是年轻有为呀！"这是胡兴盛这两年听到最多的

夸赞。面对夸赞，胡兴盛总会不好意思地挠挠头，娃娃脸上露出笑容：眼睛眯成一条缝，憨厚中露出一丝羞涩。如图4-3所示是"最美职工"胡兴盛在工作中的照片。

图4-3 "最美职工"胡兴盛

1．变被动学习为主动提升

1999年4月，胡兴盛出生在山西介休。18岁那年，中专毕业的胡兴盛在一个小工厂里打工，和一个老师傅一起干活，师傅用他自己的经历劝他回学校上学。胡兴盛听了师傅的建议，进入山西机电职业技术学院，主修电子电气应用与维修和数控技术专业。"榜样的力量是无穷的。"胡兴盛说，在技校注重实践的浓厚氛围里，自己心态发生了转变，"以前是被动学习，不知道为什么而学，后来'开窍了'，想通过主动学习证明自己。"在校期间，胡兴盛努力提升技术锤炼自己，并多次参与各类技能大赛，取得多项优异成绩：2018年10月，参加山西省技能大赛，获得三等奖；2019年6月，代表山西省参加全国职业学校技能大赛，获得全国一等奖；2019年11月，参加中国技能大赛，获得全国二等奖。就这样，在一次次竞赛中，胡兴盛不断充实和完善自己。

2．操作要领"长"进骨头里

2020年从技校毕业后，胡兴盛放弃高薪的私企，毅然选择了航天事业，就职于航天科工二院。胡兴盛喜欢挑战，不喜欢乏味；敢于面对挑战，善于攻克难题；享受解决问题的过程，遇到问题反而更有斗志，这就是胡兴盛不断进步的原因。"身边优秀的'技能大咖'时刻影响着我。"胡兴盛所在的二八三厂有一支高技能人才队伍，他们中有的获得过全国五一劳动奖章，有的已是"大国工匠"。这让胡兴盛羡慕不已，更增添了技能成才、航天报国的动力。2021年8月，经过一年的沉淀后，胡兴盛参加了第七届全国职工职业技能大赛"数控机床装调工"赛项。赛前和教练对每一个赛点进行详细分析，参考历届理论试题题库，定制训练计划，利用好每一分钟……白天，在教练辅导下训练实操项目；晚上，他常常自我加压，学习理论知识到凌晨。两个月集训，历经成百上千次的练习，操作要领已经"长"进了胡兴盛的骨头里。最终在大赛数控机床装调维修工实操试题第二部分，胡兴盛得到了裁判"全场最规范"的高度评价，一举夺冠。

3．技术的提升永远没有终点

大赛告一段落后，胡兴盛重返岗位，从初级工连跳3级，升为技师。"技术的提升永远没有终点，对我来说，一切才刚刚开始。"他说。在二八三厂第一个智能化生产车间，自动装配的机械臂、自动识别的测量仪、可按轨迹运行的传送机器人以及20米高的存储运输库，都听凭胡兴盛所在的8人小组指挥。不同于传统意义上的班组和工作室，这个小组被命名为"创客"团队，除了点检、排除机器运行故障，更重要的是迭代更新智能化生产线，根据实际需求发明创造。在现场，胡兴盛总是能快速发现生产需要和创新点，他不断进行技术革新，为提升现场工作效率研制了多项设备——石墨套管自动打磨装置，突破现有生产瓶颈，实现无人自动打磨；自动化轴承涂脂设备，改变现有人工涂脂方式，实现轴承的自动涂脂工作，缩减人力5人；质量质心设备，改变现有测量模式，减少了人力资源的浪费……如今，胡兴盛在繁忙的工作之余，仍利用碎片时间加强学习，努力提升，迎接新的挑战。

（资料来源：2022年5月4日，《工人日报》，有改动）

2022年全国"最美职工"胡兴盛、成红霞、王学勇、亓传周、刘书杰、熊朝永、吾买尔·库尔班、龙兵、张硕、中铁建工集团北京2022年冬奥会奥运村及场馆群工程项目经理部，扎根基层和生产一线，有的在高水平科技前沿阵地勇攀高峰，有的积极承担"急、难、险、重"攻关重任，有的通过技术创新大幅降低生产线工位工时，有的驻守黄河水闸管理一线保护生态环境，有的助力我国海洋油气勘探开发步入超深水时代，有的在亚洲象繁育、救助医疗等方面做出重要贡献，有的坚持传帮带培养技能人才，有的在新冠病毒肺炎疫情防控斗争中全力保障物资供应，有的在个人发展同时不忘帮助乡亲脱贫致富，有的克服困难确保北京冬奥会期间各项基础设施平稳安全运行……他们在平凡岗位上创造了不平凡的业绩，充分展现了工人阶级的时代风采，生动诠释了"劳动最光荣、劳动最崇高、劳动最伟大、劳动最美丽"的社会风尚。

（二）向时代楷模学习，弘扬和践行劳动精神

"最美教师""最美司机""最美卫士"都是时代楷模，他们的"美"是对劳动精神的生动诠释。向时代楷模学习，就是要学习他们爱岗敬业、忠于职守的职业操守。

【劳动榜样】

用爱传递人格力量，教孩子成为大写的"人"

"教师，就是要保持对'爱的事业'炽烈而悠长的情感，就是要把爱全身心地放在孩子身上，学生都会记得你对他们的陪伴。"新时代"四有"好老师的典范、上海市黄浦区卢湾一中心小学校长吴蓉瑾（见图4-4）说。2022年9月9日上午，"时代楷模"吴蓉瑾在2022年上海市新教师入师入会仪式上，对着台下几十位今年刚刚踏上讲坛的新教师，深情回忆起了自己从教28年的心路历程。

图 4-4　新时代"四有"好老师的典范吴蓉瑾

"至今我依旧记得第一次踏入校园，走上讲台，面对那一双双纯净如水的眼睛时的感受，而这二十多年，我也一直坚持着、实践着自己的梦想，成为一个好老师，一个让孩子们难忘的好老师。"吴蓉瑾说。从孩子们的贴心姐姐到"云朵妈妈"，从上好一节情感教育课到融入学科、深入管理，她渐渐懂得了真正的"情感教育"。

"需要孩子们去体验感悟的，我们老师会先去做，然后带孩子一起学着做。"在17年前，为了让孩子们了解中国共产党的奋斗历史，吴蓉瑾带着大家一起走入中共一大会址纪念馆，请讲解员指导孩子们用童言童语、快板沪语编写一大会址讲解词，并成立了红喇叭小讲解员社团，这支社团活跃至今，在孩子们心中播撒红色的种子。

教师不能只做传授书本知识的教书匠，而要成为塑造学生品格、品行、品味的"大先生"。在吴蓉瑾看来，好的教育是一团火点燃另一团火，是一朵云推动另一朵云，将爱心传递，将人格力量传递，教孩子成为大写的"人"。

吴蓉瑾守教育报国初心、担筑梦育人使命，是新时代"四有"好老师的典范，是学生锤炼品格、学习知识、创新思维、奉献祖国的引路人。

（资料来源：2022年9月10日，《文汇报》，有改动）

1. 向时代楷模学习，就要学习他们热爱祖国、热爱人民的思想境界

"以热爱祖国为荣""以服务人民为荣"，是社会主义荣辱观的核心内容，是每一个公民应当秉持的基本价值取向和行为准则。

爱莫高于爱祖国、爱人民，心里装着祖国、装着人民，才能以国家和人民利益为重，以自己的付出和牺牲促进社会进步、增进人民幸福。我们向时代楷模学习，就要像他们那样，满怀对祖国、对人民的无限热爱之情，自觉把个人价值追求与党和人民的事业紧紧联系在一起，把个人的奋斗融入国家富强、民族振兴的历史进程，为实现全面建设小康社会宏伟目标、创造人民幸福生活贡献智慧和力量。

2. 向时代楷模学习，就要学习他们乐于助人、无私奉献的高尚品格

助人为乐是中华民族传统美德，无私奉献体现着社会主义道德要求。我们向时代楷模

学习，就要像他们那样，树立助人使人幸福、奉献使人快乐的幸福观，追求高尚的人生价值，弘扬宝贵的利他精神，在关心他人、帮助他人中找到真正的快乐、实现内心的充实、获得人生的美满，以春天般的温暖促进社会的和谐、和睦。

3. 向时代楷模学习，就要学习他们立足平凡、追求崇高的美好情怀

他们平平常常、朴素无华，默默无闻地工作着、学习着、生活着，默默无闻地坚守着道德标准、涵养着道德情操，以点点滴滴的积累，以持之以恒的追求，成就了平凡中的伟大，汇聚了不寻常的道德力量，铸就了关键时刻的坚强意志。平凡和伟大之间没有绝对的界限，把小事做好就是不平凡。我们向时代楷模学习，就要像他们那样，"勿以善小而不为"，认认真真做好身边事，力所能及帮助周围人，从自己做起、从小事做起、从举手之劳做起，崇德尚义、积小成大，自觉做中华民族传统美德的传承者、社会主义道德规范的实践者。

4. 向时代楷模学习，就要学习他们爱岗敬业、忠于职守的职业精神

爱岗敬业、恪尽职守，满腔热情地投入工作，把工作岗位作为实现人生价值的舞台，是时代楷模的一个鲜明特征。他们崇高的职业操守，托起了生命的方舟，升华了民族的美德，成为激励人们奋发有为、不断前进的强大精神动力。我们向时代楷模学习，就要像他们那样恪守职业道德、弘扬职业精神，干一行爱一行，钻一行精一行，立足本职、扎实工作，以对事业高度负责的精神，在推进改革发展中创造一流业绩。

【课堂活动】

思考与探讨当下青年学生可以通过哪些途径践行劳动精神。

第二部分 劳模精神

劳动模范是当之无愧的"时代领跑者"，劳动模范就是旗帜、是火炬、是形象、是标杆、是品牌、是导向，劳动模范就是珍贵的精神财富，能够引导全社会的劳动者热爱劳动，创造更多的社会财富。劳动模范凝聚着时代精神。

【劳动榜样】

成就非凡，建功新时代

劳动模范是各行各业的优秀代表，习近平总书记称他们为"民族的精英、人民的楷模、共和国的功臣"。今天，我们就来关注劳模精神。

"全国劳动模范"吴雄飞是安徽合肥的一名燃气维修班班长，每天他最重要的工作就是走街串巷，入户为居民解决各种与燃气有关的问题。14年前，刚从部队退伍的吴雄飞对

燃气维修还一无所知。为了胜任这份工作,他从最基本的燃气灶拆装开始,一点一滴积累经验,日复一日地苦练技术。吴雄飞的努力让他的专业技术突飞猛进,别人需要40分钟才能完成一台燃气灶的拆解和安装,他只需要一半的时间。入行14年,吴雄飞为用户服务超过4万次,没有发生一次安全事故,从未被投诉。吴雄飞说:"我印象最深的一句话,习总书记是这样说的,他说我们国家不单单需要高科技的支撑,同时也需要踏踏实实的基础工作。这句话对照我的工作,我觉得非常贴切,在自己的工作岗位上尽好自己的本分,做好自己应该做的事情。"

"爱岗敬业、争创一流"是所有劳动模范最本质的特点之一。从1950年至今,我国先后召开16次表彰大会,表彰全国劳动模范和先进工作者34 008人次。在各个历史时期,广大劳模以高度的主人翁责任感、卓越的劳动创造、忘我的拼搏奉献,为全国各族人民树立了光辉的学习榜样。

今天,中国已经开启全面建设社会主义现代化国家新征程。要实现新的奋斗目标,仍然要紧紧依靠工人阶级和广大劳动群众,劳动模范也需要在新时代发挥更重要的作用。

2021年5月15日,中国第一个火星探测器"天问一号"成功着陆火星,中国"祝融号"火星车在火星上开始巡视探测,截至2022年4月底,"祝融号"火星车已经在火星上行驶超过1.9千米,获得了大量的科学探测数据。我国成为世界上第一个一次性实现火星探测绕飞、着陆和巡视的国家。火星上留下中国足迹的背后,是航天科技工作者们不断攀登科技高峰、创新技术应用的孜孜追求和不懈努力。"全国劳动模范"孙泽洲(见图4-5)是航天科技集团五院"天问一号"火星探测器的总设计师,"天问一号"成功着陆火星后,他和团队一直关注着从火星传来的一切信息。控制一个远在上亿千米外的探测器精确动作,躲避火星冬季肆虐的风沙,只是孙泽洲和他的团队在"天问一号"研制工作中要解决的无数个难题之一。孙泽洲说:"习总书记在讲话中提到,伟大的事业基于创新,伟大的事业成于实干,创新是整个事业发展的原动力,作为一个科技工作者,我觉得要把工作做好,首先得热爱自己的岗位,用先进的方法和生产力去创造,去劳动,去创造价值。"

图4-5 "全国劳动模范"孙泽洲

在岗位上执着追求,以更高的标准要求自己,劳动模范们在工作上严以律己的同时,对个人的得失却往往毫不在意。兢兢业业工作,平平淡淡奉献是他们中许多人的常态。

"全国劳动模范"苏健是一名高铁产业工人，他的工作是为高铁列车制作、安装刹车制动管。制动管事关高铁列车的安全，一列高铁列车上有1100多根制动管，全长2400多米，每根制动管平均有6个弯，最多的超过15个弯，都要由他和同事们在弯管机上加工制作后装到车上。苏健说："最难的是管路弯制以后有一个回弹，如何控制它，我们没有可借鉴的标准。我们攻关团队进行了近5000次实验，最终采集了12 000多个数据，根据此数据编制了数控弯管补偿角度数据库，这个数据库填补了国内的一项空白。"从业36年，从绿皮车时代到高铁时代，苏健加工和安装了无数根制动管，没有出现一次质量问题，他和千千万万高铁产业工人一样，都是列车飞驰背后的无名英雄。

劳动模范是各行各业的优秀代表，他们爱岗敬业、争创一流、艰苦奋斗、勇于创新、淡泊名利、甘于奉献。当今世界正经历百年未有之大变局，我国正处于实现中华民族伟大复兴的关键时期。立足新发展阶段、贯彻新发展理念、构建新发展格局、推动高质量发展，根本上还是要靠劳动，靠劳动者创造价值、创新发展。作为新时代的建设者，弘扬劳模精神，汲取榜样力量，崇尚劳模、争当劳模，我们才能书写更加精彩的人生，才能在新征程上汇聚更强大的力量。

（资料来源：2022年5月2日，央视新闻网《焦点访谈》，有改动）

一、劳动模范和劳模精神

1. 劳动模范

劳动模范是指在社会主义建设事业中成绩卓著的劳动者，经职工民主评选，有关部门审核和政府审批后被授予的荣誉称号。

有时人们把劳动模范简称为劳模，"劳"表示劳动，是劳模的基本前提。"模"体现了一种"示范"和"楷模"的价值导向，一种可近、可亲、可信、可学的榜样作用。"劳模"意味着"先进符号"，是人民授予生产建设中先进人物的一种崇高称号，以表彰劳动中有显著成绩或重大奉献、可以作为榜样的人。

在革命战争年代，"边区工人一面旗帜"赵占魁、"兵工事业开拓者"吴运铎、"新劳动运动旗手"甄荣典等劳动模范以新的劳动态度对待新的劳动，积极参加义务劳动，全力支援前线斗争，带动群众投身中国共产党领导的人民解放事业。新中国成立后，"高炉卫士"孟泰、"铁人"王进喜、"两弹元勋"邓稼先、"知识分子的杰出代表"蒋筑英、"宁愿一人脏，换来万家洁"的时传祥等一大批先进模范响应党的号召，带动广大群众自力更生、奋发图强。在改革开放历史新时期，又涌现出"蓝领专家"孔祥瑞、"金牌工人"窦铁成、"新时期铁人"王启明、"新时代雷锋"徐虎、"知识工人"邓建军、"马班邮路"王顺友、"白衣圣人"吴登云、"中国航空发动机之父"吴大观等一大批劳动模范和先进工作者。

2. 劳模精神

劳模精神折射出一个时代的人文精神，反映出一个民族在某一个时代的人生价值和思维道德取向。它简洁而深刻地展示着一个时代的人之精神的演进与发展;它凝重而浪漫地体现着一个民族的时代的思想与情愫。

劳模是劳动的模范和榜样,劳模和劳模精神是劳动群体先进性的高度浓缩。劳动是劳模精神的基石,劳动者是劳模精神的主体。在国家建设发展中,劳模是各行各业的杰出代表,他们身上体现着社会对某一类劳动方式、劳动精神的最高评价。劳模是适应国家和时代的发展而产生的,是最美的劳动者,是民族的精英、国家的栋梁、社会的中坚、人民的楷模,是党和国家的宝贵财富。

二、劳模精神的内涵

一代人有一代人的使命。劳动的内涵在更新,劳动模范的标准在进阶,"爱岗敬业、争创一流,艰苦奋斗、勇于创新,淡泊名利、甘于奉献"的劳模精神始终是不变的秘笈。这些集中体现了中国工人阶级的先进思想和精神风貌的优秀品质。

新时代劳模精神的基本内涵如图 4-6 所示。

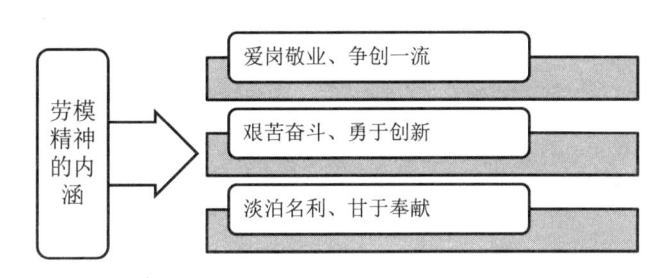

图 4-6　新时代劳模精神的基本内涵

(一)爱岗敬业、争创一流是劳模精神的本质特征

中华全国总工会主席王东明在 2019 年庆祝"五一"国际劳动节暨全国五一劳动奖和全国工人先锋号表彰大会上的讲话指出,"要爱岗敬业、拼搏奉献,为实现中国梦努力奋斗。奋斗创造历史,实干成就伟业。回首过去,共和国 70 年辉煌,工人阶级风雨兼程、奋勇当先、砥砺前行。"

【劳动榜样】

一位农电工的逆袭"密钥"

在最近的一次劳模精神宣讲活动中,全国劳动模范、浙江工匠何贝(见图 4-7)被问道:"人生逆袭的'密钥'是什么?"他的回答十分质朴:"脚踏实地。"这几个字也饱含了他朴素的劳动观。

从一名农电工成长为高技能人才,国网浙江诸暨市供电公司客户服务中心党支部副书记何贝靠的就是脚踏实地的敬业态度。

图4-7 "全国劳动模范"何贝

1．"先干了再说"

"3天之内新建一个防疫隔离点，尽快送电。"2021年12月16日傍晚，国网浙江诸暨市供电公司接到市政府命令，要求争分夺秒推进隔离点电力配套。得知这个消息后，何贝主动"请战"，连夜参与到现场作业中。

1小时集结队伍，2小时敲定施工方案，3小时将配套设备陆续运抵现场……在不眠不休的18小时里，何贝和同事们一起，顺利保障了隔离点按时供电。

"但凡接手的事，不吃不睡也要把它干好。"多年来，何贝接到工作任务时，从不挑三拣四，也不说困难、谈条件，总是爽快地答应下来。"先干了再说。"这是他的口头禅，也是他朴素的职业价值观。

2．发光的金子

2003年起，何贝开始参加技能竞赛。"是金子总会发光，有付出才会有收获。"母亲常对何贝说的这句话，让他在屡战屡败中始终葆有信心和勇气。

2008年，为参加国家电网公司农电工岗位技能竞赛，他进行了高强度的训练。"到后来，差不多形成了条件反射，一见题目，脑子里立刻就蹦出了答案。"何贝说起当时吃的苦，有些感慨。终于，凭借扎实的理论功底、娴熟的操作本领，何贝连续两届获得省电力公司供电"服务之星"竞赛第一名、国网公司竞赛第二名。

"现在很多年轻人总想走捷径，其实脚踏实地就是最大的'捷径'。只要沉下心来踏踏实实地干好一件事，遇到困难不放弃，就能超过大部分的同龄人。"何贝说。

3．点亮万家灯火

2015年，国网浙江诸暨市供电公司研究决定，由何贝牵头，成立劳模创新工作室，带领劳模团队开展创新活动。

如今，何贝领衔的劳模创新工作室占地5000余平方米，团队成员有30人。几年来，工作室培养出各级劳模工匠28人、高技能人才459人。

在何贝的带领下，团队研制的多功能抄表棒等创新产品获浙江省优秀QC成果一等奖。工作室先后荣获"中国长三角地区劳模工匠创新工作室""浙江省职工高技能人才创新工作室"称号。

在单位，何贝是让同事们称赞的"金字招牌"，是让客户放心的"电力保姆"，但他最满意的头衔是儿子心目中的"超人"。

尽管现在何贝还是会常常因为工作繁忙没时间陪伴儿子，但随着儿子渐渐长大，对父亲也多了一份理解。最近，儿子在题为《我辈少年 薪火相传》的作文中写道："等我长大了，也要像爸爸那样，做一个对社会有贡献的人。"

（资料来源：2022年5月16日，《工人日报》，有改动）

1. 爱岗敬业，在工作中实现人生价值

没有平凡的岗位，每一个岗位都是展示才华的舞台，卓越还是平庸，完全由工作态度来决定。敬业是人的天职，是荣誉的象征。对我们每个人来说，敬业是一种积极向上的人生态度，是我们应具备的职业素质，也是我们成长和成功的基本要素。众多的劳模以高度的责任心和主人翁责任感投入工作之中，他们因此而做出了扎实的业绩，赢得了他人的信服和敬重，也用实际行动证明了自己是企业和社会的主人。他们示范给世人当如何面对自己的灵魂，该怎样担当起管理这个世界的使命。他们所赢得的一切荣誉和自豪感都是以责任意识做保障，以奉献精神为升华的。他们在工作中实现了人生的价值。

全国五一劳动奖章获得者亓传周是一名黄河"守闸人"，他扎根黄河岸边33年，护闸管水，与洪水赛跑，与风浪搏击，保证闸门正常运转。

他高超的业务能力源自勤学苦练。从1989年参加工作起，亓传周就坚持学习闸门运行工、电工、机械、水工制图等知识和闸门自动化控制等技术，三十年如一日的学习，让他拥有了扎实的理论功底和出色的实践能力。

工作中，他牵头先后解决了全国多处水闸观测、启闭运行和流量测验、引水流量计算等疑难问题，并针对引黄涵闸远程监控系统的现地站管理模式问题和远程监控系统闸门启闭安全保护技术以及水闸的控制运用等进行深入分析研判，逐步探索出一套解决方法。

近年来，为了对引水量进行精确的计量，亓传周利用网络技术对单位引黄闸测流设施进行技术改造，研制实施"水文缆道智能测流系统"，该系统在测流中得到广泛推广应用，集测、报、整、算为一体，实现了远程测控。

2. 爱岗敬业，立足平凡

实现中华民族伟大复兴的中国梦，要靠各行各业人们的辛勤劳动，需要各行各业的劳动者树立"爱岗敬业、争创一流"的劳动态度。

全国五一劳动奖章获得者吾买尔·库尔班是帮助829名贫困村民脱贫致富的"贴心人"，是创新创效的"带头人"，也是带领30名少数民族务工人员成长为产业工人的"领路人"。他说，无论是什么角色，唯有择一事忠一事，才无愧于平凡人生路上的每一步；不管是生活、工作，全力以赴就是最好的自己。

"道虽迩，不行不至；事虽小，不为不成。"追梦需要勇气，圆梦需要行动。劳动模范是中国梦的领跑人，他们用自身模范行为带动广大群众立足本职、尽职尽责，在平凡工作岗位上做出不平凡的业绩，打牢实现中国梦的坚实根基。

（二）艰苦奋斗、勇于创新是劳模精神的品质体现

艰苦奋斗就是为了达到目的或实现目标，面对恶劣的条件和艰难困苦，充分运用人的体力和智力以克服各种困难，不断奋勇前进。艰苦奋斗意味着勤劳节俭，反对奢侈、贪污与浪费。

创新是指在现有条件和思维模式下，突破旧思想、旧观念、旧理论、旧制度、旧做法，为理想的目标提出新见解、新思想、新观念、新理论、新制度，采取新做法。

【劳动榜样】

梁骏：自主研发创新二十载，只为我的中国"芯"

"芯片产业，就是要以我为主。"谈到自己为之奋斗20年的事业，全国五一劳动奖章获得者梁骏（见图4-8）这样说。

图4-8 全国五一劳动奖章获得者梁骏

1. 强"芯"道路要靠自主研发

"产品的成功与否要接受市场的检验，生产上的时间节点会倒逼研发时间。最初研发碰到难题时，我们每每希望求助于外，但后来发现这条路大多数的时候是走不通的。我们只能也必须靠自己，迎难而上，战而胜之。"在做强民族芯片的道路上，梁骏认为一定要自主研发。

面向"村村通"和"户户通"工程，梁骏于2015年主持设计的高清高集成卫星数字电视芯片GX6605S，以完全自主知识产权迅速占领市场。数据显示，仅2021年前11个月该型芯片销售量就超2000万，国际市场占有率遥遥领先。截至目前，"杭州国芯"全部的数字电视芯片销量累计超过3亿片。

2. 创新是发展的必由之路

"创新，不断地创新，这是我们必须要做的。"从业20年，梁骏越来越深刻地认识到，做强民族芯片，除了走自主研发之路，还要不断创新，只有不断创新才能追赶并超越。

梁骏的创新着力点就是在关键技术上下功夫，他用3年时间突破了0.18微米芯片设计的难点，又用10年全面掌握了40纳米的关键技术。2020年，梁骏团队一举突破22纳米

的技术关口，自主掌握了从0.18微米到22纳米各类集成电路工艺的设计能力。

在梁骏的心目中，国家近些年大力推进数字经济建设，芯片发展正当其时。他对自己提了一个要求：要为做强民族芯片、发展中国半导体事业贡献自己的全部力量。

（资料来源：2021年12月10日，人民网，有改动）

1. 艰苦奋斗，坚守岗位讲奉献

奋进新征程，建功新时代，必然离不开艰苦奋斗，离不开无私奉献。这是当代中国从站起来到富起来再到强起来的重要密码。我国已经进入新发展阶段，"十四五"规划全面铺开，开启了国内国际双循环相互促进的新发展格局，呈现出全力攻坚"卡脖子"关键技术，全面推进乡村振兴，大力推进更深层次的区域协调发展战略，系统推进各领域综合改革等重大机遇，为大学生施展才学提供了广阔舞台。

机遇和挑战并存。当前我国也面临着很多难题需要破解，很多难关需要跨越，新时代新征程迫切需要大学生胸怀"国之大者"，发奋图强，无私奉献，并扎根条件艰苦的基层、国家建设的一线和项目攻关的前沿，攻坚克难，担当使命，为推动国家经济社会高质量发展展现青年新作为，跑出青春加速度。

2. 担当奉献，创新为本

倡导奉献精神，旨在唤醒人们心底的勤勉、善良、友爱。构筑美好社会，离不开每个人的努力，每个人都应该从我做起，在各自的岗位上恪尽职守、兢兢业业。成长就是要不断进取，永远不满足于现状。企业和我们个人都如行驶在逆流之中的一叶扁舟，不努力向前就会被时代的浪潮席卷，倾覆在滚滚洪流之中。不断地成长就是要不断地充实自我、更新自我。改变是应对变化最好的办法，如果我们能随着变化而变化，我们将赢得生存的主动；如果我们能预测变化而提前做出改变，我们将成为时代的领导者。

中国航天事业从无到有，从弱到强，不断发展壮大，创造了以人造卫星、载人航天、对月探测为代表的一系列辉煌成就，这与一代代航天工作者的付出分不开。中国航天科工集团先后涌现出33位全国劳动模范，包括"两弹一星"元勋、扎根一线的院士、技能超群的工人发明家。

"最美职工"成红霞主要从事卫星核心器件——空间行波管的研发工作。她带领团队突破关键技术，研制的数十支产品装备在北斗卫星上，不间断地为全球各地传送导航信号。成红霞用娇小的身躯挑起科研攻关重担。她的笑容像一抹红霞，说起话来干脆利落、掷地有声。"不管多难，先干了再说，不干怎么知道行不行呢？"

【课堂活动】

辽宁省凤城市大梨树村党委书记毛丰美说要发扬苦干、实干、巧干的"干"字精神。但也有人认为，新时代中国经济高速发展，物质生活大为丰富，新技术、新工具层出不穷，已经不需要吃苦耐劳了。对此，你认为如今提倡劳动者具备吃苦耐劳的品质是否还有必要？你如何理解苦干、实干和巧干？在劳动实践中，你是否会成为吃苦耐劳的楷模？

（三）淡泊名利、甘于奉献是劳模精神的优秀品格

淡泊名利是指不以追逐名利为目的，也不为名利所诱惑。淡泊名利不是要求劳动者不要名和利，而是要取得与自己的付出、成果相匹配的名和利，而对超出自己付出的名和利没有欲望和奢望。淡泊名利是世界观、人生观、价值观的体现，是人的一种精神境界。

奉献是指一个人自愿、自动、自觉地去做有利于国家、集体、他人的事情，而不计回报、得失，甚至不惜牺牲自己的生命。奉献往往渗透于人们的日常工作和生活之中，在平凡的岗位上兢兢业业，恪尽职守，不计得失；在社会生活中热心公益事业，爱护环境，尊老爱幼，扶危救困等。

【劳动榜样】

用生命叩开地球之门的海归教授黄大年

7年间，黄大年（见图4-9）带领400多位科学家创造了多项"中国第一"，开启了中国的"深地时代"，填补了"巡天探地潜海"多项技术空白。正如他所说，"祖国帮我实现了大学梦、出国梦，是时候为她实现中国梦了。"黄大年如同一朵奔腾的浪花，在时代的洪流中留下耀眼的身影。

图4-9 "时代楷模"黄大年

"振兴中华，乃我辈之责。"这是一位青年在大学毕业时写给同学的一句话。他叫黄大年，那一年，他24岁。

26年后，黄大年成为航空地球物理领域的顶级科学家，他主持研发的许多成果都处于世界领先地位，那一年，他50岁。就在这一年，黄大年说服妻子卖掉经营的诊所，留下还在读书的女儿，回到了母校吉林大学。

回国后的第6天，黄大年就与吉林大学签下全职教授合同。他带着先进技术，重点攻关国家急需的地球深部探测仪器。这种设备就像"透视眼"，能"看清"地下深层的矿产、海底的隐伏目标，对国土安全具有重大价值。而这样的高端装备，国外长期对华垄断或封锁。

从零开始的黄大年带着研究团队日夜奋战。他出差始终赶最晚的那一程，这样就不耽误白天工作；同事经常在凌晨两三点钟接到他的信息，接受新的任务。

和家人聚少离多，让黄大年心怀愧疚，他在朋友圈感叹："可怜老妻孤守在家，在挂念中麻木，在空守中老去。"

黄大年带领400多名科技人员成功研制了我国第一台万米科学钻机——"地壳一号"，自主研制综合地球物理数据分析一体化软件系统，提高了国家深部探测关键仪器的制造能力。

2016年12月8日，黄大年因胆管癌住进医院。即便在病床上，打着吊瓶的黄大年还在改方案，给学生答疑解难。

2017年1月8日，黄大年因病逝世。众多师生带着伤痛和怀念默默垂泪，悼念送别。

"人的生命相对历史的长河不过是短暂的一现，随波逐流只能是枉自一生，若能做一朵小小的浪花奔腾，呼啸加入献身者的滚滚洪流中，推动历史向前发展，我觉得这才是一生中最值得骄傲和自豪的事情。"

（资料来源：2017年12月24日，《光明日报》，有改动）

1. 淡泊名利，平凡岗位成就卓越

一个人只要竭尽全力，即使他所从事的只是简单平凡的工作，即使他的能力并不突出，即使外界条件并不优越，他仍然可以在工作中创造出骄人的成绩，仍然可以不断在工作中成长。

外伶仃岛因文天祥的《过零丁洋》而闻名于世。这里距离珠海市区20多海里。劳动模范谢坚是中国邮政集团公司广东珠海市外伶仃岛邮政所的一名投递员，自1988年退伍进入邮政所以来，他扎根海岛，一心一意为驻岛军民服务。

凭着"两条腿一张嘴"，谢坚做到了让信"件件有着落，封封有回音"。据不完全统计，30多年来，他妥投邮件270多万件，成为海岛人心中的"绿衣鸿雁"。

2. 甘于奉献，成就梦想

劳动模范身上体现出来的劳模精神代表了新时期中国工人阶级的精神风范，不但不会过时，而且将继续鼓舞激励中国工人阶级满腔热情地投身于社会主义现代化建设的伟大实践。

榜样的力量是无穷的，让劳模精神成为激励我们奋勇前进的精神动力和信念，让劳模精神促动我们追求卓越、成就梦想，在平凡中创造伟大。

"我从事的是电缆工作，需要野外作业，野外工作中男性多一点，作为女性，我选择这份工作主要源于内心喜欢。"也正因为这种"喜欢"，劳动模范方美芳在这一行一干就是30多年。

钢锯、老虎钳、美工刀、液压钳……这些沉甸甸的工具是方美芳每日出行的必备装备。在恶臭熏鼻、脏污淤积的电缆井下，方美芳从最基础的拧螺丝、接线干起，在日复一日的高压电缆施工、检修、抢修实践中，方美芳积累了丰富的操作经验，但经年累月的劳作也让她的手指头常年缠着创可贴，手指上的伤口和老茧见证着她从一个"门外汉"逐渐变成行家里手。

方美芳说:"作为基层一线党员,就是要践行入党时的诺言和初心,吃苦在前,享乐在后,在自己的工作岗位上继续奋斗。"

三、弘扬劳模精神

实践证明,要充分发挥工人阶级在构建和谐社会中的主力军作用,就应当继续大力弘扬劳模精神,通过劳模精神的感召力量,积极引导广大人民学习劳动模范,努力培育自身高尚的情操,激励他们成为社会主义现代化建设的有用之才、栋梁之才。

弘扬劳模精神的途径如图4-10所示。

弘扬劳模精神的途径:
- 深化教育改革,将劳模精神教育融入学校日常教育中
- 更新观念,不断丰富发展"新时代劳模精神"的内涵和表现
- 探索和创新劳模工作新局面,充分发挥劳动模范的榜样力量
- 加强劳模管理服务工作,提高劳动模范的社会待遇

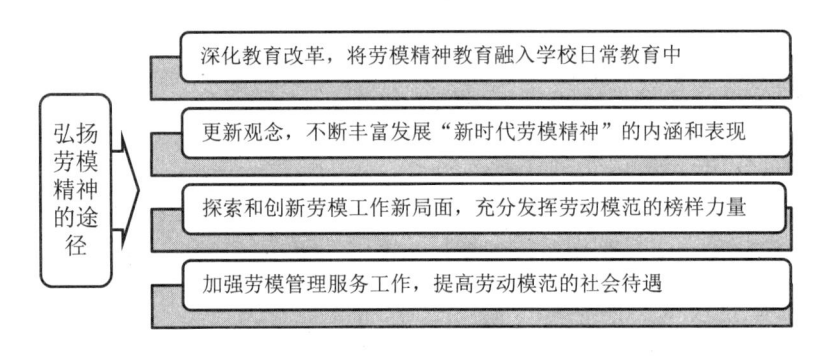

图4-10 弘扬劳模精神的途径

(一)深化教育改革,将劳模精神教育融入学校日常教育中

对于职业教育院校而言,在坚持培养大学生的专业技术与行业技能的同时,还应加强伦理道德、职业精神等人文素养的培育,使劳模精神成为指引他们学习和工作的行为准则。

案例阅读

不忘初心,传承"劳模精神"

近日,天津职业技术师范大学第6批赴贵州省"顶岗实习"的应届毕业班学生来到贵阳,在40多所中高职学校里担任2个月的专业教师,在"全真环境"下体验作为一名职业教育教师的光荣与梦想。

为国家培养出"既能上讲台,又能上机台"的职业教育师资,这是天津职业技术师范大学建校时的初心。然而,坚守初心并不是一件容易的事情。一方面,近年来职教师资培养体系存在弱化倾向;另一方面,民众对职业教育的认可度亟须提高。2018年年初,教育部官方网站上发布的21所"新设本科学校"中,有16所学校在"申请建校名称"中删除了原来的"职业"或"技术"内容。与此同时,考生也觉得报考职业技术类院校"丢面子""没前途"。

> 因此，培养学生的专业兴趣，让他们发自内心地热爱所学专业，就成了天津职业技术师范大学教师每年面对新学生的"第一堂课"。国家的需要有高居不下的"就业率"为佐证，个人的成才有数不胜数的"国家级大师"为楷模，在老师们"情理交融"的引导下，"学一行、爱一行、钻一行"逐渐成为大学生的专业信念。
>
> （资料来源：2018年10月26日，光明网，有改动）

1. 在课堂教学中融入劳模精神

推进劳模精神进课堂，把劳模精神融入所有课程教学，尤其注重发挥思想政治理论课与其他课程的协同效应，是宣传弘扬劳模精神的主要途径之一。

高职院校可邀请劳模走进学校，走进课堂，或在课堂上适当播放有关劳模的视频，让学生近距离感受劳模精神；组织编写有关劳模精神的教学参考资料，通过各类课程教学广泛宣传弘扬劳模精神；编辑出版劳模读物，并在学校图书馆、阅览室、网站等场所广泛传播，用劳模精神引导学生、启迪学生、鼓舞学生；针对专业课程难点或当代大学生现实思想困惑，邀请劳模进行讲解并制作成视频微课程，通过班级微信群、QQ群、学校网站等向学生推送。

2. 在校园文化建设中融入劳模精神

校园文化是宣传弘扬劳模精神的重要载体。

（1）注重将劳模文化符号融入校园环境建设之中。充分挖掘劳模校友的先进事迹，注重建设以弘扬劳模精神为主题的校园景观，充分利用劳模展示馆、报刊、广播、校园网络、宣传橱窗等多种渠道，大力宣传劳动模范的先进事迹和优秀品质，使劳模精神融入学生日常学习生活。

（2）开展形式多样的劳模精神文化活动。例如，结合入学教育、五一国际劳动节、五四青年节等重要节点宣传劳模精神；定期开展"劳模伴我成长"等主题党团日活动；举办"劳模大讲堂""大国工匠进校园"等主题教育活动，邀请劳模到学校做专场报告，现场分享成长故事、展示精湛技艺；组织学生开展"劳模伴我成长""我心中的劳模"等主题征文、演讲比赛；指导大学生成立以学习、宣传劳模精神为主题的社团，并在其他社团活动中开展以劳模精神为主题的日常活动。

3. 在网络教育中融入劳模精神

进入新时代，网络逐渐成为人们日常生活中最重要的活动社交空间之一。当前大学生的学习、生活与新媒体的结合度越来越高，新媒体对大学生成长的影响也越来越大。大学生乐于尝试新鲜事物，学习能力强，微信、微博、抖音等新媒体已经融入大学生的日常生活。通过新媒体平台，以交流讨论、知识竞赛活动等多种方式开展线上线下融合、形式活泼多样的宣传教育活动，可以让更多的大学生方便、快捷地获得相关信息，不断延伸劳模精神培育的空间。

4. 在创新创业教育中融入劳模精神

大学生是未来创新创业的主力军，具有创新创业精神，具备创新创业能力，是对新时代大学生提出的新要求。伟大时代呼唤伟大精神，劳模精神是汇聚创新创业发展的动力源泉，是成就中华民族伟大复兴事业的精神动力。通过弘扬劳模精神，引导大学生重温劳模事迹，重审劳模精神内涵，重拾劳模精神记忆，用劳模精神感染、鼓舞大学生不断提升创新创业能力，积极参加创新创业竞赛，主动投身创新创业实践，自觉成为"大众创业、万众创新"的中坚力量。

5. **在大学生实践锻炼中融入劳模精神**

（1）定期举办技能竞赛，增强大学生对劳模精神的理性认识。技能竞赛既是检验大学生技能水平的重要载体，又是宣传学习劳模精神的有效途径。通过技能竞赛的磨炼，教育大学生尊重劳动、崇尚技能、追求卓越，引导大学生学技能、当能手。

（2）通过社会实践活动培育大学生的劳模精神。积极引导大学生参加社会志愿服务，培养和锻炼大学生的团队合作意识，增进大学生的奉献意识；组织大学生到劳模育人实践基地参观学习、专业实践，引导大学生树立"辛勤劳动、诚实劳动、创造性劳动"的理念；组织大学生参加暑期社会实践、企业实践等，引导大学生在实践中学习与践行劳模精神。

（二）更新观念，不断丰富发展"新时代劳模精神"的内涵和表现

多年来，劳模精神保持旺盛的生命力，不断丰富其自身的内涵和表现，通过中国工人阶级的伟大实践与时俱进，始终引领时代潮流。新时代的劳模精神有新的内涵和表现，劳模精神随着不同历史阶段的具体任务和发展要求的变化体现出不同的要素结构，立足新时代的新任务、新发展、新要求，既要坚持和传承劳模精神的不变内核，也要坚持与时俱进，发展新时代劳模精神所蕴含的学习要素、创新要素、技能要素。

1. **不断更新思想观念，与时代同步**

当前对于劳模精神存在一些不正确的看法和认识，应转变思想观念与时俱进。

（1）社会上出现矮化劳模精神的思潮。之所以会出现一股矮化劳模精神的思潮，与人们对劳模精神缺乏全面正确的理解息息相关。不少人对劳模精神的认识仍然停留在几十年前的水平上，简单地把劳模精神概括为苦干实干的层次，没有随着时代的发展对新时期的劳模精神进行正确的总结和认识，致使劳模精神缺少新的时代内涵，使劳模精神的感召力大大下降，特别是对大学生的影响力大大下降。

（2）在宣传劳动模范的事迹和劳模精神的过程中，存在片面、偏狭的问题。如宣传劳动模范爱岗敬业，片面地局限在加班加点、不顾家庭等方面，把劳动模范塑造成了不食人间烟火的"超人"，可敬而不可爱，反而有损劳动模范的形象。

劳模应该向普通劳动者回归，才能真正起到榜样的作用。媒体应该力争从简单到复杂，从平面到立体，对劳模进行全方位的报道，将劳模的"神化"转为"人化"，把劳模的形象切实塑造为劳动者楷模的形象，让劳模更加可亲、可近、可学。

总之，宣传劳动模范事迹和劳模精神一定要全面准确，只有这样才能保持劳模精神对大学生的感召力量，才能激发大学生比学劳动模范的热情。

2. 全面、正确地理解劳模精神，使劳模精神继续成为引领潮流的时代坐标

全面、正确地理解劳模精神，思维观念的与时俱进，要求树立劳模的新标准。比如北京人民广播电台《说事儿：名嘴说天下》栏目讨论的话题是"从姚明当选劳模说劳模德行新标准"，人民网举办了大型有奖征文活动"劳模意味着什么——新时期劳模精神大家谈"，《人民日报》《工人日报》等栏目文章大力倡导树立劳模评选新标准、树立新形象。除此之外，还可以借助深度报道、人物通讯、影视拍摄来宣传新形势下的劳模。例如，电视剧《一诺无悔》取材自"全国优秀县委书记"廖俊波的先进事迹，以他在政和县担任县委书记的工作为创作背景，讲述了他履职尽责、克己奉公、清正廉洁的故事。

大力弘扬劳模精神，需要我们在继承传统的同时转变观念，从引领时代进步的先进模范人物身上更加深入地总结和丰富劳模精神的时代内涵，从而保持劳模精神的生命力和感染力。

（三）探索和创新劳模工作新局面，充分发挥劳动模范的榜样力量

【劳动榜样】

2021年度感动中国十大人物之彭士禄——潜龙育神躯

彭士禄（见图 4-11）是中国的核动力专家，中国核动力领域的开拓者和奠基者之一，为中国核动力的研究设计做出了开创性工作。

图 4-11 "感动中国十大人物"之彭士禄

1.《感动中国》颁奖词

历经磨难，初心不改。在深山中倾听，于花甲年重启。两代人为理想澎湃，一辈子为国家深潜。你，如同你的作品，无声无息，但蕴含巨大的威力。

2. 人物事迹

彭士禄（1925年11月18日—2021年3月22日），汉族，革命英烈彭湃之子，中国核潜艇第一任总设计师，中国工程院首批及资深院士，被誉为"中国核潜艇之父"。

1951年，彭士禄被选派留学苏联，先在喀山化工学院化工机械系学习。1955年，苏联

将中国留学生集中到几个大城市学习，彭士禄又被转学到莫斯科化工机械学院继续学习，1956年毕业。六年间，彭士禄共修了36门课程，除3门课程成绩为合格外，其他33门课程成绩均为优秀。求学期间，彭士禄还有3门实践课程的成绩也是优秀。在毕业证书上，彭士禄的成绩总评为优秀。彭士禄在毕业时以优秀的课程成绩和毕业论文成绩在莫斯科化工机械学院获得了"优秀化工机械工程师"的称号。

1958年，彭士禄回国，其后一直从事核动力的研究设计工作，曾先后被任命为中国造船工业部副部长兼总工程师、中国水电部副部长兼总工程师、中国广东大亚湾核电站总指挥、中国国防科工委核潜艇技术顾问、中国核工业部总工程师兼科技委第二主任、中国秦山二期核电站联营公司首任董事长。2021年3月22日，彭士禄在北京逝世，享年96岁；5月26日，彭士禄被追授为"时代楷模"。2022年3月3日，被评为"感动中国2021年度人物"。

（资料来源：2022年3月3日，中央电视台综合频道，有改动）

1. 评选真正体现时代精神的先进人物

劳动模范之所以在我国社会主义建设的各个历史时期都具有强大的感染力和号召力，正是源于他们是时代精神的集中体现。因此，在新的历史时期，我们在劳动模范的评选上，必须与时代发展吻合，不断更新劳动模范的评选标准，使之更加闪烁新时代的思想光辉。比如，中央电视台每年进行的"感动中国"人物评选活动，全民参与，评选的人物得到了全社会的认同和赞誉，收到了很好的效果。事实证明，只要我们评选的先进人物确实体现了时代精神，就一定会得到群众的爱戴。

2. 建立成长成才机制，充分发挥劳动模范的榜样力量

评选劳动模范的意义不在于评选本身，选出劳动模范是为了以榜样的力量引领广大群众积极投身于构建和谐社会的伟大实践。大力弘扬劳模精神，要研究在新的历史条件下真正能够让劳模精神深入人心、真正能够让劳动模范发挥榜样作用的新的工作方法，以春雨润无声的方式使劳模精神植根于广大群众的心灵之中，激发他们构建和谐社会的创造热情。通过"劳模工作室""名师带高徒""技师工作室"等工作平台，充分发挥劳模的排头兵与冲锋队作用，带动更多人争做高质量发展、实现赶超目标的奋斗者。

加大劳模创新工作室建设，大力实施劳模示范引领工程，放大劳模品牌效应，发挥劳模在经济建设和社会就业创业中的引领示范作用。2020年全国两会期间，全国政协委员、全国总工会书记处书记张茂华表示，加强劳模和工匠人才创新工作室建设，是《新时期产业工人队伍建设改革方案》的重要内容，应动员多种社会资源，加大对创新工作室建设的投入。张茂华建议，必须动员和融合各种资源，对创新工作室建设给予大力支持，促进各级创新工作室蓬勃发展；鼓励和支持战略性新兴产业企业开展创新工作创建活动。战略性新兴产业是实施创新驱动战略的主要力量，也是提升国家核心竞争力的重要力量，可以充分发挥创新工作室平台作用，集聚优秀科技人才，提升企业技术创新实力，加强科技研发和创新成果转化。

3. 营造良好氛围，树立劳动模范的美好形象

案例阅读

一线劳模变主播　岗位事迹"云宣讲"

2020年，酒钢集团公司工会创新劳模宣讲形式，前期进行劳模演讲视频的录制，通过酒钢集团微信订阅号播放，全体职工在手机上就可以观看劳模演讲，了解劳模故事，大家足不出户便可以感受劳模精神。

从5月初开始，酒钢集团公司工会邀请11名先进模范（包括嘉峪关市劳动模范、集团公司劳动模范、酒钢工匠、金牌工人等）在集团微信订阅号分享他们"匠心筑梦"的故事。一线劳模变主播，岗位事迹"云宣讲"，活动至今持续"刷屏"，引发职工讨论。

"错了，就重头再来，饿了，就啃个饼子吃个泡面，累了，就在现场睡会儿……"近日，高建斌所做题为《平凡岗位　做最好自己》的"云宣讲"让大家深受感动。

（资料来源：2020年6月2日，《工人日报》，有改动）

大力弘扬劳模精神，就是要运用多种形式，开展对劳动模范先进事迹的宣传工作，充分发挥报刊、广播、电视以及互联网等大众传媒的作用，把宣传劳动、劳模精神和工匠精神作为一项经常性工作，以发现伟大的眼光和崇尚先进的情怀，挖掘闪光事例、报道先进典型，大力营造学习先进、争当先进的浓厚氛围。要注重以文化人、以德育人，运用文艺作品、宣讲报告、公益广告等多种形式，生动展示劳动模范的感人事迹，热情讴歌劳动模范的高尚情操，让人们从中汲取精神养分、感悟道德力量。

弘扬劳模精神也需要顺应发展，不断创新模式载体。例如，沈阳劳动模范纪念馆在图片、文字配合实物的传统展出方式基础上，加入了视频播放、触屏互动、雕塑还原场景等多种展览元素，还开辟了劳动创造体验馆，在这里，人们可以在模拟设备的帮助下真实体验蛟龙探海、控制飞机的新奇冒险、摩尔斯电码的神秘排列、未来智能生活的梦幻便利……

（四）加强劳模管理服务工作，提高劳动模范的社会待遇

案例阅读

一线技术工人凭本事夺金又得"金"

"不止奖状，还有奖金。一线技术工人真能凭本事既夺金又得'金'。"焊接工人黄斌是2021年长沙市"十行状元、百优工匠"职工职业技能竞赛的焊工赛项"状元"。像他一样的技能人才，不仅获得了不菲的奖金，还被纳入长沙市的"技能人才库"，享受各种政策红利。既"全球招揽顶尖英才"，也"创新树培产业帅才"。长沙市构建的"产改矩阵"中，技能人才成为闪亮的板块。

仅 2021 年，长沙市涌现的全国技术能手达 11 人，根据政策，全国技术能手和培育单位分别获得最高 100 万元、50 万元奖励。

长沙在技术工人相对集中的企业推动建立与职工技术等级、服务水平、业绩贡献挂钩的薪酬体系，配合企业建立健全符合企业自身发展特点的职业技能评定标准，助力培养、集聚更多优秀人才；建立了劳动关系监测预警和分析研判机制、劳动争议和劳资纠纷处置联调联动机制、维稳处突协调协同机制等，做实保障链，让产业工人安心成才、安全成长、安居乐业。

只有增进政治认同、职业认同、社会认同，让产业工人荣誉升级、实惠落地，才能完善产业工人"价值链"。

（资料来源：2022 年 7 月 4 日，中工网，有改动）

1. 采取多种有效措施切实做好劳模管理服务工作，关心爱护劳模

不断加大对劳模的关爱力度，通过组织劳模体检、疗养休养、走访慰问等多种形式，营造全社会尊重劳模、关爱劳模、崇尚劳模、争当劳模的良好氛围。

长期以来，党和政府不仅高度评价劳模在社会主义建设中建立的突出业绩，而且十分关心劳模的工作、生活和学习，先后出台了提高劳模退休金、对劳模进行奖励、保障劳模就业、安排劳模体检和疗休养的政策等。

目前，全国多个省（自治区、直辖市）制定了劳模管理工作办法或暂行规定，成立了劳模协会，在维护劳模合法权益，调动发挥劳模作用，帮助劳模解决实际困难等方面进行了有效的探索和实践。广东、山东、云南、陕西等 14 个省设立了劳模荣誉津贴，有的还办理了补充养老保险，江苏、河南、云南等多个省出台了省以上劳模医疗优诊制度，劳模凭医疗证或荣誉证书，到规定的医院可优先就诊等。

在深化改革和结构调整过程中，部分劳模特别是一些离退休劳模的生活出现暂时困难。从 2003 年起，国家拨专款对收入低于当地职工平均工资标准和生活有特殊困难的劳模进行帮助。全国总工会从 2001 年起与民政部联合开展"爱心献劳模"活动，很多省（自治区、直辖市）总工会也与民政部门开展了"爱心献劳模"活动。

2. 健全表彰激励机制，提高劳动模范的经济待遇和社会地位

我国自古以来就有"万般皆下品，惟有读书高"的传统观念，体力劳动者的社会地位一般低于脑力劳动者，尤其是近年来金融、互联网等行业的兴起，使得普通工人的社会地位逐步下降。劳模管理服务工作还不到位，基层劳动者和技术工人收入水平偏低，岗位吸引力不足，社会认同感不强；企业"重学历轻技能""重使用轻培养"观念普遍存在，不适应壮大实体经济和实现高质量发展的要求。因此，应加大对劳动模范和技术标兵的激励力度，在授予荣誉称号等精神激励的基础上，加大物质奖励力度；赋予劳动模范以更高的政治话语权，确保基层劳动者代表更多地参与到国家政策的设计中来；建立技术人员专项津贴，让劳动者享有更体面、更合理的待遇，让他们能够安心工作、潜心钻研；健全社会保障体系，降低技术工人的失业风险，减少劳动模范的后顾之忧；营造职业不分贵贱、人人

不分尊卑的社会风气，培育普通工人的职业自豪感，带动广大劳动者的工作热情。

"全面建成小康社会、实现中国梦，必须大力弘扬工人阶级的伟大品格和劳动模范的崇高精神，用劳模的先进事迹感召社会，用劳模的优秀品质引领风尚，提升广大劳动者的思想境界和能力素质，不断为中国精神注入新能量。"

作为一线技术工人，全国人大代表、锦西石化技工王尚典一直关注基层操作员工的待遇问题。在 2020 年两会上，他建议：扭转大众观念，提升技术人才待遇，选拔和培养更多的高质量技能人才。全国人大代表丁照民也提出建议：大力弘扬劳模精神和工匠精神，营造劳动光荣的社会风尚和精益求精的敬业风气。

【课堂活动】

观看视频：技高者多得，进一步提高技术工人待遇

2018 年，中共中央、国务院发布了《关于提高技术工人待遇的意见》，全国各地政府也纷纷出台了提高技术工人待遇的政策。那么，劳动者的待遇、合法权益包括哪些方面？如何进一步提高劳动者的待遇、保护劳动者的合法权益呢？

第三部分　工　匠　精　神

国务院总理李克强在 2016 年政府工作报告中指出，鼓励企业开展个性化定制、柔性化生产，培育精益求精的工匠精神，增品种、提品质、创品牌。这是我们党在政府工作报告中首次提出"工匠精神"，一石激起千层浪，有媒体将其列入"十大新词"予以解读。

【劳动榜样】

工匠精神，铸就卓越——建功新时代

2022 年 4 月 27 日，习近平总书记向首届大国工匠创新交流大会发出贺信，指出我国工人阶级和广大劳动群众要大力弘扬劳模精神、劳动精神、工匠精神。习近平总书记曾经用 16 个字概括工匠精神的深刻内涵：执着专注、精益求精、一丝不苟、追求卓越。

2021 年 4 月 21 日，一大早，白鹤滩水电站右岸工区桥机班班长梅琳就接到任务，要将一个 31 米长的桥机部件吊离工区。这是为整个工程做最后的扫尾，白鹤滩水电站机电工

程即将完工，两个月后，所有机组将全部安装调试完毕，具备并网发电条件。

梅琳需要把这条31米长的钢铁巨龙吊起，在空中转一个弯，平稳通过拱形门洞，避开障碍物，最后轻落在厂外的车上。这一次的任务看起来并不容易，特别考验吊车司机的技术。不过，这活儿对于梅琳来说，手到擒来。

作为国内为数不多可以吊装巨型精密装置的起重机司机，梅琳接到过不少急难险重的任务，多次刷新过世界纪录。其中，最有挑战的是吊装白鹤滩水电站发电机组重达2300吨的转子。

2021年4月25日上午9点半，吊装开始。发电机是精密仪器，轻微晃动都会引起损坏，梅琳要做的是通过操纵杆操控吊钩将这个大家伙吊起10米，然后平移放入发电机坑位，其间，摆动幅度只能控制在1毫米以内。这将创造新的世界纪录。

所有人都屏息以待，梅琳看上去沉着冷静。这个底气来自她平日的刻苦练习。9点51分，转子吊装平移结束，开始垂直吊下。10点28分，在经过梅琳五次点控调校后，转子稳定且精准地落入发电机坑位，吊装成功。

"稳"是桥机司机的基本功。二十多年前，刚刚参加工作的梅琳心浮气躁，被师父狠狠训了一顿。从那天开始，梅琳把水桶吊在吊钩上，每天练习几百次。凭着一股子韧劲，梅琳硬是做到了吊装水桶滴水不漏。精益求精、追求极致，二十多年来，梅琳一直这样严格要求自己，最终练就了一身吊装稳如磐石、不差分毫的本事。

2020年11月24日，习近平总书记在全国劳动模范和先进工作者表彰大会上指出，在长期实践中，我们培育形成了"执着专注、精益求精、一丝不苟、追求卓越的工匠精神"，要大力弘扬。梅琳对此深有感触，她认为干一行就要爱一行，爱一行就要精通一行，这是一个工人心里应该有的信仰。

工匠精神的核心就是干一行，爱一行，专一行，精一行。小到一颗螺丝钉、一根电缆的打磨，大到卫星、火箭、高铁、航母、水电站等大国重器的锻造，都离不开像梅琳这样的工匠们笃实专注、严谨执着的匠心。

杨德将是国内少有的了解超高压管路的一线工人，参与了多个大国重器的超高压管路安装和测试。对于"自主创新"这四个字，杨德将感触尤为深刻。习近平总书记到中集来福士考察时，杨德将作为工人代表受到了接见。习近平总书记指出，国有企业，特别是中央所属国有企业，一定要加强自主创新能力，研发和掌握更多的国之重器。

好琢磨、不服输，这些年，杨德将攻克了100多项关键技术，打破多项国外技术垄断。在全球最大、钻井深度最深的超深水半潜式钻井平台——"蓝鲸一号"的建设中，需要对管路进行相当于2100千克压力的超高压测试，这是一个全世界都没有人敢尝试的压力测试，一旦出现疏漏，后果不堪设想。若按原来的打压方式，危险太大。杨德将反复尝试，终于摸索出一套全新的打压方式，打破了世界纪录，保障了钻井平台的顺利建设。

目前，我国有超过2亿技能人才活跃在各行各业。像杨德将这样的大国工匠们凭借丰富的实践经验和不懈的创新进步，实现了一项项工艺革新，完成了一系列技术攻坚。他们是支撑中国制造的重要力量，也是锻造"创新中国"的劳动者大军。习近平总书记指出，要深化产业工人队伍建设改革,重视发挥技术工人队伍作用,使他们的创新才智充分涌流。

弘扬工匠精神,离不开工匠们的言传身教。新一代产业工人和大学生们正在受到前辈们的影响,将工匠精神传承下去。中国有句老话叫"技多不压身",习近平总书记多次强调要"培养更多高技能人才和大国工匠",并发出"走技能成才、技能报国之路"的号召,对广大劳动者特别是大学生是巨大的鼓舞。近年来,国家通过一系列政策、举措,努力让技术工人在发展上有空间、经济上有保障,大力培育尊崇工匠精神的社会风尚。大国工匠们把专注不移、追求极致的气质融进了他们出神入化的手艺,把手里的一件件产品、一次次任务都做成了一个个卓越的作品。"着一事、传一艺、显一技",这种精神境界也是值得我们所有人学习的一种职业精神。

(资料来源:2022年5月3日,央视网,有改动)

一、工匠精神的概念

曾经,人们的日常生活离不开工匠,如木匠、铜匠、铁匠、石匠、篾匠等。随着农耕时代的结束,社会进入了后工业时代,一些老工艺、老工匠逐渐淡出日常生活,但工匠的精神却永不过时。

工匠精神不是一个新词。工匠精神在我国具有悠久的历史,从原始社会到现代社会,从孕育产生到发展传承,经历了一个漫长的演变过程。

工匠精神是对工艺文化的传承与创新。它的核心是一种精神、一种信念或者一种情怀,是尊重自然、安分守己、尽善尽美、以诚相待的职业操守,是把一件事情、一门手艺当作信仰的追求。正如《我在故宫修文物》这部纪录片中一位青铜器修复师所说的,古代故宫的这些东西是有生命的,人在制物的过程中,总是要把自己想办法融到里面,觉得这样才能实现工匠艺人的价值。

即使在科学技术日新月异的现代,具有工匠精神的优秀产业工人在生产中的创造力和能动性依然举足轻重。拥有工匠精神的劳动者能够在制造中不断改进工艺、追求极致。

二、工匠精神的内涵

【劳动榜样】

易冉:重载铁路货车上的电焊"花木兰"

铁路运输是服务国民经济发展的大动脉。

铁路货车看似其貌不扬,但是载重量、设计时速不断提高,对生产材料、制作工艺都提出了越来越高的要求。目前,中国铁路货车一般要承载七八十吨的货物,经受高速运行中的高频振动,以及不同地域高寒、高温、高腐蚀的影响,达到30年、500万千米的使用寿命。一个车辆的焊缝长度加起来达到1000米,其中任何一个微小的焊接瑕疵都可能为日后埋下隐患。

"焊工手里有团火,四季炙热无法躲。十个焊工九个黑,全身上下全是灰。"然而,当年只有18岁的易冉技校毕业就来到了焊接车间最脏、最苦、最累的一个班组。一天30千克焊丝,焊接125米,下班的时候,连胳膊都不想抬。

中车株洲车辆有限公司电焊高级技师易冉(见图4-12)回忆道:"工作第一天应该是被电弧光伤得像一只螃蟹,煮熟的螃蟹。(脸)摸都不能摸,碰都不能碰。"

图4-12 "大国工匠"易冉

凭着湘妹子吃苦霸蛮的劲头儿,易冉干一行,爱一行,钻一行,26岁就成为中国南车最年轻的高级电焊技师,31岁获得了全国五一劳动奖章。

21年来,易冉不断攻坚创新,在同事眼里,没有她解决不了的难题。2007年,当时世界上最大轴重的澳大利亚FMG敞车开始试制。作为车间新产品电焊班长,易冉带领团队负责核心零部件中梁的焊接攻关。

湖南省技能大师、易冉的师傅杨卫东说,按照国际通用的标准,焊缝的咬边允许局部在0.5毫米以内,但是客户方要求到0.2毫米。0.5毫米、0.2毫米实际上肉眼是很难观察出来的。在操作的时候,手稍微抖动,焊接电弧的长度就会发生变化。对方做如此要求,是考验工厂整体的技术水平。

面对客户苛刻的要求,易冉与同事通宵钻研,从焊接设备、参数、工装胎膜、操作手法等多角度反复试验,一星期后终于取得成功。外方监造竖起了大拇指,将她所焊的焊缝标记出来,作为"示范焊缝"进行展示,订单也纷至沓来。

类似的攻关不胜枚举。在试制C80BH新型重载高速不锈钢敞车时,面对世界上第一次在流水线生产中使用仰角焊工艺的课题,她摸索出了"小摆快频仰角焊法",入选中国中车绝招绝技。作为唯一一名参赛女选手,易冉还站在了德国国际焊接比赛的领奖台上,被德国当地媒体称为"中国的电焊'花木兰'"。

随着中国制造向数字化、智能化迈进,敢打敢拼的易冉又开始了新的超越。她带领劳模创新工作室承担起了焊接机器人培训的任务,把自己多年的经验与机器人结合在一起,扬长避短,运用数字化新技术让我国的铁路货车在国际上有更强的竞争力。入职21年来,从易冉手中交出的铁路新型货车超过8万辆,它们奔驰在世界的物流大通道上。

易冉说:"我理解的大国工匠就是要有一流的爱国情怀,一流的创新精神,一流的学习能力,一流的岗位技能,爱国永远是放在第一位的。"

(资料来源:2022年5月5日,央视新闻网,有改动)

工匠精神是一种职业精神,是职业道德、职业能力、职业品质的体现,是从业者的一种职业价值取向和行为表现。

新时代的中国工匠精神除了具有一般意义上工匠精神的内涵,还具有自身的特殊性:既是对中国传统工匠精神的继承和发扬,又是对外国工匠精神的学习借鉴;既是为适应我国现代化强国建设需要而产生的,又是劳动精神在新时代的一种新的实现形式,它与劳模精神、劳动精神一起构成一个完整的体系,成为激励广大职工实现中华民族伟大复兴中国梦的强大精神力量。

一般认为,工匠精神的基本内涵包括精益求精、爱岗敬业、持之以恒、创新进取等内容,如图4-13所示。

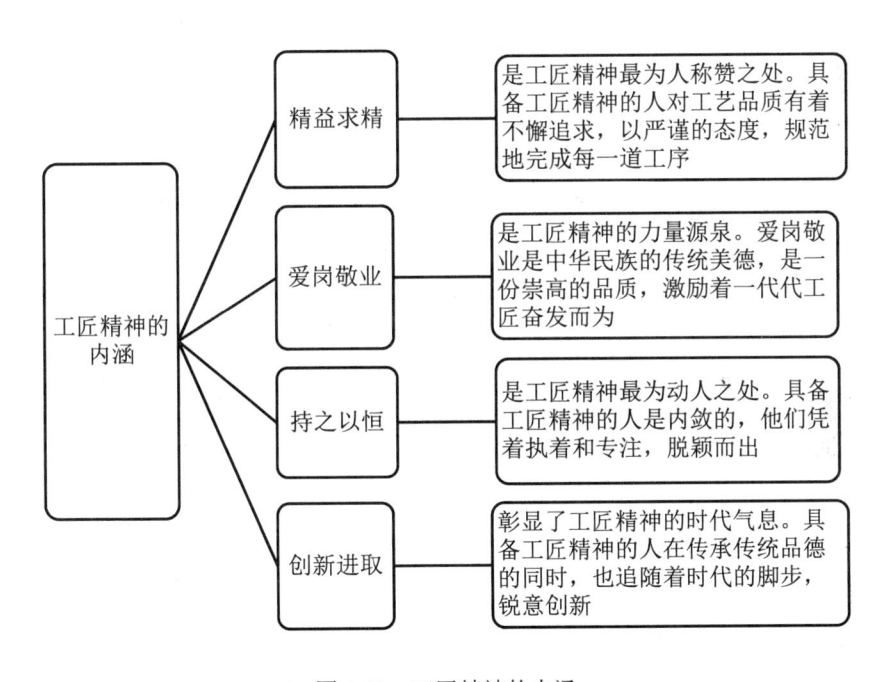

图4-13 工匠精神的内涵

(一)精益求精

工匠精神是从业者对每件产品、每道工序都凝神聚力、精益求精、追求极致的职业品质。

伟大的成就归功于工作的每一个细节的完善。细节决定成败。只有完善每一个细节,才能实现从量变到质变的飞跃,才能真正实现看似不可能的事情。

"只有更好,没有最好"绝非一句空洞的口号。全国五一劳动奖章获得者冯文虎是广船国际有限公司的一名船舶电焊工。一艘万吨级的轮船，焊缝长度以万米计，"钢铁裁缝"要用较真的精神保障零缺陷。他十几年摸爬滚打在焊接一线，从中国最大半潜船到华南首艘超大型油轮，从极地船到豪华客运船，他先后参与了几十艘各类船型的焊接作业。细心、较真、创新是他工作的三个关键词。

1. 精益求精，追求极致

真正的成功是从最不起眼、最基本的工作开始的，只有反复练习，才能打好最坚实的基础。把简单的事情做到极致，便是一流的"工匠精神"。

采土、淘洗、揉泥、拉坯、修坯、刻花、上釉……日复一日，年复一年，"非遗"越窑青瓷传承人施珍坚持不懈、精益求精，凭着自己对越窑青瓷日臻完美的技艺，烧制出一件件美不胜收的青瓷作品。三十年如一日，只干这一件事情枯燥吗？施珍表示："我认为工匠就是一辈子做一件事情，否则就不叫工匠，越窑青瓷其实是一辈子也做不完的，值得我去做，也是我的兴趣，所以我不觉得枯燥。""越窑青瓷文化博大精深，我在知识的海洋里面，每发现一个新的问题都有成就感，我从来不会有挫败感，遇到问题反而会觉得感兴趣。"施珍称。

2. 精益求精，精雕细刻

时代需要工匠精神，企业也需要工匠精神。只有将工匠精神融入企业文化，企业才能长盛不衰、发展壮大，基业才能长青。

三一重工总裁向文波对企业提出了新的要求："企业要发展，过去也许是靠机会，但是再往前走，做大做强，就不能光靠机会了。要忘记速度为王，坚守'工匠精神'，才能把自己做好。"青岛啤酒总裁黄克兴说："温度不差一度，时间不差一秒，每一位酿酒师几乎都是'时间控'和'温度控'，他们对每一道工序一丝不苟，在99.99%中追求100%，这就是一种'工匠精神'。"

企业只有专注于自身领域，以精益求精、精雕细刻的"工匠精神"将产品做精做细，不断提升技术、质量、服务水平，才能培育出企业的核心竞争力。

比亚迪是我国新能源汽车领军企业。目前，比亚迪几乎具备所有核心零部件的自主研发生产能力，是国内少有的掌握"三电"核心技术的新能源汽车制造商。比亚迪在技术研发上一直奉行"分解研发"模式，构建"模仿学习+整合资源+自主创新"的研发模式。

一个拥有工匠精神、推崇工匠精神的国家和民族，必然会少一些浮躁，多一些纯粹；少一些投机取巧，多一些脚踏实地；少一些急功近利，多一些专注持久；少一些粗制滥造，多一些优品精品。

3. 精益求精，追求卓越品质

工匠精神不是口号，它存在于每个人的心中。长期以来，正是缺乏对高品质产品的坚持、追求和积累，使得一些人的事业成长坎坷，一些企业的发展充满荆棘。这种缺乏也使得持续创新极其困难，甚至使基业长青罕见。因此，在资源日益稀缺的后增长时代，重提工匠精神，重塑工匠精神，是个人、企业和国家生存和发展的必由之路。

其实仔细观察缔造工业奇迹的巨匠就不难发现，工匠精神在他们身上散发出耀眼的光芒。这并不难理解，一方面，一个人只有拥有了工匠精神，才能够将自己的平凡工作看作是毕生的事业，才能够让成功成为可能。如果只把工作作为养家糊口的手段，得过且过，没有人能取得巨大成功，更不用说创造震惊世界的工业奇迹了。另一方面，人们只有把工作作为自己的终身职业，才能把足够的努力和真正的热情投入到工作中去，才能使一个人达到别人在工作中无法达到的高度。

一个人只有拥有了工匠精神，才可能为了自己的理想而非利益去工作。对于那些能够改变世界的工业巨头来说，他们工作的出发点大多是为了实现自己的理想，而不仅仅是获得什么样的利益。为了个人利益而工作，容易患得患失，很难有强大的动力，在遇到困难时也很难坚持下去。工匠精神可以使一个人的价值观得到彻底升华，让他们为自己的理想而不是金钱和利益而奋斗，这可以使他们即使在最困难的情况下也能坚持到底。在这种坚持中蕴藏着改变世界的力量。

一个人的工作状态反映了他对生活的态度。只有坚持"工匠精神"，用心做事，才能把事情办好，为企业发展做出更大贡献。

【课堂活动】

很多求职者被问到职业理想时，给出的答案是工作轻松、工资要高、加班要少。他们认为工作就是工作，不需要爱这一行才去做，更没考虑过做精一行。在他们的意识里，职业理想就是获得丰厚的报酬，如金钱、名誉或者地位。你怎么看？

（二）爱岗敬业

爱岗敬业是从业者基于对职业的敬畏和热爱而产生的一种全身心投入的认认真真、尽职尽责的职业精神状态。

爱岗就是热爱自己的工作岗位，热爱本职工作；敬业就是要用恭敬严肃的态度对待自己的工作。爱岗敬业是一种积极的工作态度，也是最基本的职业道德规范。爱岗和敬业互为前提，相互支持，相辅相成。爱岗是敬业的基石，敬业是爱岗的升华。

1. 爱岗敬业，执着专注

爱岗敬业是工匠精神的力量源泉。正是爱岗敬业的精神激励着一代代工匠推陈出新，匠心筑梦，薪火相传。

让李庆恒一举爆红网络的是2019年8月浙江省第三届快递职业技能竞赛。在这次比赛中，他取得了"快递员"工种类竞赛的第一名，获评"浙江省技术能手"，继而被评为"杭州市D类高层次人才"，不仅在子女就学、医疗保健、车辆上牌等方面享受人才待遇，还享有100万元购房补贴。

在这些荣誉背后，是李庆恒日积月累的执着努力。为了比赛，除了白天的日常工作，李庆恒每天晚上都要花好几个小时自学相关理论知识。无论是最短时间内的最优快递线路设计、复杂的物品包装方法，还是各地的邮政编码、航空代码等，他都用心学习，熟记于心。

三百六十行，行行出状元。干一行，爱一行。这些说起来简单，做好不易，把平凡的事做到极致就是成功。李庆恒用实际行动诠释了爱岗敬业、大国工匠的真谛，在平凡岗位绘就了自己的中国梦。

2. 爱岗敬业，履职尽责

我们要有愚公移山的意志、艰苦奋斗的精神，着眼大局，立足小事，努力在平凡的岗位上做出不平凡的成绩。"没有小角色，只有小演员。"不管角色多小，我们都应该全力以赴去表演。

"航天人，要有干事的精神。"这句话已经深入全国五一劳动奖章获得者何小虎的骨髓。在成长道路上，何小虎秉承着实干精神，不断提醒自己：任务说明信任，干活就是锻炼，多承担一项任务、多完成一件工作，就多一份立足的资本，多一份难得的收获，多一份成熟的机会。

发动机轴承座加工装备的强度、刚性、重量都需要考虑得特别清楚，何小虎通过自行设计工装、刀具，不断总结试验相关加工参数，在"使用—问题—试验"不断循环一年后，颠覆了沿用近30年的旧方法，实现由普通手工设备加工向数控自动化设备加工的技术革新。

如今，智能化时代来临，何小虎想要把多年来的实操经验都编进机器程序里，追求更为完善的加工方法和操作规程，不断提升精细部件加工的产品合格率，用先进技术手段提升加工生产的效率。

上海市非物质文化遗产项目六神丸制作技艺传人张雄毅做出的六神丸，粒与粒之间的误差在10微克以内，并且圆整均匀，堪称一绝。张雄毅从翩翩少年到两鬓微白，药匾一拿就是34年。他亲手制作的每一批六神丸都是优秀品，毫无例外，从来没有出现过合格品。张雄毅说自己如今对徒弟说得最多的就是自己的体会，"人生来就是做事，用一辈子把一件事情做细做实，这辈子就值了。"

（三）持之以恒

持之以恒就是内心笃定而着眼于细节的耐心、执着、坚持的精神，这是大国工匠必须具备的精神特质。工匠精神就是一种坚持，就是几十年的坚持和坚韧。"术业有专攻"，一旦选定行业，就一门心思扎根下去，心无旁骛，在一个细分职业方向上不断积累优势，在各自领域成为"领头羊"。

在全国五一劳动奖章获得者、全国交通技术能手王庆看来，不管干什么工作，日复一日地钻研求索，在工作中积累精进的技艺，不断超越自我，刷新行业标准的高度，雕琢匠心匠艺，就是工匠精神的具体表现，而他一直也是这样要求自己的。

不论是刚参加工作考取驾照时的坚持学习，还是为了提高效率苦练技术，又或者是十几年如一日在实际工作中坚持规范操作，王庆成功的秘诀就是"坚持"。

"十几年的日常行车中，每次在灯控路口等红灯，作为头车停车时，我都会要求车前保险杠距离停止线1厘米，一开始会有误差，次数多了就练就了精准停车的本领，正是这样的要求，成就了我在每次大赛中对精准要求的把握。"王庆说。

在获得全国冠军的过程中，已到不惑之年的王庆面临着理论、体能、技术等多方面的巨大挑战，他白天注重体能和操作技巧的训练，晚上背理论知识，不论刮风下雨，王庆每天准点在停车场"打卡"。整个国庆小长假他都泡在公司的停车场，用借来的集卡车在场地里操练，即使是日常工作中几乎不涉及的项目，他也逐一分解技术动作抠细节，力求做到零失误，其间忍着腰伤坚持训练。"既然要做，就要做到最好！"就是怀着这样简单而坚定的信念，王庆以省赛选拔赛、省赛正赛、全国大赛浙江选拔赛三连冠的成绩跻身全国大赛，最终摘得桂冠。

（四）创新进取

工匠精神还包括追求突破、追求革新的创新内涵。"不满是向上的车轮"，工匠拥有的"向上的车轮"是人类社会不断发展的重要动力。

古语云："玉不琢，不成器。"工匠精神不仅体现了对产品精心打造、精工制作的理念和追求，更是要不断吸收最前沿的技术，创造出新成果。

1. 工匠有着艺无止境的学习理念

工匠对技能的追求是永无止境的，这使得他们不仅一开始就努力学习，而且在实践中不断学习，不断提高自己的技能。他们敢于质疑现状，敢于面对挑战，敢于创新，锐意进取，不断提高自己。

20多年来，贾春成坚守在熔炼生产一线，不断攻坚克难、自我突破，从一名普通工人成长为中铝集团东北轻合金有限责任公司特级技师，获得2022年全国五一劳动奖章。他把美好的青春年华刻在了铸造"大国重器"的机台上。

对初出茅庐的贾春成来说，熔铸现场近50℃的高温工作环境只是一个考验，更大的挑战是铸造机的操作技术和铸造工艺。合金的品种规格近百种，技术难度和工艺复杂程度让很多人望而生畏。但贾春成没有被"唬"住，他身上有股不服输的劲儿："我就不信，攻不下这块阵地。"从此，贾春成每天早上班1小时，晚下班1小时，向师傅学，向技术人员问，向书本挖。他在铸造机上"摸爬滚打"，潜心钻研技术，熟悉工艺流程，把岗位当成了家。几年下来，他快速成为铸造岗位的骨干。

现在的贾春成依然每天早早就出现在车间，了解每班的实际生产情况，检查工艺纪律和技术要求的执行，对发现的问题及时纠正止损。遇到哪个岗位忙碌，他就及时顶上去。

"苦点累点没啥，这是我的主战场，我要把活儿干好。"他说。

2. 工匠对技艺和产品品质有着积极进取、推陈出新的情愫

工匠心中有一个目标，有一个行动方向，有一个创新的动力，就是在现有努力的基础上再接再厉。他们学习新知识，探索新知识。哪怕是小小的一个零部件，也要掌握内在机理，就是为了能够突破自己。

古往今来，热衷于创新和发明的工匠们一直是人类科技进步的重要推动力量。

当看到国产"复兴号"高铁列车以超过300千米/时的速度飞驰在皖南的春光里，沈飞

心中充满自豪感。作为中国宝武马钢交材车轮车轴厂的一名生产协调员，沈飞和许多一线工人一起，用青春年华、刻苦钻研和执着创新，写就中国高铁车轮国产化的动人故事。

多年来，在工作中面对急难险重任务时当先锋、做表率早已成为沈飞的自觉和习惯，他带领团队开始了夜以继日的潜心钻研。数以百计、千计的不断计算与调试，既枯燥又烦琐，在实物车轮跟前一站就是一天……

一枝独放不是春。沈飞说："最让我有成就感的两件事，一个是产品得到肯定，另一个是团队的共同进步，看到年轻人成为高级技师，让我觉得我们的未来充满希望。"人才梯队的培养是行业发展的希望，也是沈飞一直以来坚持做的事。截至2021年年底，沈飞培训过的数控技能人才超过710人次，带出来很多"技能状元""技能能手"。

"创新不是口号，是植入思想的意识，是对工作永不满足的追求，哪怕是最平凡的岗位，也能绽放出灿烂的'创新之花'。"沈飞说。这是他20多年职业生涯的初心使命，也是他展望未来、技能报国的不变追求。

3. 工匠都有敢为人先、勇攀高峰的气魄

工匠善于发挥专业团队的共同努力，不怕失败，勇于承担责任。他们善于将经验和技术与现代技术完美结合，立足生产一线，尽力而为，艰苦奋斗。他们坚持不懈，默默前进，一步一步，从一个成功走向另一个成功。

14岁考入中国科学技术大学少年班，24岁在计算所取得博士学位，29岁晋升为研究员，33岁获中国青年科技奖，37岁获国家自然科学二等奖。在外人眼里，陈云霁是"大器早成"的天才型选手。然而在陈云霁心中，求学、成才一路走来汗水相伴。兴趣驱动，深植理想，科研报国，陈云霁有着探索人工智能星辰大海的深切执着，展现了新一代科学家"科研为国分忧，创新与民造福"的信仰与追求。

陈云霁把研究当成兴趣，就是在为自己的兴趣工作。"我们不太分周一、周二、周三……周末，就好像一个上足了发条的钟，除了吃饭和睡觉，基本上都在这里走着。如果您晚上到计算所来的话，就会看见办公楼灯火通明，可能对科研人员来说，晚上是最宝贵的科研时间。因为科学研究的状态有点像冥想，我需要'入定'，随着白天的喧嚣被夜晚吞噬，外界的纷繁芜杂褪去，心情平复下来，然后完全进入思考模式。"

"科研工作就是在解决一个问题后，总会冒出新问题，然后永不停歇的一个过程。感觉像爬山，每一步都非常累，但蓦然回首，已经爬了这么多级台阶，放眼望去，风景独好。爬山的过程充满了不断探索的努力和艰辛。"陈云霁说。

在陈云霁看来，"科研是自己的兴趣，是理想与信念，更是毕生追求的事业，我愿意为此去燃烧。"

三、工匠精神的培育与践行

"纸上得来终觉浅，绝知此事要躬行。"要将工匠精神融入教学实践的方方面面，让学生在工作过程中体验工匠精神的具体表现，帮助学生转变身份，满足工作需要。

教育部前部长陈宝生曾表示，工匠的涌现离不开职业教育，"我们既需要培养爱因斯坦，也需要培养爱迪生，需要培养鲁班。"刘延东则指出，培养学生坚定理想信念，教育学生崇尚劳动、敬业守信、精益求精、敢于创新，掌握中高端技术技能，成长为支撑"中国制造"走向"优质制造"和"精品制造"的生力军。

大学生要从大国工匠身上汲取成才报国的动力，体味勇攀高峰的气概，感悟不忘初心的情怀，感受"行行出状元"的自信，树立为国奉献和为人民服务的远大志向，成为工匠精神的传承者和弘扬者。

培育与践行工匠精神的有效途径如图 4-14 所示。

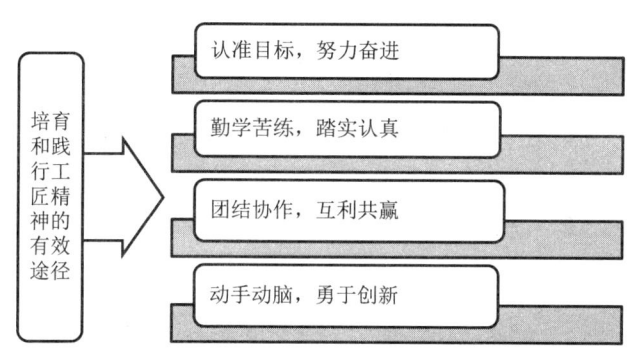

图 4-14　培育与践行工匠精神的有效途径

案例阅读

有梦想谁都了不起——独臂少年张家城

近日，广东云浮 13 岁独臂少年打篮球的视频在网络走红。视频里，一名独臂篮球少年运球的手速和过人的敏捷，让球星斯蒂芬·库里震惊了。2020 年 6 月 4 日，库里寻找独臂篮球少年的话题迅速冲上微博热搜，阅读量接近 3 亿。

"他的名字是张家城（见图 4-15），今年 13 岁，来自广东云浮。"1.3 万热心网友在库里微博下留言，帮助库里找到张家城。46.8 万网友点赞，惊叹于热爱能够创造的奇迹。

图 4-15　独臂少年张家城

1. "要么努力，要么放弃"

折服美国职业篮球巨星的，是5岁时失去右臂的小镇少年张家城。

在那段爆红网络的视频里，他眼花缭乱的运球、熟练迅捷的变向、潇洒灵活的转身，令围观的人惊呼不断。因为他惊人的速度，不仔细看的人甚至看不出来他的"右臂"只是一截空荡荡的袖管。

张家城是广东省云浮市云安区高村镇中学的初一学生。5岁那年，他因手不慎卷入榨油机而失去部分右臂。2018年，高村镇政府举办了免费暑假少儿篮球培训班。在那里，他第一次接触到篮球。

"一只胳膊怎么打篮球？"周围的人难免有疑问，张家城什么也没说。

"打起来有点困难，但是很开心。"这是张家城对篮球的第一印象。过去两年，这种激情一直支撑着他面对每一个细小而不足为外人道的困难。运球、投篮，刚开始球总是不断从手中掉落。打球时鞋带开了，需要同伴帮忙系好。手指磨破了皮，就找父母或同学缠上胶布。"要么努力，要么放弃"是张家城的座右铭。每天早上6时40分，他准时来到学校，拿起心爱的篮球——他要抓紧利用早读课前这段时间练球。

家、教室、篮球场，三点一线的生活日日重复。早读课前、中午放学后、下午放学后，学校的篮筐和塑胶球场，见证了他奔跑与运球的身影。周末学校球场关门，他就去镇上的球场，风雨无阻，"就是一天天重复练这些篮球动作，练好基本功。"

2. "不接受'不'作为答案"

儿子这么拼，父母既心疼又支持。张家城的母亲谭妙玲说，他一直是个乐观的孩子，自从有了篮球，他更自信了。2019年暑假，父母给张家城在市区报了篮球培训班，训练他的身体和基本功。

平时，张家城会看网上的篮球视频，模仿职业球员的技术动作。美国NBA球星欧文和库里是他最喜欢的球星。2020年3月，他注册了抖音账号，发布的全是他平时打球和训练的视频。

让张家城走红网络的，是他在球馆里"斗牛"的视频。"请你尽全力防守我，就是对我最大的尊重。"面对比他高、比他壮、比他多一只胳膊的高手，他利用运球与变向寻找空间，最后完成进攻。

"心，永远都会是身体里最强壮的部位。"中国CBA球星易建联在转发张家城打球视频时写下这样一句话。

互联网让少年坚持梦想的样子流传到大洋彼岸，击中了NBA球星的心。其中，就有他最喜欢的库里。

这位勇士队后卫告诉张家城："坚持做你自己，不要让任何人说你不行。"收到偶像祝福的张家城留言："我会更加努力的。"

库里表达了对张家城的敬意。"你带给我们正能量，你不接受'不'作为答案，你努力克服困难，站在篮球场上，给大家展示篮球对你的意义。"

"篮球是我的梦想。"张家城说。他梦想成为一名职业运动员，"我想对五年之后的自己说，要变得更加强大，要打上职业比赛。"

有梦想谁都了不起。但更了不起的，是敢为梦想拼尽全力。

（资料来源：2020年6月8日，央视新闻客户端，有改动）

（一）认准目标，努力奋进

哈佛大学有一个十分著名的关于目标对人生影响的跟踪调查。对象是一群智力、学历、环境等条件都差不多的年轻人，其中，27%的人没有目标；60%的人目标模糊；10%的人有清晰但比较短期的目标；3%的人有清晰且长期的目标。经过25年的跟踪研究，发现他们的生活状况及分布现象十分有意思。

那些占3%者，25年中几乎都不曾更改过自我的人生目标。25年来他们都朝着同一个方向不懈地努力，25年后他们几乎都成了社会各界的顶尖成功人士，他们中不乏白手创业者、行业精英、社会精英。那些占10%的有清晰短期目标者，大都生活在社会的中上层。他们的共同特点是，短期目标不断被达成，生活状态稳步上升，成为各行各业的不可或缺的专业人士，如医生、律师、工程师、高级主管等。其中占60%的模糊目标者，几乎都生活在社会的中下层，他们能安稳地生活与工作，但都没有做出突出的成绩。那些占27%的没有目标的人，则几乎都生活在社会的最底层。他们都过得很不如意，常常失业，并且常常抱怨他人，抱怨社会，抱怨世界。调查者因此得出结论：目标对人生有巨大的导向性作用。

目标是行动的导航灯。没有了目标，就像大海中的航船，如果不知道靠岸码头在哪里，加油又有什么用？

小李是一所中职学校计算机系的学生。一年级时，小李就为自己制订了一个三年计划，立志毕业后成为一名出色的动漫制作人员。三年里，小李不仅出色地完成了学业，还在业余时间自学了美工、编程等其他课程，最终找到了称心的工作，进入本地一家大型动漫制作公司，拿到了不菲的薪资，实现了自己初步的人生规划。

目标是茫茫戈壁的一片绿洲，是远行者手中的罗盘、黑暗中的光明、冰雪中的温暖和勇气。有了目标，生活才会有动力，有了不懈地追求未来的努力，才会实现自我价值。学生应该学会规划自己的生活，设定自己的目标。设定目标后，通过坚持不懈和不断努力，最终到达目标，获得成功。

（二）勤学苦练，踏实认真

爱因斯坦曾经说过："在天才和勤奋之间我毫不迟疑地选择勤奋。"卡莱尔更激励我们："天才就是无止境的刻苦勤奋的能力。"这些伟人的成功无一例外是源于勤奋刻苦，也只有依靠勤奋，他们才能成功，才能被后人铭记。

在学习的阶段，我们应该像爱迪生、巴尔扎克一样，有吃苦耐劳、不懈追求的精神，因为只有这样，我们才能在追求梦想的舞台上实现自己的目标，展示自己的技能。在学习的道路上，只有勤奋而坚定地学习和积累知识，我们才能最终成功。

（三）团结协作，互利共赢

单丝不成线，独木不成林。"以团结互助为荣，以损人利己为耻"的社会主义荣辱观，进一步阐述了中华民族的传统美德，高度概括了新时期社会主义社会人际关系的基本美德。

古往今来，众多的事例都充分地证明了团结协作的重要性。如刘邦打败了曾经不可一世的项羽、三国时期的火烧赤壁、全国人民众志成城战胜"非典"等，都充分体现了团结协作的重要性。而从"三个和尚没水喝"和"三只蚂蚁来搬米"的小故事，可以看出"三个和尚"之所以"没水喝"，是因为互相推诿，不讲协作；"三只蚂蚁来搬米"之所以能"轻轻抬着进洞里"，正是团结协作的结果。此外，从"团结就是力量""三个臭皮匠胜过诸葛亮""夫妻同心其利断金"等多句话中，也可以看出团结协作的重要性。

众所周知，水桶由多块木板组成，它能装多少水，决定于它的最短板。也就是说，任何一个组织都可能面临一个共同的问题，即组织的各个部分参差不齐，而劣势往往决定了整个组织的水平。但是，如果木板没有紧密连接，水桶就不能盛水。

屠呦呦（中国首位诺贝尔奖获得者、药学家）和她的团队从中药中分离出青蒿素应用于疟疾治疗，这也是团队团结合作的成果。她带领团队展开科研攻关，团队成员和屠呦呦一起翻阅中医药典籍、寻访民间医生，从蒿族植物的品种选择到提取部位的去留存废，从浸泡液体的尝试筛选到提取方法的反复摸索，最终发现青蒿素。为了验证青蒿素的效果，他们心甘情愿地在自己身上试验。取得青蒿素是团队成员团结协作、互利共赢的结果。

【课堂活动】

在直播带货热度爆表的今日，镜头背后与直播间外许多彻夜不眠、辛苦耕耘的工作人员都是这个集体成功的必备要素。针对此，谈谈你的感悟。

（四）动手动脑，勇于创新

案例阅读

他走上"互联网+内容"的创业之路

一个来自沂蒙老区的农家穷小子，毕业刚刚9个月，已经分别在北京和山东拥有了一家公司，同时在杭州一家公司持有15%的股份。

在中国传媒大学学习的经历让杜正麒逐渐意识到，自己手中的资源能帮助他做自己真正擅长的事情，那就是资源整合。

这种创业不需要太多启动资金，但需要对行业内模式有清晰的认知，而这正是杜正麒的优势所在。"之前一家配音公司找到我，想让我帮忙对接几个配音项目。当时我就想，为什么不利用自己丰富的人脉资源来做中间合作商赚取差价呢？"

> 在接下来的一个星期，杜正麒凭借之前读书以及兼职过程中积攒的人脉，迅速对接了 200 余位配音员和 3 家公司，第一个月便盈利 7 万余元。这无疑让他对未来更加坚定了信心。2018 年 7 月，山东正麒文化传媒有限公司正式创立。
>
> 创业初期，杜正麒每天都要忙到凌晨一两点，有时候项目催得急了，要通宵工作。熬夜，是他的家常便饭。为了将内容做到最好，从生产到包装，从运营到分发，杜正麒都亲力亲为。"因为任何一个环节都不容许出差错，否则后期的成本和代价将是巨大的。"
>
> 公司目前已经与掌悦读书、荔枝微课、喜马拉雅等大平台顺利对接，将书籍转述成音频，为付费课程配音，进行原创课程的内容开发。在知识付费的"寒冬"，卖得最好的一套书籍解读课单月流水超过 100 万元。这也让杜正麒更加坚信"内容为王"！
>
> 2019 年 3 月，杜正麒在北京创办了橙子时代文化传媒公司，联合喜马拉雅 FM 推出"正奇读书会"，希望通过自己的声音将古今中外的名人趣事分享给听众，一起学习名人的处世哲学，提升商业思维和人生格局。
>
> （资料来源：2020 年 3 月 7 日，东方网，有改动）

习近平总书记在党的十八届五中全会上提出："坚持创新发展，必须把创新摆在国家发展全局的核心位置，不断推进理论创新、制度创新、科技创新、文化创新等各方面创新，让创新贯穿党和国家一切工作，让创新在全社会蔚然成风。"

罗昭强是高铁列车整车调试工。调试，不光要调，更得试。由于操作要在上亿元的现车上进行，发现问题时师傅们说的最多的一句话就是："别动！"如何能发现列车出厂前的隐性故障？又怎么处理车辆上线时的运行故障呢？罗昭强萌发了发明整车调试环境模拟技术，让受训人员可以随时实际操作的想法。最终，他成功发明了"高速动车组调试操作实训装置"，让以往对调试工两三年的培训周期缩短到了半年以内。罗昭强也先后获得 4 项发明专利、7 项实用新型专利。罗昭强说："现在我们已经没有可以借鉴的技术了，因为复兴号已经领先世界了，我们前面是没有路的，只有自己靠创新去开路。"

人类的创造力是无穷的。毫不夸张地说，每个人都有很强的创造力，关键是如何挖掘。有人说富有创造力的人都是天才，事实上并非如此。他们只是拥有普通人所没有的观察力，他们常常通过打破思维常规来创新。

闲暇时刻，陈国信与书为伴，对照实际操作梳理专业理论知识。日积月累的坚持，让 40 岁出头的他成了高压带电作业领域的资深专家。

改变思维方式，帮助陈国信在创新中解决了许多问题。比如，他从自行车轴承获得灵感，发明了省力丝杠，利用棍子撑开导线扩大操作距离的方法解决了 110 千伏双回同塔带电作业技术难题；他用胡萝卜雕刻自己想要的工具模型，再将图纸和模型一起送到工厂，解决工厂师傅打样问题。

近年来，陈国信的空闲时间大多用在了攻坚克难上。他将捕捉到的灵感，变成一个个具体的国家行业标准。他获得了 6 项省部级及以上科技进步奖、12 项发明专利、27 项实用新型专利、40 项国家专利授权……

一个善于观察、善于思考、善于动脑的人，是一个善于发现机会，敢于开拓创新的人。

这样的人会站在更高的角度，考虑事情的发展趋势，比只会埋头苦干而不去思考的人更容易获得成功。

> **案例阅读**
>
> **全国人大代表建议设立"工匠日"**
>
> 2019年4月3日，杭州市第十三届人大常委会第十八次会议做出决定，自2019年起，杭州将每年9月26日定为"工匠日"，这既是对工匠精神的肯定，更是表达了对为杭州建设发展做出贡献的广大劳动者的激励和敬意。
>
> "精湛技艺的磨炼没有捷径，来自于日积月累的实践。看似平凡渺小，日复一日、年复一年的劳作，却能成就不平凡的业绩，这就是匠心。"2020年5月13日，全国人大代表、开封市汴绣研究所工艺师程芳说，她希望在全国范围内设立或推广"工匠日"，让工匠们拥有一个专属节日。
>
> 2020年5月20日，全国人大代表刘廷建议在全国推广设立"工匠日"，进一步弘扬工匠精神，在全社会营造尊重工匠、推崇工匠、关爱工匠的浓厚氛围。"我期待今年国家能够出台一些有利于制造业技术工人保障的政策举措，让技术工人、技能人才在经济上有保障、发展上有空间、社会上有地位，不断为国家发展做出贡献。"刘廷说。
>
> 2020年5月26日，全国人大代表、杭州技师学院特级教师杨金龙建议设立"全国工匠日"。"设立'工匠日'，倡导'工匠精神'，可以推动、树立起对职业的敬畏、对工作的执着、对产品的责任，带动中国制造业走向中高端，从'制造大国'变为'制造强国'。"杨金龙说，如果将人才结构比作金字塔，支撑起高塔最坚实的塔基是数量规模最大、行业覆盖最广的技能人才。"设立'工匠日'有助于形成社会共识，弘扬工匠精神，打造领先世界的中国速度和中国精度，擦亮中国制造品牌。"
>
> （资料来源：2020年5月26日，《中国青年报》，有改动）

劳动体验

寻找身边的劳动模范

一、任务概述

以学习小组为单位，进行以"寻找身边的劳动模范"为主题的访谈。选择一位全国劳动模范或先进工作者等，通过访谈、参观劳动现场等方式，对其典型事迹进行记录，促使学生切身感受劳动模范的劳动精神，提高宣传效果。

二、任务实施步骤

（1）以小组为单位搜集与专业相关的、具有一定代表性的全国劳动模范或先进工作者的事迹素材。

（2）整理分析搜集到的劳动者事迹素材。

（3）小组成员根据各自擅长的工作内容进行分工，主要包括制定活动方案、撰写活动策划书、设计访谈提纲、整理人物事迹等。

（4）撰写活动策划书并在小组内进行修订与完善，确保创编的活动策划有一定真实性，也有一定可行性。

（5）通过访谈、参观劳动场景等方式，对典型事迹进行记录并整理。

（6）将最终定稿的访谈记录及典型事迹上交劳动教育指导教师。

（7）各班级召开班会或者利用其他集体活动时间，请各小组现场汇报典型事迹。

（8）以小组为单位分析总结事迹汇报效果，每位同学反思在本次任务完成过程中的经历与收获，将劳动总结上交劳动教育指导教师。

（9）以学习小组为单位讨论交流本次"寻找身边的劳动模范"活动的心得与体会。

三、关键点提示

（1）选取的人物原型要具有一定的代表性。

（2）制定的访谈提纲既可以体现人物的劳动精神，也可以展现人物在劳动过程中的心路历程。

（3）典型事迹要确保主题明确、故事生动、人物丰满。

（4）最终撰写的典型事迹汇报要思路清晰、内容丰富，能体现正确的劳动价值观及劳动精神。

（5）任务分工时，一定要考虑到本小组成员的能力特点，提高本小组成员的合作效率。

四、任务评价

（1）选取的人物原型是否具有足够代表性？

（2）制定的活动策划书和访谈提纲是否体现了劳动者的辛勤劳动、诚实劳动或创造性劳动品质？

（3）设计的访谈内容是否合理？

（4）团队成员能否团结一致，积极解决任务实施中的各种困难？

（5）汇报的典型事迹是否要素完整、主题鲜明？

（6）最后进行评分（个人自评30%+组内互评30%+指导教师评分40%）。

课后拓展1

撰写演讲稿

"民生在勤，勤则不匮"，劳动是财富的源泉，也是幸福的源泉。"夙兴夜寐，洒扫庭内"，热爱劳动是中华民族的优秀传统，绵延至今。可是现实生活中，也有一些同学不理解劳动，不愿意劳动。有的说："我们学习这么忙，劳动太占时间了！"有的说："科技进步这么快，劳动的事，以后可以交给人工智能啊！"也有的说："劳动这么苦，这么累，干吗非得自己干？花点钱让别人去做好了！"此外，我们身边还有一些不尊重劳动的现象。这引起了人们的深思。

请结合材料，面向本校（统称"希望中学"）同学写一篇演讲稿，倡议大家"热爱劳动，从我做起"，体现你的认识与思考，并提出希望与建议。

课后拓展 2

比一比、书信、朗诵、微视频

（1）歌颂劳动光荣的歌曲有很多。你知道的有哪些歌曲呢？比一比，看谁知道得多。

（2）请你用一封书信来表达对白衣天使的敬爱与关怀。

（3）请同学们诵读自己的书信，大家一起完成一场酣畅淋漓的情感宣泄，经历一次痛痛快快的心灵洗礼。

（4）班级组织"中国梦·劳动美"学生微影视（微视频）比赛。请每位同学拍摄一段反映劳动场景的视频，与同学和老师一起展示、交流。

技术要求：不低于高清标准，标准画幅为 1920×1080，帧数 25 帧/秒，画面比例 16∶9；微影视时长为 3~5 分钟，片头字幕须有名称；微电影格式为 MOV；片中对白使用普通话（角色需要除外），中文字幕。

课后拓展 3

阅读材料，回答问题

阅读材料 1：据统计，全球寿命超过 200 年的企业，日本 3146 家，德国 837 家，荷兰 222 家，法国 196 家。很多长寿企业的生存秘诀是它们在传承着一种精神——工匠精神。在很多领域，我们有世界一流的技术、一流的设备、一流的规范，目前中国某些制造行业的产值也超过美国，成为全球第一。但不容否认的是，中国制造行业的整体素质和科技竞争实力与发达国家相比仍有较大差距，特别是缺少一种关注细节、从小事做起的"工匠精神"，难以产生一流的产品。如果不唤起"工匠精神"，中国就谈不上成为世界制造强国。

阅读材料 2：五千年华夏文明，我们的传统文化精髓讲究的也是工匠精神。我国历史上曾出现大量卓越的工匠,如善于解牛的庖丁、精于木工的鲁班等。专注细节、精益求精一直是中国工匠秉承的精神,这种精神铸就了传统制造业的辉煌,也是助推现代制造业的重要动力。有人大代表直言不讳地指出:"中国产品与日本、德国产品最大的差距在于缺乏精益求精的工匠精神","唤起工匠精神,需要加强培训、管理、激励及岗位流动机制;促进工匠精神的传播与交流;提高对职业、技能教育的重视,让制造行业甚至全社会意识到工匠精神的可贵"。

阅读材料 3:曾经,工匠是日常生活离不开的职业,木匠、铜匠、铁匠、石匠、篾匠等,各类手工匠人用他们精湛的技艺为传统生活提供服务。随着农耕时代结束,现代社会快速发展,一些与现代生活不相适应的老手艺、老工匠逐渐淡出日常生活,但工匠精神永不过时。

(1)结合材料 1,说明将工匠精神写进政府工作报告的意义。
(2)结合材料 2,谈谈如何更好地发扬工匠精神,助推制造业的发展。
(3)结合材料 3,以"谈如何发扬工匠精神"为副标题,写一篇文章。要求:自选角度,确定主标题,立意明确,内容充实,条理清楚,语言流畅,500 字左右。

课后拓展 4

制造就是思考

两把菜刀摆在你面前:"张小泉"和"双立人"。

"张小泉"创建于 1663 年,当年用龙泉之钢铸造,六十六道工序,曾被列为贡品,1915 年在巴拿马万国博览会上获得银奖,在全国三次评比中均获第一名,是名副其实的中国百年品牌。"双立人"创建于 1731 年,它所在的索林根小城地处德国西部,是欧洲不锈钢技术的发源地,也是 1915 年,"双立人"在旧金山世界博览会上独揽 4 项大奖,是如假包换的德国百年品牌。

如今的"张小泉"亦步亦趋地走在先人开拓的路上,材料不变,工序不变,款式不变;而"双立人"则百般求变,不断更新不锈钢锻造技术,生产工艺全面创新,款式、门类层出不穷。在商店里,"张小泉"菜刀的价格是"双立人"菜刀的 1/20,在国际的影响差距可能更大。

中国不乏匠人,但有些企业却缺乏新工匠。全国的老字号品牌超过 1.2 万个,摊开来,家家都有一个与传承和工匠精神有关的"神话"。可是有的苟延残喘,有的容光焕发。云南白药由云南名医曲焕章发明于 1902 年,被视为止血神药。早年的云南白药为粉末状,用小瓶封装。一姓单传,百年不变。从十多年前开始,云南白药企业在王明辉的带领下求创新发展,先后从散剂开发出胶囊剂、创可贴等新品类,甚至还进入牙膏、洗发水等快消品领域,成为老字号企业中第一家年销售额突破百亿元的公司。

真正的工匠精神不是回到传统，而是从传统出发，在当代的生活和审美中重新寻找存在的理由。工匠精神应该在传承中求创新发展。

美国社会学家理查德·桑内特在《匠人》一书中对匠人的解读是：通过制造的物品去了解自身，体现时代的生活品质和审美特征。在他看来，"制造就是思考"。

请回答：

（1）题目"制造就是思考"中，作者思考的是什么？

（2）如何理解"制造就是思考"中的"制造"？

（3）文中"百般求变"具体指的是什么？这体现了新工匠的哪些特质？

（4）请针对"工匠精神应该在传承中求创新发展"这一观点谈谈你的看法。

模块五　劳动保护与权益

劳动导语

学生在完成从学生向社会角色的转变时，无论是顶岗实习，还是初入职场，都要独自面对复杂的社会并承担对自己和家庭的责任。现代职场劳动对劳动者的素质和能力要求越来越高，更能锻炼学生，造就适应现代职场要求的劳动者。同时，职场劳动存在各种安全问题，需要劳动者提高劳动安全意识，在职场劳动中能够正确辨识各种危害因素，做到自我管理、自我保护，提高自救能力。

扫码看视频

就业究竟难不难？毕业后户口和档案怎么处理？如何寻求就业、创业政策支持和服务帮助？请求职就业遇到困惑的高校毕业生快看过来！日前，人力资源和社会保障部专门推出了高校毕业生就业指导公开课，邀请业内专家通过视频短片讲解答疑，助力毕业生顺利走向职场。指导课程内容包括就业形势与政策解读、就业服务与信息获取、就业流程与手续办理等。通过学习，可以了解就业市场状况和国家优惠政策，掌握求职方法，熟悉就业手续，为求职就业做好充足准备。

扫码看视频，就业指导公开课——签订合同要注意

（视频来源：人力资源和社会保障部微信公众号）

学习进行时

习近平谈劳动

我们要倡导勤劳俭朴、努力奋进的社会风气，让所有人的劳动成果得到尊重。要着力解决贫困、失业、收入差距拉大等问题，照顾好弱势人群的关切，促进社会公平正义。

2017年1月17日
习近平在世界经济论坛2017年年会开幕式上的主旨演讲

扫码看视频，习近平谈构建和谐劳动关系

（资料来源：人民网；图片来源：新华网）

在校学生在实习期间，因严格意义上的实习属于教学活动，当事人之间不能建立劳动关系。那么，实习生应当如何维护自己的权益呢？

扫码看视频，恼人的劳动争议

（视频来源：央视网）

第一部分 劳动保护

《大中小学劳动教育指导纲要(试行)》明确指出,学校要把劳动安全教育与管理作为组织实施的必要内容,强化劳动安全意识,建立健全安全教育与管理并重的劳动安全保障体系。

劳动保护是指根据国家法律、法规,依靠技术进步和科学管理,采取组织措施和技术措施,消除危及人身安全健康的不良条件和行为,防止事故和职业病,保护劳动者在劳动过程中的安全与健康,其内容包括劳动安全、劳动卫生、女工保护、未成年工保护、工作时间和休假制度等。

案例阅读

胥佳宁:火灾中的最美逆行者

2020年5月20日10时左右,张家口市的河北省矾山磷矿有限公司宿舍楼突然起火,家住4楼的胥佳宁发现楼道内黑烟弥漫,察觉到危险后马上报警,然后挨家挨户提醒居民赶快逃生。

火势越来越大,下楼后,胥佳宁发现4楼有一位老大爷还未下来,她当机立断,决定冒险再入火场,顺利地将老大爷从火场中救了出来。

最终,民警、消防队员及时赶到并扑灭了大火,胥佳宁和另外几个邻居已将楼内全部人员疏散,无一人伤亡,为消防救火工作降低了难度,最大限度地保护了群众的生命安全。

胥佳宁发现起火后,遇事不慌、处事不惊、乐于奉献,不仅解救了被困人员,更重要的是避免了重大事故的发生。

胥佳宁的老师这样评价她:"人极难和本能抗争。趋利避害、保全自己是刻在我们基因里的本能。非此,人类无法延续。但是,罔顾本能乃英雄,因为他们能在危急时刻不计得失地帮助他人。胥佳宁同学在火灾中,不顾自己安危、救助老人孩子的样子像一个真正的英雄。"

(资料来源:2021年12月14日,《燕赵都市报》,有删改)

一、劳动安全

任何生产劳动都会伴生不同类型、不同程度的劳动安全问题,一旦疏于防范,就会发生安全事故,造成人员伤亡和财产损失等。大学生的劳动实践活动,虽然在劳动强度、劳动安全风险程度等方面不能与社会各行业的职业劳动相比，但是劳动安全风险同样存在，大学生必须加强安全意识。另外，每一位大学生未来都将成为社会劳动者，也需要掌握基本劳动技能与一定的安全保护知识，安全问题同样不可忽视。

在实际的生产劳动过程中，劳动安全问题往往是多种因素综合作用产生的，需要综合治理。

从劳动安全问题产生的原因看，既有由于劳动者个人缺乏安全知识和安全意识或操作失误等人为因素造成的安全事故，也有因生产环境和安全条件存在安全漏洞而导致的生产事故，还有人为因素和物的因素共同造成的事故。

（一）劳动安全的内涵

劳动安全是指在生产劳动过程中，防止中毒、车祸、触电、塌陷、爆炸、火灾、坠落、机械外伤等危及劳动者人身安全的事故发生。

全面、完整地理解劳动安全的内涵，不仅需要从保障劳动安全的多重主体立场去理解，还要了解劳动安全问题产生的原因。

1. 劳动安全是劳动者的基本权利

劳动安全是劳动者依法获得的基本劳动权利，是所有劳动者享有的在劳动中人身安全获得保障、免受职业伤害的权利。

2. 劳动安全包括劳动者在劳动中人身、财产、卫生等方面获得的安全保障

消除危害人身健康的一切不良因素，保障劳动者的生命、健康和行动自由称为人身安全。拥有的金钱、物资、房屋、土地等物质财富受到法律保护的权利的总称，称为财产安全。劳动卫生是指在劳动场所和生产过程中，消除有毒有害物质，防止危害劳动者身体健康或者引起职业病等发生的卫生制度措施。

3. 劳动安全保障是劳动者、用人单位、社会共同遵守的基本法则

劳动者必须遵守基本劳动生产技术要求与劳动保护规范，加强劳动保护，实现安全生产；保护劳动者生命和身体健康是企事业用人单位应尽的法律义务；国家可以通过制定一系列劳动保护的法律和法规，督促用人单位履行法律责任，保障劳动者的劳动安全。

（二）学校劳动安全事故发生的原因

《中共中央 国务院关于全面加强新时代大中小学劳动教育的意见》（以下简称《意见》）对新时代劳动教育进行了一系列新定位，对推进高校劳动教育提出了一系列新要求。

《意见》指出，"多方面强化安全保障。各地区要建立政府负责、社会协同、有关部门共同参与的安全管控机制。建立政府、学校、家庭、社会共同参与的劳动教育风险分散机制，鼓励购买劳动教育相关保险，保障劳动教育正常开展。各学校要加强对师生的劳动安全教育，强化劳动风险意识，建立健全安全教育与管理并重的劳动安全保障体系。科学评

估劳动实践活动的安全风险，认真排查、清除学生劳动实践中的各种隐患特别是辐射、疾病传染等，在场所设施选择、材料选用、工具设备和防护用品使用、活动流程等方面制定安全、科学的操作规范，强化对劳动过程每个岗位的管理，明确各方责任，防患于未然。制定劳动实践活动风险防控预案，完善应急与事故处理机制。"

目前在各类校园安全事故中，劳动安全事故虽少，但也并非没有。学校在安排劳动教育活动前，必须从劳动场所、劳动内容、组织形式和劳动方式等方面认真筛查安全隐患，杜绝一切劳动安全事故发生。学校劳动安全事故发生的原因归纳起来，有以下几个方面。

1. 劳动内容没有选对

学校在确定劳动项目时忽略了学生身心发展的客观规律，没有考虑该年龄段大学生所能承受的劳动强度，没有把握劳动对象完成劳动任务的实际能力，没有从保护学生安全的角度出发，从而导致事故发生。

2. 学校管理制度有漏洞

学校关于劳动管理的具体分工、责任没有落实到人，劳动活动的组织混乱，劳动环境、劳动工具监督检查不力，劳动过程中巡视监督不积极，安全防范不到位，这些管理与制度建设方面存在的问题致使学生事故频繁发生。

3. 劳动安全宣传教育不到位

学校对大学生劳动安全教育有所忽视，对劳动质量要求及分工、工具使用、劳动注意事项说明不透彻，安全监督不到位，大学生在劳动过程中自我保护和安全防范的意识比较薄弱。

4. 学生自身原因

由于大学生处于成长发育或刚刚成年阶段，在劳动中往往对自己的行为缺乏有效的控制，即使各种教育管理措施都已到位，有时不可避免地发生"不小心绊倒"，以及相互之间的碰撞，导致摔伤、扭伤、坠地等伤害事故。

（三）劳动安全基本防范知识

安全责任重于泰山。很多学校会定期对大学生进行校园安全教育，但校园安全事故仍然时有发生，事故带来的人身与财物的损失令人痛惜。隐患处处有，安全时时记。大学生在校园内外劳动、实习、学习和日常生活中，要严格遵循各项安全管理规定、操作规程和安全制度，时刻绷紧安全弦，防止一切意外安全事故发生。

1. 防止触电

大学生参加劳动时，为防止触电伤害事故，应落实用电安全管理制度，必须严格执行行业和企业的用电规定。

（1）要了解电源总开关位置和开关方法，以便在紧急情况下关闭总电源。

（2）严禁用手或导电物（如铁丝、钉子、别针等金属制品）接触、探试电源插座内部。

（3）严禁用湿手触摸电器、用湿布擦拭电器。

（4）电器使用完毕后应及时拔掉电源插头。插拔电源插头时不要用力拉拽电线，以防止电线的绝缘层受损导致触电。如果电线的绝缘皮剥落，要及时更换新线或者用绝缘胶布包好。

（5）不随意拆卸、安装电源线路、插座、插头等。哪怕是安装灯泡等简单的事情，也要先关断电源，并在家长的指导下进行。

（6）使用电器时，要首先检查导线、插头等是否破损。

（7）使用电器时，若出现冒烟、冒火花、发出烧焦的异味等情况，应立即关掉电源开关，停止使用。

大学生需具备用电的基本专业知识，这样才具备上岗劳动的资格；或者需要经过用人单位的专业培训，待具备必要的用电安全知识且考核合格后，才能上岗作业。作业时，大学生必须穿戴好劳动保护用品，必须熟悉触电急救的方法，最好结伴劳动，不宜单独操作。一旦发生触电伤害事故，必须沉着应对，并采取正确方法进行施救。

（1）发现有人触电时，要在保证个人安全的情况下，首先设法及时关断电源，使触电者尽快脱离电源。

（2）救护人在触电者未脱离电源时不能直接与其接触，必须做好安全防护措施后再接触。可用干燥的木棍等绝缘物将触电者与带电体分开。

（3）若触电者脱离电源后呼吸和心跳停止，要立即进行紧急救护。

2. 防止机械伤害

（1）必须严格执行有关安全生产、劳动保护的政策、法令，以及有关指示、命令和规章制度。加强法制观念，做到"安全生产、人人有责、遵章守纪、确保安全"。

（2）必须经过专门培训，了解机械设备的基本结构、性能和用途，熟悉机械设备的操作、驾驶方法和保养技术，做到会使用、会保养、会检查、会排除简单故障。

（3）工作时必须精力集中、严肃认真，不得擅自离开工作岗位，离开机械设备时必须停机。

（4）机械启动前、工作中和工作完毕后，都要随时检查操作环境。

3. 防止火灾

生活中引起火灾的因素主要包括用火不慎，用电不慎，用油、用气不慎，吸烟不慎，燃放烟花爆竹不慎等。在日常生活中应提高安全意识，防患于未然。

1）家庭厨房的消防安全

（1）灶头等火源附近不能堆放可燃物。

（2）烹煮食物时，不要长时间离开，离开前必须将燃气关闭。如果在烹饪时油锅起火，不可以用水或灭火器来灭火，可盖上锅盖后用湿毛巾覆盖，通过阻绝空气来灭火，并迅速关闭燃气。

（3）定期检查燃气管道。

（4）在就寝前和外出前应做如下检查：检查电器、燃气是否关闭，检查灶火是否熄灭。

2）公共场所的消防安全

（1）尽可能不要前往以下场所：只有单一出入口的场所；位于地下的场所；用易燃物装修的场所；消防器材被破坏、不合格的场所；安全门上锁或常开的场所；安全梯、通道（如走廊）、楼梯等被阻塞的场所。

（2）为了自身安全，进入陌生场所应了解以下情况：避难逃生通道的方向、位置；安全门、梯的位置；消防栓、缓降机、救助袋等各项灭火、避难器具的位置。

3）发生火灾时的注意事项

（1）保持镇定，若火势较小，及时选择正确方法扑灭。若火势较大，立刻拨打119火灾报警电话。电话接通后，说明灾害地点或附近目标，并简述灾情状况，同时留下电话号码及地址以便进一步联系。

（2）切忌慌乱，要判断火势来源，立即向远离火源的方向逃生。切勿使用升降设备（如电梯）逃生，切勿返回房间拿取物品。

4）火灾逃生自救的方法

火灾逃生自救的方法如图 5-1 所示。

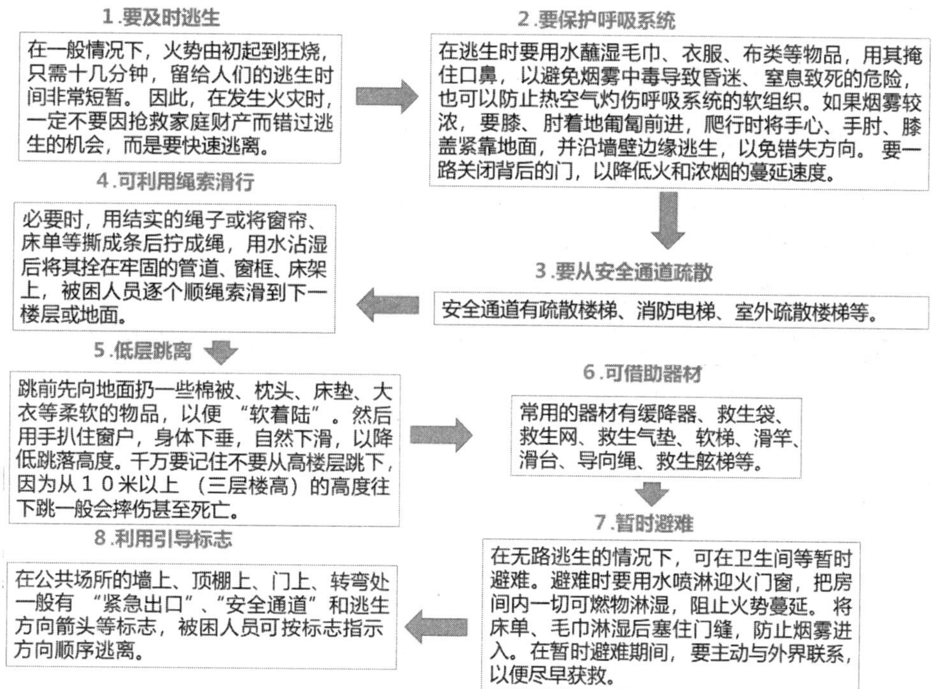

1. 要及时逃生
在一般情况下，火势由初起到狂烧，只需十几分钟，留给人们的逃生时间非常短暂。因此，在发生火灾时，一定不要因抢救家庭财产而错过逃生的机会，而是要快速逃离。

2. 要保护呼吸系统
在逃生时要用水蘸湿毛巾、衣服、布类等物品，用其掩住口鼻，以避免烟雾中毒导致昏迷、窒息致死的危险，也可以防止热空气灼伤呼吸系统的软组织。如果烟雾较浓，要膝、肘着地匍匐前进，爬行时将手心、手肘、膝盖紧靠地面，并沿墙壁边缘逃生，以免错失方向。要一路关闭背后的门，以降低火和浓烟的蔓延速度。

3. 要从安全通道疏散
安全通道有疏散楼梯、消防电梯、室外疏散楼梯等。

4. 可利用绳索滑行
必要时，用结实的绳子或将窗帘、床单等撕成条后拧成绳，用水沾湿后将其拴在牢固的管道、窗框、床架上，被困人员逐个顺绳索滑到下一楼层或地面。

5. 低层跳离
跳前先向地面扔一些棉被、枕头、床垫、大衣等柔软的物品，以便"软着陆"。然后用手扒住窗户，身体下垂，自然下滑，以降低跳落高度。千万要记住不要从高楼层跳下，因为从10米以上（三层楼高）的高度往下跳一般会摔伤甚至死亡。

6. 可借助器材
常用的器材有缓降器、救生袋、救生网、救生气垫、软梯、滑竿、滑台、导向绳、救生舷梯等。

7. 暂时避难
在无路逃生的情况下，可在卫生间等暂时避难。避难时要用水喷淋迎火门窗，把房间内一切可燃物淋湿，阻止火势蔓延。将床单、毛巾淋湿后塞住门缝，防止烟雾进入。在暂时避难期间，要主动与外界联系，以便尽早获救。

8. 利用引导标志
在公共场所的墙上、顶棚上、门上、转弯处一般有"紧急出口"、"安全通道"和逃生方向箭头等标志，被困人员可按标志指示方向顺序逃离。

图 5-1 火灾逃生自救的方法

（四）重大危机的应对

1. 应对重大疫情

（1）做到不信谣、不传谣，更不能造谣；抵制疫情谣言，阻止其进一步扩散。用科学和理性的眼光看待疫情与舆论，不恐惧，不焦虑，以乐观向上的思想看待疫情的发展。

（2）积极响应国家号召，做好自身防护，减少或不参与人员密集场所的活动，做到勤洗手、外出佩戴口罩、备好常用物资等，保持良好的卫生和健康习惯。

（3）在能够自我保护的同时，可加入线上或线下志愿者服务团队，担负时代责任，为打赢疫情攻坚战贡献力量。

（4）制订良好的作息时间表，增加阅读和学习时间，开阔视野，用知识武装自己。

2. 应对重大灾害

这里所说的重大灾害不包括地震、洪水等自然灾害，而是侧重于生产生活劳动中危害社会秩序和公共安全，造成重大人员伤亡和物质损毁的灾害性事故，如重大爆炸事故、火灾事故、海难事故、空难事故等。

（1）面对灾害，首先要冷静。尽快地让自己冷静下来，有助于正确地判断当前的形势，进而凭借自身所学的知识，采取正确的措施。如果可以，还应该想办法安抚其他受灾人员，让他们也尽快冷静，一起想办法应对。

（2）在灾害中，如果能够采取各种自救的方式，应首先尝试自己摆脱困境，然后想办法援助其他人。如果无法自救，应该马上求助，如呼救、打电话、想办法发出各种求救信号等。

（五）安全色和安全标志

安全色和安全标志是在特定工作环境中，为了提醒劳动者做好防护而设置的。每一种安全色、每一个安全标志都具有特定的含义，需要我们正确识别。

1. 安全色

安全色是传递禁止、警告、指令、提示等安全信息含义的颜色，其用途广泛，主要用于安全标牌、交通标志牌、防护栏杆及设备机器的特殊部位等。我国规定红色、黄色、蓝色、绿色四种颜色为全国通用安全色，其含义和用途如表5-1所示。

表5-1 安全色含义和用途

安 全 色	对 比 色	含 义	用 途 举 例
红色	白色	禁止、停止、危险、消防	各种禁止标志，交通禁令标志，消防设备标志，设备上的停止按钮、刹车及停车装置的操纵手柄，仪表刻度盘上极限位置的刻度，各种危险信号旗等
黄色	黑色	警告、注意	各种警告标志，道路交通标志和标线中警告标志，警告信号旗等
蓝色	白色	指令、必须遵守的规定	各种指令标志，道路交通标志和标线中指示标志
绿色	白色	安全	各种提示标志，机器启动按钮，安全信号阀，急救站、疏散通道、避险处、应急避难场所等

2. 安全标志

安全标志分为禁止标志、指令标志、警告标志和提示标志四类。安全标志牌要放在醒目的地方，应参照中华人民共和国国家标准《安全标志及其使用导则》（GB 2894—2008）设计。安全标志图形和含义如表 5-2 所示。

表 5-2 安全标志图形和含义

	图 形	含 义
禁止标志	禁止吸烟 禁止烟火 禁止取土 禁止启动 禁止攀登 禁止堆放 禁止建房 禁止鸣笛 禁止钓鱼 禁止饮用 禁止停车 禁止通行	禁止人们的不安全行为。其基本形式为带斜杠的圆边框，圆环和斜杠为红色，图形符号为黑色，衬底为白色
指令标志	必须穿戴防护用品 必须保持清洁 必须戴安全帽 必须系安全带 必须戴防毒面具 必须戴防尘口罩	强制人们必须做出某种动作或采用防范措施。其基本形式是圆形边框，图形符号为白色，衬底为蓝色
警告标志	当心电缆 当心吊物 当心车辆 当心绊倒 当心伤手 当心冒顶 当心机械伤人 当心火灾 当心塌方 当心坠落 注意安全 注意弧光	提醒人们注意周遭环境，以避免可能发生的危险。其基本形式为正三角形边框，三角形边框及图形符号为黑色，衬底为黄色

续表

图　形	含　义
提示标志	向人们提供某种信息，如标明安全设施或场所。其基本形式是正方形边框，图形符号为白色，衬底为绿色

二、劳动卫生

劳动卫生亦称"生产卫生""工业卫生"，指鉴别、评定、控制和消除生产过程和劳动环境中的有害因素，使职工的劳动条件符合卫生要求，以保护劳动者的身体健康，主要包括：① 生产场所的劳动卫生；② 职业病防治和"三废"治理；③ 工业设计卫生；④ 职工多发病和慢性病防治，妇幼保健卫生等。搞好劳动卫生工作，要有针对性地采取组织措施、技术措施和医疗预防措施。

（一）劳动卫生的内涵

1. 劳动条件中的有害因素

劳动条件中主要包括以下有害因素。

（1）生产过程中使用或产生的有害因素，如有毒物质（如铅、汞、苯、氯气、一氧化碳等），生产性粉尘（如石英尘、石棉尘、煤尘、皮毛尘等），异常小气候（如过高或过低的温度、过高或过低的气压），噪声、振动、微波、激光、X射线、γ射线等物理因素，以及细菌、霉菌、病毒等生物性因素等。

（2）生产环境中的有害因素，如自然环境因素（高寒地区冬季露天作业时的严寒等），生产流程布局不合理，有毒与无毒作业混杂安排在一个车间所致的环境污染等。

（3）劳动过程中的有害因素，如不合理的劳动组织及作业轮班制度，超重体力劳动，操作过度紧张，个别器官系统（如视力）过度紧张等。

上述三个方面的不良因素在生产情况下常同时存在，如果这些不良因素超过一定限度，又未采取有效防护措施，将会引起接触者各种职业性损害，如工伤、职业性疾患、残疾或死亡。

2. 职业性损害

劳动中遇到的职业性危害因素，在一定的条件下才会对劳动者产生职业性损害，这主要取决于有害因素的性质、强度、接触时间的长短，接触的途径（从呼吸道、皮肤还是其他途径进入，是低浓度、长期、慢性接触还是高浓度、短期、急性接触，是否事故性接触等）。此外，还与接触者的年龄、性别、个体遗传因素（如缺乏某些生物酶），有无职业禁忌症、营养缺乏症，个人精神因素，卫生习惯，烟酒嗜好，以及是否遵守卫生安全操作规程、坚持配戴防护用品等多方面的因素有关。

总之，职业性危害因素的毒害作用大小与所造成的后果是由多方面因素决定的，最终取决于个体接受的有害物的有效作用剂量，目前对生物学有效作用剂量的监测主要是监测接触剂量或环境剂量。

（二）预防职业病

职业病是指企业、事业单位和个体经济组织的劳动者在职业活动中，因接触粉尘、放射性物质或其他有毒有害物质等因素而引起的疾病。

劳动者要了解工作岗位和工作环境中存在的危害因素，遵守操作规程，注意个人防护，避免职业危害。在职业活动中，如果劳动者长期接触粉尘、放射性物质或其他有毒有害物质等因素，常常会患上职业病。

1. **职业病的防护**

1）中毒类职业病

（1）毒物防护。生产性毒物是指在生产过程中产生的，存在于工作环境中的毒物。生产性毒物的种类繁多，影响面大，职业过程中中毒情况约占职业病总数的一半。预防职业过程中因生产性毒物中毒需要采取综合性的防治措施。

（2）粉尘防护。生产性粉尘是指在生产中形成的，并能长时间飘浮在空气中的固体微粒，如矽尘、煤尘、石棉尘、电焊烟尘等。不同的生产性粉尘，其理化特性和作用特点不同，对机体的损害也不同，可引起不同疾病。

（3）物理有害因素防护。生产现场的高温、高气压、振动、噪声、照度、紫外线、红外线、微波、电磁辐射（高频、超高频、微波）等物理有害因素都能引起职业疾病。物理有害因素的防护主要是加强劳动者个人防护和合理采用生产工艺及其设备。

2）习惯类职业病

习惯类职业病主要由以下因素所致。

（1）长期重复一定姿势。长期从事站姿作业或坐姿作业、站立或行走的作业、强迫体位作业等的劳动者，较容易产生下肢静脉曲张、腰肌劳损、神经血管疼痛、视力下降等身体损伤。

（2）不良劳动环境条件。高温、寒冷、潮湿、光线不足、通道狭窄等不良劳动环境条件增加了劳动负荷，提高了劳动强度，容易令劳动者产生疲劳和损伤。

（3）不合理的劳动安排。不能科学确定劳动时间和劳动强度，休息和轮班安排不合理等，也容易导致过度疲劳和身体损伤。

（4）身体素质不强。劳动者身体状况不适应所安排的劳动强度时也会引发身体损伤。预防这类职业病，最重要的就是加强活动、增强体质，在工作中途适当进行锻炼。

2. 劳动防护用品

劳动防护用品是指保护劳动者在生产过程中的人身安全与健康所必备的一种防御性装备。正确使用劳动防护用品，可以有效防止、消除职业中毒和职业病，保护劳动者人身安全和身体健康。

使用劳动防护用品的一般要求如下。

（1）使用劳动防护用品前，都要从用品能否对有害因素起到防护效能、用品外观有无缺陷或损坏、各部件组装是否严密、启动是否灵活等方面进行一次比较全面的外观检查。

（2）正确使用劳动防护用品，不得超出用品性能范围和使用极限；不得使用未经国家指定、监测部门认可（国家标准）和检测达不到标准的产品；不得使用代替品和劣质用品。

（3）严格按照劳动防护用品使用说明书正确使用用品。

劳动防护用品一般分为头部防护、呼吸防护、眼部防护、听力防护、脚部防护、手部防护、身体防护、防坠落具和护肤用品等类型。劳动防护用品外观和用途示例如表 5-3 所示。

表 5-3　劳动防护用品外观和用途示例

外　观		用　途
头部防护		防止从 2~3m 高处坠落时，或高空坠物以及日常工作中其他因素对头部造成的伤害。主要防护用品有安全帽、安全头盔。按材质分为玻璃钢安全帽、ABS 安全帽、PE 安全帽
呼吸防护		防止在具有粉尘或有毒气体环境下长期工作而造成的人体呼吸系统伤害。目前呼吸防护用品主要分为过滤式和隔绝式两大类
眼部防护		用于保护作业人员的眼睛、面部，防止外来伤害，分为焊接用防护眼镜、炉窑用防护眼镜、防冲击防护眼镜、微波防护眼镜、激光防护眼镜以及防 X 射线、防化学品、防尘等防护眼镜
听力防护		防止长期在 90dB（A）以上或短时在 115dB（A）以上环境中工作受到的听力伤害。听力护具有耳塞、耳罩和帽盔三类。听力保护用品有低压发泡型带线耳塞、宝塔型带线耳塞、圣诞树型耳塞、圣诞树型带线耳塞、经济型挂安全帽式耳罩、轻质耳罩、防护耳罩等

续表

	外　观	用　途
脚部防护		在工作中保护足部免受伤害。目前主要用品有防砸、绝缘、防静电、耐酸碱、耐油、防滑的鞋具等
手部防护		在工作中保护手部免受伤害，主要有耐酸碱手套、电工绝缘手套、电焊手套、防X射线手套、石棉手套、耐高温手套、防割手套、丁腈手套等
身体防护		用于保护人员免受劳动环境中的物理、化学因素的伤害，主要分为特殊防护服和一般作业服两类
防坠落具		用于防止坠落事故发生，主要有安全带、安全绳和安全网
护肤用品		用于外露皮肤的保护，分为护肤膏和洗涤剂

三、未成年人保护

《中华人民共和国未成年人保护法》是由全国人民代表大会常务委员会根据宪法制定的、专门保护未满18周岁的公民的合法权益的法律，于1991年通过，2006年第一次修订，2012年修正，2020年第二次修订，自2021年6月1日起施行。

现行《中华人民共和国未成年人保护法》分为总则、家庭保护、学校保护、社会保护、网络保护、政府保护、司法保护、法律责任和附则，共九章一百三十二条。该法明确各级政府应当建立未成年人保护工作协调机制，细化政府及其有关部门的职责；强化监护人的第一责任人意识，同时明确学校、幼儿园的报告制度；对监护人监护、校园安全、学生欺凌、学习负担等问题均有涉及。

《中华人民共和国未成年人保护法》作为未成年人保护领域的综合性法律，对未成年人享有的权利、未成年人保护的基本原则和未成年人保护的责任主体等做出明确规定。

四、女工保护

女工保护制度是国家根据妇女的生理特点，为保证女职工在生产过程中的安全和健康而制定的法律规范，以及由于社会原因，对女职工在劳动就业和劳动报酬方面给予保护的法律规范。这种特殊保护的目的，不仅在于实行男女平等，保护妇女本身的健康和保护妇女劳动力，而且是为了保护下一代。

《女职工劳动保护特别规定》自 2012 年 4 月 28 日起施行，共十六条。其中规定了用人单位应当遵守女职工禁忌从事的劳动范围的规定，并在附录中详细规定了女职工在经期、孕期、哺乳期等禁忌从事的劳动范围。

《女职工劳动保护特别规定》指出，用人单位不得因女职工怀孕、生育、哺乳降低其工资，予以辞退，与其解除劳动或者聘用合同。女职工在孕期不能适应原劳动的，用人单位应当根据医疗机构的证明，予以减轻劳动量或者安排其他能够适应的劳动。对怀孕 7 个月以上的女职工，用人单位不得延长劳动时间或者安排夜班劳动，并应当在劳动时间内安排一定的休息时间。怀孕女职工在劳动时间内进行产前检查，所需时间计入劳动时间。

【课堂活动】

请结合在你身边发生的或新闻媒体报道的劳动安全事故，说一说事故发生的原因。

第二部分　劳动法律法规体系

案例阅读

两会声音：完善劳动法律法规体系，走向法典化是大势所趋

立法有空白且法律法规之间缺乏协调性，国家层级配套法律文件陈旧且位阶较低，地方配套文件导致劳动法律法规实施存在地区差异……近年来，我国劳动法制建设在取得巨大成就的同时，相关局限和不足也引起了社会关注。

记者就此问题对郑功成（全国人大常委会委员、中国社会保障学会会长）进行了访谈。

问：今年您关注完善劳动法律法规体系并使之走向法典化的原因是什么？

答：改革开放后，劳动法制建设步伐加快，已形成了由《劳动法》《劳动合同法》《就业促进法》《劳动争议调解仲裁法》等多部法律和《劳动保障监察条例》《残疾人就业条例》《女职工劳动保护特别规定》等法规组成的较完整的法律法规体系。

伴随社会主义现代化强国和法治国家建设全面提速，调整复杂劳动关系和保障劳动者

正当权益的内在要求日益高涨，劳动法制亟待走向完善。"十四五"期间须尽快补上劳动标准等立法空白并修订现行法律之不足，将成熟的劳动法规政策上升到法律层面；同时，应当加紧启动劳动法典编纂，力争在2030年前完成劳动法律体系法典化的建设任务。

问："十四五"期间，劳动法律体系走向完备化应包括哪些主要内容？

答："十四五"期间的核心任务应当是按照"以综合法或基本法统驭专门法，以专门法作为相关制度安排的具体实施依据"的体系构建思路，确定劳动法律体系的纵向层级和横向结构，修订法律与制定专门的单项法律同步进行。必须尽快补上劳动领域的立法空白，修订滞后于新时代发展需要的现行法律，同时将成熟的规章、政策规定上升到法律层面，特别是要适应新就业形态劳动者权益保障的需要完善相关法制，为劳动领域的有效治理提供完备的法律保障。与此同时，还要进一步完善劳动关系协调机制和工作体制机制，健全劳动人事争议调解仲裁体制机制，有效提升劳动保障监察执法效能，巩固根治欠薪成果，提高劳动关系治理能力，确保劳动关系总体和谐稳定。

问：劳动法典编纂的必要性体现在哪些方面？

答：以劳动法典作为劳动法律体系建设的目标模式已成为学界共识，它符合中国特色社会主义法律体系法典化的总体取向。

（资料来源，2022年3月8日，《中国劳动保障报》，有改动）

大学生作为创新型、技术型、知识型高素质劳动大军的后备军，是"两个一百年"奋斗目标的主力军，是民族振兴的承担者，不仅应拥有胜任工作的基本劳动知识与技能，也必须拥有健全的劳动权益意识，应学习劳动法律法规，掌握必要的劳动法知识。因此，激发大学生对劳动权益保障的重视，提升大学生知法、懂法、守法的整体水平，消除大学生面对劳动争议时的茫然和恐惧，有利于提高大学生在职场上自我保护的能力，使其在职场上具有更大的主动性和竞争力。

一、劳动法律制度

（一）劳动法律制度的内涵

简单地说，劳动法律制度是规范劳动关系的法律制度。在市场经济中，劳动、资本和技术是市场的三大基本要素，因而，调整劳动关系的劳动法律也就成为市场经济中的重要法律制度。具体而言，劳动法律制度是指调整劳动关系以及与劳动关系有密切联系的其他社会关系的法律制度。

劳动关系是劳动法律制度调整的核心内容。所谓劳动关系，是劳动者与用人单位在实现劳动过程中发生的社会关系。其基本内容是劳动者提供劳动，用人单位使用该劳动并支付工资。从该意义上说，它是一种合同关系，具有合同的财产要素。但与民法规定的关系不同的是，它还具有身份和社会公益的要素。劳动者必须亲自提供劳动而不能由他人代理；在劳动过程中，劳动者与用人单位会形成从属关系，劳动者需服从用人单位的管理，因此，劳动者在提供劳动的同时，与用人单位也建立了身份关系。由于劳动者是社会的大众，劳工问题也就成为基本的社会问题，劳动者与用人单位的劳动关系是否和谐，与社会大众的生活是否安定有着密切的联系，因此，不应当仅仅将劳动关系看作劳动者与用人单位之间的关系，还应当着眼于整个社会的公益来看待。

此外，劳动法律制度也调整一些与劳动关系有密切联系的社会关系，这些关系是附随于劳动关系发生的。例如，劳动部门、就业服务机构在劳动力招收、职业指导、职业介绍、职业培训等方面发生的社会关系；工会组织在集体谈判、签订集体合同和维护职工权益方面发生的社会关系；社会保险机构与劳动者和用人单位在社会保险方面发生的社会关系；劳动监察机构在监督检查劳动法实施中发生的社会关系；劳动争议处理机构在处理劳动争议中发生的社会关系等。

（二）劳动法律制度的主要内容

劳动法律制度所调整的范围涉及劳动关系的方方面面，主要包括以下部分。

1. 劳动关系方面的法律制度

劳动关系方面的法律制度是调整劳动关系最基础的法律制度，主要是指劳动合同法和集体合同法。在市场经济条件下，劳动关系主要通过劳动者与用人单位订立劳动合同来建立。由于劳动者个人相对于企业而言总是处于弱势地位，在劳动合同中容易出现一些对劳动者不利的条款，这就需要通过集体合同来矫正，以提高企业的整体劳动条件和职工的工资福利待遇。集体合同一旦签订，对企业及劳动者都具有法律效力，个人与企业签订的劳动合同与集体合同条款相冲突的，以集体合同为准。

2. 劳动基准方面的法律制度

劳动基准方面的法律制度主要是指国家制定的关于劳动者最基本劳动条件的法律法规，包括最低工资法、工作时间法、劳动安全与卫生法等。其目的是改善劳动条件，保障劳动者的基本生活，避免伤亡事故的发生。劳动基准属于强制性规范，用人单位必须遵守执行。

3. 劳动力市场方面的法律制度

劳动力市场方面的法律制度主要是指调节劳动力市场、促进劳动就业的法律制度，包括就业促进法、职业培训法、就业服务法等。就业是民生之本，促进就业是现代国家的基本责任。国家必须采取各种宏观调控手段，创造就业机会，实现劳动者充分就业。

4. 社会保险方面的法律制度

社会保险方面的法律制度主要对劳动者基本生存条件的保障以及生活质量的提高进行规定，具体包括养老保险法、医疗保险法、失业保险法、工伤保险法、生育保险法等。

5. 劳动权利保障与救济方面的法律制度

劳动权利保障与救济方面的法律制度主要包括劳动监察法和劳动争议处理法。由于劳动关系具有身份属性，劳动者与用人单位之间形成了管理与被管理的关系，用人单位往往会忽视甚至侵犯劳动者的劳动权利。因此，劳动监察对劳动法律制度的实施和劳动者劳动权的实现起着至关重要的作用。在劳动关系存续中，劳动争议是难以避免的，关键是要建立有效解决劳动争议的制度，以此作为解决纠纷、保障当事人合法权益的最后屏障。目前，我国劳动争议处理包括调解、仲裁和诉讼三种方式。

【课堂活动】

（1）何某被诊断患有某种疾病，医生建议其休息两周。何某在向公司请假时，公司要求其提供病历。何某认为，其病历涉及个人隐私，故拒绝提供，公司则不同意其休假。

那么，企业在日常病假管理中有权要求员工提供病历吗？会侵犯个人隐私吗？

（2）为展示企业形象、推广企业产品，王某所在公司想制作一部宣传片。前些日子，公司安排她和另外一些形象好、声音甜美的同事参加了视频节目的拍摄。此后，王某担心公司把自己的肖像传播出去，进而影响她的生活。

那么，公司应如何操作才不会损毁员工的形象呢？

（三）国外劳动法的立法模式及其特点

劳动法产生于资本主义自由竞争时期。1802年英国颁布的《学徒的健康及道德法》被视为现代劳动法的开端。20世纪以来，特别是第二次世界大战以后，随着人权观念的发展，劳动法作为保障劳动者基本权利的法律得到了空前的发展，成为现代国家法律体系中的重要组成部分。综观各国的劳动立法，主要有以下三种模式。

1. 劳动法典模式

劳动法典模式的代表性法典有《法国劳动法典》《俄罗斯劳动法典》等，其特点是劳动法完全脱离民法而独立，通过法典化建立了一个统一的劳动法律体系，有利于法律的适用。

2. 民法典与多部劳动单行法并行的模式

民法典与多部劳动单行法并行的模式即在民法典中规定雇佣合同或劳动合同，另外制定大量的单行劳动法律。采用这种模式的典型代表是德国，德国在《德国民法典》中规定了雇佣合同，此外还颁布了许多单行的劳动法律，如《集体合同法》《工作时间法》《解雇保护法》等。其特点是法律分散，存在如何统一和协调的问题。

3. 多部单行法的模式

多部单行法的模式即制定大量单行的劳动法律，英美法系国家大多采取这种模式，如美国有《国家劳资关系法》《公平劳动基准法》《同工同酬法》等法律。需要指出的是，在英美法系，法院判例是劳动法重要的法律渊源，同时也具有统一劳动法律体系的功能。

目前，劳动法在各国的发展日渐成熟，主要体现为以下特点：一是劳动法律体系日益完备，包括了劳动关系的各个方面。法律的完善有利于减少劳动争议，使得劳动关系比较稳定。二是劳动法在规定劳动者原有劳动权利的基础上，已发展到对劳动者基本权利的尊重和保护，并将宪法规定的公民基本权利落实到劳动领域，规定劳动者在劳动过程中具有人格尊严不受侵犯的权利，劳动者有自由权、言论权、隐私权、平等权等。三是劳动法向国际化趋势发展，这主要通过国际劳工组织制定的国际劳工标准来推动实现。

（四）我国现行的劳动法律制度

新中国成立初期，国家通过颁布一系列劳动法规，建立了与计划经济相适应的劳动法律制度。改革开放以来，我国劳动立法进入了一个新的发展时期，1994年7月5日《中华人民共和国劳动法》（以下简称《劳动法》）的颁布，标志着我国已初步建立了以《劳动法》和其他法律为主体，行政法规、部门规章、地方性法规和地方政府规章、司法解释和国际公约等为辅助的劳动法律制度。我国的劳动法律制度主要包括以下部分。

1. 法律

由全国人大及其常委会颁布的劳动法律有《劳动法》《中华人民共和国工会法》《中华人民共和国职业病防治法》《中华人民共和国安全生产法》《中华人民共和国矿山安全法》等。

2. 行政法规

由国务院颁布的劳动行政法规主要有《女职工劳动保护特别规定》《禁止使用童工规定》《失业保险条例》《工伤保险条例》《中华人民共和国企业劳动争议处理条例》《劳动保障监察条例》等。

3. 部门规章

劳动和社会保障部门颁布的配套规章主要有《集体合同规定》《违反和解除劳动合同的经济补偿办法》《违反〈劳动法〉有关劳动合同规定的赔偿办法》《最低工资规定》等。

4. 地方性法规和地方政府规章

《劳动法》赋予了省、市、自治区制定劳动合同实施办法的权力，各地制定了大量的地方性法规和地方政府规章，如《北京市劳动合同规定》《上海市劳动合同条例》等。

5. 司法解释

司法解释是指司法机关对法律法规（法令）的进一步明确界限或做的补充规定。司法解释分为全国人民代表大会常务委员会司法解释，最高人民法院、最高人民检察院司法解释，国务院及主管部门司法解释，地方人民代表大会常务委员会和地方人民政府主管部门司法解释四种。

例如，最高人民法院于2020年发布的《关于审理劳动争议案件适用法律问题的解释（一）》，对处理劳动争议起了重要的作用。

6. 国际公约

经我国批准的国际劳工公约也是我国劳动法的渊源。迄今为止，我国已批准了二十多个国际劳工组织通过的国际劳工公约，例如《消除就业和职业歧视公约》《准予就业最低年龄公约》《同工同酬公约》等。

以《劳动法》为核心的劳动法律制度的建立，使我国劳动制度的各个方面逐步走向法治化，具有重要的社会意义：首先，它打破了以前劳动关系的行政调整模式和按照用人单位所有制性质管理劳动关系的模式，确立了市场经济下劳动关系调整的基本模式，有力地推动了经济体制改革和市场经济的发展；其次，它明确了劳动者享有平等就业权、自主择业权、劳动报酬权、休息休假权、劳动安全卫生保护权、职业培训权、社会保险权、提请劳动争议处理的权利等，完善了劳动权利保障与救济制度，从而使劳动权这一基本人权具有了实在内容和法律保障，维护了劳动者的合法权益；再次，它明确了劳动关系双方的权利义务，有利于减少纠纷，维护稳定、和谐的劳动关系，从而为构建和谐社会提供了重要保证。

二、劳动法律法规简介

我国已经制定一系列保护劳动者的法律法规，逐步形成一个劳动法律体系，包括劳动者的基本权利和义务、促进就业、劳动合同和集体合同、工作时间和休息休假、工资、劳动安全卫生、女职工和未成年工特殊保护、职业培训、社会保险和福利、劳动争议、监督检查、法律责任等内容。

（一）《中华人民共和国宪法》

国家最高法律——《中华人民共和国宪法》中有保护公民劳动权利的明确论述。

第四十二条　中华人民共和国公民有劳动的权利和义务。国家通过各种途径，创造劳动就业条件，加强劳动保护，改善劳动条件，并在发展生产的基础上，提高劳动报酬和福利待遇。劳动是一切有劳动能力的公民的光荣职责。国有企业和城乡集体经济组织的劳动者都应当以国家主人翁的态度对待自己的劳动。国家提倡社会主义劳动竞赛，奖励劳动模范和先进工作者。国家提倡公民从事义务劳动。国家对就业前的公民进行必要的劳动就业训练。

第四十三条　中华人民共和国劳动者有休息的权利。国家发展劳动者休息和休养的设施，规定职工的工作时间和休假制度。

第四十四条　国家依照法律规定实行企业事业组织的职工和国家机关工作人员的退休制度。退休人员的生活受到国家和社会的保障。

第四十五条　中华人民共和国公民在年老、疾病或者丧失劳动能力的情况下，有从国家和社会获得物质帮助的权利。国家发展为公民享受这些权利所需要的社会保险、社会救济和医疗卫生事业。

……

（二）《劳动法》

《劳动法》是为了保护劳动者的合法权益，调整劳动关系，建立和维护适应社会主义市场经济的劳动制度，促进经济发展和社会进步，根据宪法所制定的。《劳动法》于 1994

年7月5日第八届全国人民代表大会常务委员会第八次会议通过，自1995年1月1日起施行，根据2009年8月27日第十一届全国人民代表大会常务委员会第十次会议《关于修改部分法律的决定》第一次修正，根据2018年12月29日第十三届全国人民代表大会常务委员会第七次会议《关于修改〈中华人民共和国劳动法〉等七部法律的决定》第二次修正。

《劳动法》对促进就业、劳动合同和集体合同、工作时间和休息休假、工资、劳动安全卫生、女职工和未成年工特殊保护、职业培训、社会保险和福利、劳动争议监督检查与法律责任等问题做了明确的规定。《劳动法》成为其他劳动法律法规的依据，是对劳动关系的全面阐述。

《劳动法》的基本价值取向是侧重保护劳动者，大多属于强制性规范。

1. 劳动是公民的权利

每一个有劳动能力的公民都有从事劳动的同等的权利，对公民来说意味着：

（1）有包括就业权和择业权在内的劳动权；

（2）有权依法选择适合自己特点的职业和用工单位；

（3）有权利用国家和社会所提供的各种就业保障条件，以提高就业能力和增加就业机会。

对企业来说意味着：

（1）平等地录用符合条件的职工；

（2）加强提供失业保险、就业服务、职业培训等方面的职责。

对国家来说意味着应当为公民实现劳动权提供必要的保障。

2. 保护劳动者合法权益的原则

（1）偏重保护和优先保护。劳动法在对劳动关系双方都给予保护的同时，偏重于保护处于弱者地位的劳动者，适当体现劳动者的权利本位和用人单位的义务本位，劳动法优先保护劳动者利益。

（2）平等保护。全体劳动者的合法权益都平等地受到劳动法的保护，各类劳动者的平等保护，特殊劳动者群体的特殊保护。

（3）全面保护。劳动者的合法权益，无论它存在于劳动关系的缔结前、缔结后或是终结后，都应纳入保护范围之内。

（4）基本保护。对劳动者的最低限度保护，也就是对劳动者基本权益的保护。

（三）《中华人民共和国劳动合同法》

《中华人民共和国劳动合同法》（以下简称《劳动合同法》）是为了完善劳动合同制度，明确劳动合同双方当事人的权利和义务，保护劳动者的合法权益，构建和发展和谐稳定的劳动关系而制定的。《劳动合同法》自2008年1月1日起施行，全国人民代表大会常务委员会于2012年对该法案进行修正，并于2013年7月1日起施行。

专门规范劳动合同的制度称为劳动合同制度。劳动合同制度是整个劳动法体系中的核心制度。劳动合同与每个劳动者息息相关，是每个劳动者走上工作岗位，与用人单位发生劳动关系时都必须签署的协议。劳动合同制度的内容是劳动者与用人单位经过平等协商后达成的关于责任、权利和义务的条款。劳动合同一般包括当事人名称（姓名）和地址、合同期限、试用期、职务、工作时间、劳动报酬、劳动纪律、政治待遇、教育与培训、劳动合同变更、劳动合同解除、劳动合同终止、违约责任、其他事项（如住房问题、特殊困难）、争议处理等内容。通过对劳动合同制度的学习，可以懂得签订劳动合同时应注意哪些问题，以及劳动者依法享有哪些权利、承担什么义务、劳动合同变动的风险与后果等问题。

《劳动法》与《劳动合同法》是前法与后法、旧法与新法的关系，按照《中华人民共和国立法法》"新法优于旧法"的原则，《劳动法》与《劳动合同法》不一致的地方，以《劳动合同法》为准；《劳动合同法》没有规定而《劳动法》有规定的，则适用《劳动法》的相关规定。

《劳动合同法》是比较完整地保护劳动者合法权益的法律，在涉及劳动关系双方基本权利方面都给予了充分保障，保障劳动关系双方都有基本权利。《劳动合同法》的制定是为了保障劳动者的合法权益，作为劳动者更应该遵纪守法，加强对相关法律、法规的学习，增强维权意识。

《中华人民共和国劳动合同法实施条例》于2008年9月3日经国务院第25次常务会议通过并公布，自公布之日起施行。该条例是根据《劳动合同法》的规定，规范实施过程行为的具体法条，使其更加细化，更加明确。

（四）《中华人民共和国劳动争议调解仲裁法》

为了公正及时解决劳动争议，保护当事人合法权益，促进劳动关系和谐稳定，中华人民共和国第十届全国人民代表大会常务委员会第三十一次会议于2007年12月29日通过《中华人民共和国劳动争议调解仲裁法》，自2008年5月1日起施行。

部分争议"一裁终局"、仲裁处理时限缩短、劳动争议"仲裁免费"、举证责任倒置情形增加、仲裁时效延至一年等规定，用法律的形式固定了一系列有利于劳动者降低维权成本、快速维权、成功维权的规定。这使得劳动者不再因为劳动争议仲裁及诉讼周期长、程序烦琐而放弃自己的正当权利。

劳动争议处理制度是指在劳动争议处理过程中，由争议处理机构各自的地位和相互关系形成的有机整体。目前，我国劳动争议处理采取"一调一裁二审"制，即劳动争议发生后首先由当事人申请调解，调解不成或当事人不愿调解的应当先向劳动争议仲裁委员会申请劳动争议仲裁，只有当一方或双方当事人不服劳动争议仲裁裁决时，才可向人民法院起诉。仲裁是劳动争议的前置程序，诉讼是劳动争议的最终程序。

根据《劳动法》规定，发生劳动争议后，劳资双方应在六十日内提请劳动争议仲裁，劳动争议仲裁委员会一般应在六十日内做出裁决；当事人不服裁决的，可在收到裁决书的十五日内向法院提起诉讼。法院应在六个月内审结，特殊情况下可延长六个月；当事人不服法院一审判决的，可在十五日内提起上诉，二审法院应在立案之日起三个月内审结，特殊情况下可延长。劳动者在劳动过程中要注意保留证明劳动关系存在或劳动者权利成立的相关证据，以备不时之需。

（五）《中华人民共和国就业促进法》

《中华人民共和国就业促进法》(以下简称《就业促进法》)自2008年1月1日起施行。这部法律将就业工作纳入法治化轨道，从法律层面形成了更有利于就业者就业的社会环境。

《就业促进法》共九章六十九条，主要内容归纳为"116510"，即"一个方针，一面旗帜，六大责任，五项制度，十大政策"。

1. 一个方针

一个方针，即坚持劳动者自主择业、市场调节就业、政府促进就业的方针。

2. 一面旗帜

一面旗帜，即高举"公平就业"旗帜，创造公平就业的环境。

《就业促进法》第三条明确规定：劳动者就业，不因民族、种族、性别、宗教信仰等不同而受歧视；同时专设"公平就业"一章（第三章，第二十五条至第三十一条），明确规定妇女、各民族劳动者、残疾人、农村劳动者等群体享有与其他劳动者平等的劳动权利。

3. 六大责任

六大责任，即法律对政府在促进就业中承担的重要职责做出了明确规定，主要包括六个方面。

（1）发展经济和调整产业结构，增加就业岗位。《就业促进法》第四条规定：县级以上人民政府把扩大就业作为经济和社会发展的重要目标，纳入国民经济和社会发展规划，并制定促进就业的中长期规划和年度工作计划。第十一条规定：县级以上人民政府应当把扩大就业作为重要职责，统筹协调产业政策与就业政策。

（2）制定实施积极的就业政策。《就业促进法》专设"政策支持"一章，将目前实施的积极就业政策中行之有效的核心措施通过法律形式确定下来，形成长期有效的机制。

（3）规范人力资源市场。《就业促进法》第三十二条规定：县级以上人民政府培育和完善统一开放、竞争有序的人力资源市场，为劳动者就业提供服务。第三十八条规定：县级以上人民政府和有关部门加强对职业中介机构的管理，鼓励其提高服务质量，发挥其在促进就业中的作用。

（4）完善就业服务。《就业促进法》专设"就业服务和管理"一章，对完善就业服务，特别是加强公共就业服务做了明确规定。

（5）加强职业教育和培训。《就业促进法》专设"职业教育和培训"一章，进一步明确职业培训作为促进就业的重要支柱和根本措施，应成为各级政府促进就业工作的着力点。

（6）提供就业援助。《就业促进法》专设"就业援助"一章，明确规定各级政府应采取各种有效措施，对就业困难人员实行优先扶持和重点帮助。

4. 五项制度

五项制度，即以法律形式将就业工作制度化，主要包括五个方面：加强对就业工作组织领导的政府责任制度；加强对劳动者工作的公共就业服务和就业援助制度；加强对市场行为规范的人力资源市场管理制度；加强对人力资源素质提升的职业能力开发制度；加强对失业治理的失业保险和预防制度。

5. 十大政策

十大政策分别是：有利于促进就业的经济发展政策；有利于促进就业的财政保障政策；有利于促进就业的税费优惠政策；有利于促进就业的金融支持政策；城乡统筹的就业政策；区域统筹的就业政策；群体统筹的就业政策；有利于灵活就业的劳动和社会保险政策；援助困难群体的就业政策；失业保险促进就业政策。

（六）《中华人民共和国社会保险法》

《中华人民共和国社会保险法》（以下简称《社会保险法》）于 2011 年 7 月 1 日起施行。2018 年，第十三届全国人民代表大会常务委员会第七次会议决定对《社会保险法》部分条款进行修正。

《社会保险法》是中国特色社会主义法律体系中起支架作用的重要法律，是一部着力保障和改善民生的法律。《社会保险法》规定，国家建立基本养老保险、基本医疗保险、工伤保险、失业保险、生育保险等社会保险制度，保障公民在年老、疾病、工伤、失业、生育等情况下依法从国家和社会获得物质帮助的权利。

《社会保险法》坚持"贯彻落实党中央的重大决策部署；使广大人民群众共享改革发展成果；公平与效率相结合，权利与义务相适应；确立框架，循序渐进"四大原则。

社会保险制度是由国家通过立法建立社会保险基金，对参加劳动关系的劳动者在丧失劳动能力或失业时给予必要的物质帮助的社会保障制度。社会保险制度是社会保障制度的核心内容，它以劳动权利为基础，实行权利和义务相结合，并由雇主与劳动者缴费形成各项社会保险基金，以解除劳动者在养老、医疗、工伤、失业等方面的后顾之忧为目标，是促进劳资关系和谐、维护劳动者福利的根本制度。

社会保险制度不仅事关全体劳动者的切身利益，而且对国家与社会能否持续、健康、文明发展产生重大深刻的影响。依据我国劳动法，我国劳动者在退休、患病、负伤、因公伤残或患职业病、失业、生育等情形下分别可享受养老保险、医疗保险、工伤保险、失业保险、生育保险待遇。通过学习社会保险制度，劳动者可纠正在求职与就业过程中过分关注工资多少而忽视社会保险待遇的错误观念，充分认识到社会保险的重要性，为将来的生活筑起一道"防洪堤"。

（七）《职工带薪年休假条例》和《企业职工带薪年休假实施办法》

《职工带薪年休假条例》是为了维护职工休息休假权利，调动职工工作积极性，根据劳动法和公务员法制定的条例。该条例于2007年12月7日国务院第198次常务会议通过，自2008年1月1日起施行。其中规定：机关、团体、企业、事业单位、民办非企业单位、有雇工的个体工商户等单位的职工连续工作1年以上的，享受带薪年休假（以下简称年休假）。单位应当保证职工享受年休假。职工在年休假期间享受与正常工作期间相同的工资收入。

《企业职工带薪年休假实施办法》于2008年7月17日经人力资源和社会保障部第6次部务会议通过，自2008年9月18日起施行。

《职工带薪年休假条例》和《企业职工带薪年休假实施办法》规定了带薪年休假的具体计算方式及未休带薪年休假的具体工资发放标准。据此，劳动者可以依法维护自己的权益。

（八）《中华人民共和国民法典》

案例阅读

采集员工个人信息，使用目的必须正当

赵某所在单位的考勤一直实行指纹打卡。为防止考勤作弊，单位决定采用人脸识别考勤管理系统。但是，收到单位要求员工提供个人人脸照片的通知后，赵某担心单位会泄漏个人信息。那么，单位是否有权要求员工提供个人信息呢？

《民法典》第一百一十一条规定：自然人的个人信息受法律保护。任何组织或者个人需要获取他人个人信息的，应当依法取得并确保信息安全，不得非法收集、使用、加工、传输他人个人信息，不得非法买卖、提供或者公开他人个人信息。

《民法典》第一千零三十五条规定，收集、存储、使用、加工、传输、提供、公开个人信息，应当征得该自然人或者其监护人同意。

上述规定表明，用人单位收集员工个人信息必须依法进行。具体来说，应当做到三点：一是因签约需要，可以根据《劳动合同法》规定，收集员工的姓名、性别、身份证号码等信息，但不得收集生活经历、婚育状况等私密信息。二是因管理需要，可以采集员工的指纹、面部特征等生物识别信息，但不得采集与企业管理无关的声纹、耳廓等生物识别信息。三是要履行信息安全保障义务，确保员工个人信息用于正当目的，且仅限于本单位工作之用。

（资料来源：2021年10月，中工网，有改动）

2020年5月28日，第十三届全国人民代表大会第三次会议表决通过了《中华人民共和国民法典》（以下简称《民法典》），自2021年1月1日起施行。《民法典》共七编一千二百六十条，各编依次为总则、物权、合同、人格权、婚姻家庭、继承、侵权责任。通篇贯穿以人民为中心的发展思想，着眼满足人民对美好生活的需要，对公民的人身权、财产权、人格权等做出明确、翔实的规定，并规定侵权责任，明确权利受到削弱、减损、侵害时的请求权和救济权等。

《民法典》对于劳动权益保护有以下规定。

1. 对于劳动者的人格权保护

《民法典》第九百九十条：人格权是民事主体享有的生命权、身体权、健康权、姓名权、名称权、肖像权、名誉权、荣誉权、隐私权等权利。除前款规定的人格权外，自然人享有基于人身自由、人格尊严产生的其他人格权益。

2. 建设项目优先受偿

《民法典》第八百零七条：发包人未按照约定支付价款的，承包人可以催告发包人在合理期限内支付价款。发包人逾期不支付的，除根据建设工程的性质不宜折价、拍卖外，承包人可以与发包人协议将该工程折价，也可以请求人民法院将该工程依法拍卖。建设工程的价款就该工程折价或者拍卖的价款优先受偿。

3. 提供劳务过程中造成他人损害，雇主应承担责任

《民法典》第一千一百九十二条：个人之间形成劳务关系，提供劳务一方因劳务造成他人损害的，由接受劳务一方承担侵权责任。接受劳务一方承担侵权责任后，可以向有故意或者重大过失的提供劳务一方追偿。提供劳务一方因劳务受到损害的，根据双方各自的过错承担相应的责任。

提供劳务期间，因第三人的行为造成提供劳务一方损害的，提供劳务一方有权请求第三人承担侵权责任，也有权请求接受劳务一方给予补偿。接受劳务一方补偿后，可以向第三人追偿。

4. 被派遣员工因工侵权，用人单位承担责任

《民法典》第一千一百九十一条：用人单位的工作人员因执行工作任务造成他人损害的，由用人单位承担侵权责任。用人单位承担侵权责任后，可以向有故意或者重大过失的工作人员追偿。劳务派遣期间，被派遣的工作人员因执行工作任务造成他人损害的，由接受劳务派遣的用工单位承担侵权责任；劳务派遣单位有过错的，承担相应的责任。

5. 用人单位有防止和制止性骚扰义务

《民法典》第一千零一十条：违背他人意愿，以言语、文字、图像、肢体行为等方式对他人实施性骚扰的，受害人有权依法请求行为人承担民事责任。机关、企业、学校等单位应当采取合理的预防、受理投诉、调查处置等措施，防止和制止利用职权、从属关系等实施性骚扰。

【课堂互动】

（1）新的一年已经到来，如果员工在上一年度所享有的年假没有休完，应该怎么办？是否可累积到下一年度？若公司规定年底年假未休完便清零，这样的做法合法吗？我国关于年假的规定有哪些？

（2）据报道，某公司业务部门7名员工因业务不佳被罚吃"死神辣条"，后多人身体出现不同程度不适，其中两名女员工因胃绞痛被送往医院，患上胃炎。还有公司让员工吃蚯蚓、芥末等以惩罚业绩不佳的员工。近年来，员工未完成业绩要被打耳光、跪地爬、裸体跑等类似新闻屡见不鲜。谈谈你的看法。

第三部分　大学生兼职、实习劳动权益

大学生在校期间参与劳动的主要形式有兼职和实习等。

一、大学生兼职劳动权益

案例阅读

兼职陷阱

大三学生小张在学校宣传栏看到一则招工广告，"某国际知名企业在本地举办展销会，招募临时工作人员，日薪200元，包午餐，工作时间30天"。如此优渥的待遇，让小张不禁怦然心动，立刻打通了该活动举办方的电话。通过面试后，小张顺利上岗，投入了紧张的工作中，有时还要加班到很晚。然而上班十几天之后，却被告知场地没有落实下来，该展销会取消，之前的十几天是前期准备，所以工资仅按照80元一天给小张进行结算。因为没有任何书面协议，小张没有依据要求对方支付约定的200元日薪，更别提加班费了。

《关于贯彻执行〈中华人民共和国劳动法〉若干问题的意见》第十二条规定，在校生利用业余时间勤工助学，不视为就业，未建立劳动关系，可以不签订劳动合同。在校学生不具有劳动主体的资格，其勤工助学期间与用人单位之间并没有建立劳动关系，因此可以不签订劳动合同，不适用劳动法的规定，也就没有社会保险和最低工资等法律保护，不过可以用合同纠纷和民事诉讼来保护自己的合法权益。

（资料来源：2021年4月，搜狐网，有改动）

大学生兼职已经成为一种普遍的校园现象。在进行兼职活动时，大学生往往缺乏保护自己劳动权益的意识，致使兼职劳动权益保障十分困难。

（一）大学生兼职的概念

兼职是和专职、全职相对应的概念，一般意义上的兼职是指在本职工作之外兼任其他工作职务，如高校教师兼任某企业咨询顾问或兼任程序设计师，某公务员做业余培训师等。大学生兼职是相对于在校学生学业而言的，是学生为了提高自身能力、解决经济困难等，在课余时间参与的校内、外勤工助学劳动。

（二）我国对于大学生兼职的相关法律保护

我国《宪法》规定，中华人民共和国公民有劳动的权利和义务；我国《劳动法》规定，年满16周岁的自然人具有劳动能力，由此赋予了作为我国公民的大学生以劳动权利能力和劳动行为能力。根据我国《宪法》《劳动法》的相关规定，大学生作为我国公民，只要达到法定劳动年龄、具有劳动能力、以从事劳动获取合法收入且符合劳动法规定的劳动关系成立要件的，就可以纳入劳动法的调整和保护范围之中。

依据《劳动合同法》有关规定，大学生兼职具备非全日制用工形式的特点，具有完全的劳动主体资格，应该受到劳动法的保护。

（三）网络兼职安全

近年来，学生网络兼职诈骗事件时有发生，已成为学生新的职场安全问题。学生网络兼职存在的安全问题主要有财产安全和人身安全两个方面。一是财产安全，很多学生不能对网络兼职中的诈骗行为进行甄别，容易上当受骗，被不法分子骗取代理费、培训费以及押金等费用。二是人身安全，一些不法组织，如非法传销和邪教组织，打着招聘兼职人员的旗号，给予兼职学生优厚待遇，吸引学生加入组织，进行非法活动，对学生的人身安全和心理健康造成了严重的损害。

1. 网络兼职权益被侵犯的原因

通过网络兼职赚取一定的生活费甚至学费来减轻家庭经济负担，同时能在兼职过程中获取社会经验已被学生普遍认可。但是，不法分子常会利用网络本身的复杂性，设计各式各样的陷阱蒙骗学生，此时，学生求职心切和缺乏社会经验就成为权益被侵犯的主要原因，在真伪难辨、不知不觉中落入行骗者的圈套。

2. 网络兼职安全策略

（1）加强安全意识。平时要多留意网络诈骗案例和网络诈骗手段，要通过各种平台学习网络兼职安全知识，提高识别、防范网络诈骗的能力。当接触到网络兼职时，应提高警惕，抵制诱惑，避免自身权益受到侵犯。

（2）增强法律意识。求职前，要熟悉与网络求职相关的劳动法律法规和相关政策。求职时，要对工作岗位内容多了解、多分析。对不符合劳动法律法规和相关政策的情形，要敢于质询，提高警惕。

（3）提高维权意识。在兼职过程中，要不断提高自身的法律意识和维权意识，在合法权利遭受侵害时，要保存好相关证据凭证，运用正确的维权方法，通过法律途径维护自身权益。

二、大学生实习劳动权益

案例阅读

共同承担赔偿责任

大四学生王娟(化名)被学校安排到一家公司进行毕业前的实习。半月后,王娟在上班期间送材料前往打字室印刷时,因脚下一滑不慎滚下楼梯,不仅花费11万余元医疗费,还由于尾椎受伤落下七级伤残。事后王娟曾多次要求学校、公司赔偿。学校以王娟在公司上班,超出了学校管理范围为由,让其找公司担责;公司则认为王娟的身份仍是学生,公司只是帮助其完成学业,由此出现的损害只能由学校承担。由于学校与公司相互推诿,王娟无奈提起了诉讼。经法院审理,判决学校与公司共同承担赔偿责任。

实习是教学的延伸,此种情况下的实习学生不应被看作劳动者,和实习单位之间也不存在与用人单位建立劳动关系的情况。《劳动法》《集体合同规定》《工伤保险条例》均不适用于实习生,但实习单位仍然应承担《侵权责任法》中的安全保障义务。

(资料来源:2018年2月19日,中国网,有改动)

(一)大学生实习的概念

实习是指学生在校期间,到单位的具体岗位参与实践工作的过程,其针对的是在校学生。

学生在实习期间发生的伤害事故不属于工伤,不能享受工伤保险待遇,但可以按雇佣关系向用人单位主张权利,或由学校基于与单位之间的实习合同的相关约定主张权利。

实习期只适用于在校学生。一些用人单位为了逃避保险或最低工资的限制,故意与符合劳动者资格的非在校学生签订实习协议,这是违法的,也是无效的。实际上即使签订实习协议,用人单位和非在校学生也存在事实劳动关系。

1. 劳动报酬

实习学生不具有《劳动法》意义上的劳动权利和劳动义务,毕业实习期间实习生与实习单位之间只能是劳务合同关系,而不是劳动合同关系。虽然法律没有明文确认实习生与实习单位形成的是劳动关系,但是毕竟实习生为实习单位服务,提供了劳动,因此,实习单位应该给予实习生一定的劳动报酬。

2. 最低工资制度

实践中,实习学生与实习单位常就劳务补贴、劳动安全等事项于事前进行协商约定。实习单位只有对于有约定的劳务补贴才产生法定的给付义务。但这也只是民法意义上的、由双方自由协商的劳务费,而非劳动法意义上的、有最低工资下线保护的工资报酬。如无双方约定，实习单位没有依法支付实习学生有最低工资下线保护的劳动报酬的法定义务，实习学生也不享有要求实习单位支付不低于当地最低工资标准报酬的法定权利。

3. 经济补偿与双倍工资

根据《劳动法》及《劳动合同法》有关规定，当劳动者和用人单位解除或终止劳动关系符合支付经济补偿金条件时，劳动者依法享有要求用人单位支付相应经济补偿金的权利，这也是用人单位为构建和谐社会关系应尽的社会义务。而实习学生与实习单位之间并未建立劳动关系，民事劳务关系中也无关于经济补偿金的法律规定。因此，实习单位与实习学生解约时，实习单位不承担支付实习学生解约经济补偿金的法定义务。

根据我国《劳动合同法》的有关规定，用人单位未依法与劳动者签订书面劳动合同的，在建立劳动关系满一个月以后，用人单位应依法承担劳动者双倍工资的赔偿责任。当用人单位违法解除或终止劳动合同时，用人单位应以经济补偿金为基数依法承担双倍赔偿的法定责任。诸如此类法定责任均以双方建立劳动法意义的劳动关系为前提。因为实习学生与实习单位之间并非劳动法意义上的劳动关系，所以实习学生不享有要求实习单位双倍赔偿等法定权利。

（二）我国职业学校学生实习管理规定

2021年，教育部等八部门联合印发《职业学校学生实习管理规定》（以下简称《规定》），针对实习内容专业不对口、强制实习、收费实习、简单重复劳动、中介机构参与、违规安排加班和夜班等问题，进一步划定"红线"，提出1个"严禁"、27个"不得"，并有针对性地明确了处理规定，切实保障实习学生的合法权益。首次配发了实习协议示范文本，明确了必须由职业学校、实习单位、学生三方签署协议后方可实习。

1. 实习内容

《规定》明确实习内容应基本覆盖专业所对应岗位（群）的典型工作任务，不得安排与专业无关的简单重复劳动、高强度劳动；原则上不得跨专业大类安排实习，不得仅安排学生从事简单重复劳动；不得安排学生从事Ⅲ级强度及以上体力劳动或其他有害身心健康的实习；严禁以营利为目的组织违规实习。

2. 强制实习

《规定》进一步保障了学生和家长的知情权，明确了所有学生参加统一组织的岗位实习均应当取得学生、学生监护人或家长签字的知情同意书，对学生及其法定监护人或家长明确不同意学校实习安排的，可自行选择符合条件的实习单位岗位。不得强制职业学校安排学生到指定单位实习，不得扣押学生的学生证、居民身份证或其他证件。

3. 中介机构

当前，中介机构介入实习赚取"人头费"，是产生强制实习、付费实习的重要源头，社会反映较为强烈。《规定》明确实习三方协议必须由职业学校、实习单位、学生三方签署，重申不得通过中介机构或有偿代理组织、安排和管理学生实习工作。违反本规定从事学生实习中介活动或有偿代理的,法律法规规定了法律责任的,由相关部门依法依规追究责任;构成犯罪的,依法追究刑事责任。

4. 加班和考勤

针对学生实习加班和考勤的问题,在原规定(2016年)原则上不得"安排学生加班和上夜班"基础上,进一步增加了实习单位应遵守国家关于工作时间和休息休假的规定,保障学生在岗位实习期间按规定享有休息休假、获得劳动卫生安全保护、接受技术技能指导等权利的要求,明确"不得简单套用实习单位考勤制度,不得对学生简单套用员工标准进行考核"。

5. 报酬和费用

《规定》明确,实习单位应给予学生适当的实习报酬,原则上不低于本单位相同岗位工资标准的80%或最低档工资标准,支付周期不得超过1个月,不得以物品或代金券等代替货币支付或经过第三方转发,不得向学生收取实习押金、培训费、实习报酬提成、管理费、实习材料费、就业服务费或者其他形式的实习费用,不得要求学生提供担保或者以其他名义收取学生财物。

6. 实习管理体系、管理流程

《规定》以学生实习回归育人本质、保障学生等各方权益为主线,系统梳理并进一步明确各有关主体责任。

1)结合实际重新整合实习管理范围、内涵和边界

在范围上,将高职本科学校实习纳入本《规定》适用对象,统一标准、规范管理。在内涵上,适应数字时代职业场景、岗位形态的变化,重新界定实习分类,将"跟岗实习""顶岗实习"统一为"岗位实习",进一步扩大和优化实习岗位供给。在边界上,对于建在校内或园区的生产性实训基地、厂中校、校中厂、虚拟仿真实训基地等,已经可以基本再现真实职业场景的,也可按本《规定》作为实习单位,并明确了相应要求。

2)进一步将实习融入校企协同育人范畴

规定职业学校应当优先选择"与学校有稳定合作关系的企(事)业单位",同时"鼓励和引导企(事)业单位等按岗位总量的一定比例,设立实习岗位并对外发布岗位信息","加强实习前培训,使学生、实习指导教师和专门人员熟悉各实习阶段的任务和要求",强化实习单位主要负责人安全生产第一责任人职责。

3)要求学校等各方进一步提高实习管理水平

明确要求"实习单位名单须经校级党组织会议研究确定后对外公开",明确学生实习工作校内管理体制与运行机制;支持结合学徒制培养、中高职贯通培养等合作探索多种形式的实践性教学改革;在遇有突发事件或重大风险时,按照属地管理要求做好分类管控工作,遇有重要情况不得迟报、瞒报、漏报。

4）进一步明确了跨省实习的管理规定

明确职业学校组织学生跨省实习的，须事先经学校主管部门同意，按程序报省级主管部门备案。跨省实习数量较大的省份之间，要建立跨省实习常态化协同机制，实习派出地要将相关信息提供给实习单位所在地省级教育主管部门，由实习单位所在地一并纳入本地实习日常监管体系，及时通告监管发现的问题并积极协调有关部门做好事件处置。

5）进一步完善实习保险政策

提出加快发展职业学校学生实习责任保险和适应职业学校学生实习需求的意外伤害保险产品。鼓励保险公司对学徒制保险专门确定费率，实现学生实习保险全覆盖。积极探索职业学校实习学生参加工伤保险的办法。

6）明确了对违规职业学校和实习单位的处理规定

对违反本规定组织学生实习的职业学校，由职业学校主管部门依法责令改正。拒不改正或者管理混乱，造成严重后果、恶劣影响的，应当对学校依法处理。实习单位违反本规定，法律法规规定了法律责任的，县级以上地方人民政府或地方有关职能部门应当依法依规追究责任。

【课堂互动】

> 到企事业单位实习是大学生踏入社会、准备就业的重要一步，然而实习生进入企事业单位后会面临一系列的问题，如他们与单位是否属于劳动关系？他们的劳动待遇如何保障？出现意外伤害后如何保障？发生纠纷后如何维护自己的权益？谈谈你的看法。

第四部分　大学生劳动权益

大学生作为一个特殊群体，在就业过程中除享有普通劳动者所享有的劳动报酬权、休息休假权、劳动保护权等一般权利外，还享有其他的权利。

案例阅读

大学生就业陷阱

西安某高校应届毕业生王东（化名）在求职还不到一个月时就被骗了3次：被用人单位提前收取"防违约押金"，被黑中介骗了钱，甚至被疑似传销组织的不明团伙骗到了外地。

刚毕业的李冰（化名）则认为自己入了某企业管培生的"坑"，"说好的入职后做产品经理，被全方位培养为管理人才，结果都半年了，基本上哪儿缺人就去哪儿打杂，做行政、做文职。"李冰虽然对现状很无奈，但也只能硬着头皮先干下去，"签了合同不能马上辞职。"

> 裴颖（化名）也对现在的公司十分不满："招聘时承诺'五险一金'，税后 5000 元，签约时就变成了只有'三险'，税前 5000 元。"在裴颖看来，缺少任何一种保险都是失去了一份生活保障，企业这么做很不"厚道"。她也在准备重新找一份工作，有机会就离开现在的公司。

一、大学生就业的基本权益

1. 就业信息知情权

就业信息知情权是指大学毕业生拥有及时、全面地获取应该公开的各种就业信息的权利。该权利包括三个方面的含义：信息公开，即任何团体、组织和个人都不得隐瞒、截留用人信息，要全部向毕业生公布；信息及时，即应当将就业信息及时向毕业生公布，否则就业信息就会过时，失去了使用价值；信息全面，即向毕业生公布的就业信息应当是全面完整的，部分的、残缺不全的信息将影响毕业生对用人单位的全面了解和准确判断，从而影响毕业生对职业的选择。

毕业生有全面、真实获取用人单位信息的权利。在双向选择的过程中，毕业生有权向用人单位了解具体的使用意图、工作环境、薪酬待遇、发展前景等情况，从而做出符合自身条件的选择；用人单位有义务向毕业生和学校如实介绍本单位的情况，并提供相应的资料。

2. 接受就业指导权

就业指导对毕业生来说意义重大，它会直接影响毕业生的职业生涯规划、就业意识、就业方向及求职择业的技巧。接受来自国家、社会和学校的及时、有效的就业指导与服务，是大学毕业生的一项重要权利。学校在毕业生就业指导工作中占据重要位置。

《中华人民共和国高等教育法》第五十九条规定，"高等学校应当为毕业生、结业生提供就业指导和服务"。为做好毕业生就业指导工作，学校应当设立专门机构、开设专门课程、安排专门人员对毕业生进行全方位的就业指导与服务，向毕业生宣传国家关于毕业生就业的方针、政策，帮助毕业生做好职业规划，对毕业生进行择业技巧的指导，引导毕业生准确定位，合理择业。除了学校，毕业生还可以从社会上合法的就业指导机构处获得帮助。

3. 被推荐权

向用人单位推荐毕业生是学校就业工作的一项重要职责，学校的推荐对用人单位选择毕业生起着重要作用。毕业生享有被学校及时、公正、如实推荐到用人单位的权利。

学校推荐毕业生时应做到：如实推荐，对毕业生的在校表现不夸大、不贬低，实事求是；择优推荐，在公开、公正的基础上择优推荐毕业生，使人尽其才，并激发大学生的学习工作积极性；公正推荐，根据个人的表现及能力，公平、公开、公正地推荐每一位毕业生，使大家都能够享受到被推荐的权利。

4. 平等就业权

平等就业权源于我国宪法，是劳动权和平等权共同派生的一个权利，平等就业权综合了生存权和发展权的基本人权特征,是一项具有社会性的重要权利。大学生作为中国公民,享有宪法规定的基本权利。毕业生在就业过程中享有平等的就业权利,有平等的机会竞争工作岗位,反对就业中的各种歧视行为,这是一项基本的劳动权和人权。

毕业生应当平等地接受学校推荐,平等地参加用人单位的公开招聘,同时还应该要求用人单位在录用毕业生时能够做到公平、公正及一视同仁。目前,社会上确实存在就业歧视,包括性别歧视、地域歧视、学历歧视、经验歧视、身体条件歧视等,毕业生在遭遇这些歧视时,应该勇敢地拿起法律武器维护自己的权利。

5. 就业选择自主权

《劳动法》第三条规定,劳动者享有选择职业的权利。毕业生就业只要符合国家有关就业方针、政策,就可以自主选择用人单位,按照自己的兴趣、爱好和能力选择自己将要从事的职业,任何单位或个人不得干涉,更不可将个人意志强加于毕业生。毕业生在国家就业方针、政策指导下"双向选择,自主择业",即毕业生可按照自己的意愿就业,有权决定自己是否就业,何时就业,何地就业,从事何种职业,学校、其他单位和个人均不能进行干涉。任何强加给毕业生的就业行为都是侵犯毕业生就业自主权的行为。

6. 违约求偿权

用人单位、毕业生、学校的三方协议一经签订,任何一方不得擅自毁约和违约,如果用人单位无故解除协议,或不按照协议内容履行,毕业生有权要求用人单位承担违约责任,包括支付违约金。在现实就业过程中,毕业生出于谋求更好的就业机会等原因,向用人单位主动提出解除协议的情况较多,毕业生大多承担了自己的违约责任。用人单位一方出于单位改制、经营情况不良等原因,也有主动向毕业生提出解除协议的情况,甚至个别单位在招聘时提供了虚假信息,在毕业生到单位就业后不能履行对毕业生的承诺,对于这些情况,毕业生有权向用人单位提出赔偿要求。

7. 户口和档案保存权

毕业生自毕业之日起两年择业期内,如果没有联系到合适的工作单位,没有和用人单位签订就业协议,也没有因回生源地自主择业、出国等情况而办理人事代理手续,有权将档案和户口保存在学校,学校应当对毕业生的学籍档案和户口关系进行妥善保管,不能向毕业生收取费用。择业期满后,学校就不再承担此义务。

二、就业协议

1. 就业协议的概念

就业协议是明确规定毕业生、用人单位和学校在毕业生就业工作中权利和义务的书面表现形式。就业协议由教育部或各省、自治区、直辖市就业主管部门统一印制,须毕业生、用人单位、学校三方在就业协议书上签字盖章才能生效。在签订就业协议的过程中,毕业生与用人单位是平等的主体,双方不存在隶属关系,相互之间的法律地位完全平等。

2. 签订就业协议的程序

（1）毕业生和用人单位达成协议并在就业协议书上签名盖章，用人单位应在协议书上注明可以接收毕业生档案的名称和地址。

（2）用人单位进人，如需经主管部门同意，则应报上级主管部门批准。如当地人事部门或地方政府另有要求，则按当地规定办理。

（3）毕业生将签订好的协议书直接送到学校毕业生就业指导部门，并由就业指导部门将协议书的审核情况反馈给用人单位和毕业生。

（4）对于考研、专升本的毕业生，在与用人单位签订协议时要说明情况，如用人单位知情后同意签约，则毕业生在录取为研究生或升入本科后不承担违约责任。没有签约的考研、专升本的毕业生，将就业协议书统一交到学校就业指导部门。

3. 签订《就业协议书》

（1）毕业生和用人单位签订《就业协议书》，到当地人事部门审核备案，并在《审核备案表》或《就业协议书》上盖章。此种情况毕业生的所有关系将直接派到毕业生工作单位。

（2）毕业生和用人单位签订《就业协议书》，若当地人事部门不能审核备案，本人可在单位工作，但户口、档案可回原籍，也可挂靠在人力资源管理市场。

（3）毕业生和用人单位签订《就业协议书》，若只是暂时没有到所在地政府毕业生就业工作部门审核备案，可先提供工作证明，学校以此了解毕业生就业去向并统计就业率。

（4）由于各种原因暂时不能签约，则须提供工作证明，学校用以了解毕业生就业去向和统计就业率，户口、档案暂时保留在学校。毕业生须将工作证明和要求把户口、档案保留在学校的申请由系部统一交到学校毕业生就业指导工作部门，这种情况户口、档案可在学校保留两年。

4. 签订就业协议时应注意的问题

（1）查明用人单位的主体资格。签订就业协议的当事人必须具备合法的主体资格，一般而言，用人单位必须具有从事各项经营或管理活动的能力，单位应有录用指标和录用自主权。

（2）按规定程序签订协议。毕业生凭学校发放的就业协议书，在与用人单位签约后交学校就业指导工作部门。

（3）有关条款的内容必须明确。毕业生与用人单位签约时，尽量采用规范条款。如确有必要进行变更或增加，也应在内容上予以明确。

（4）注意与劳动合同的衔接。毕业生签订就业协议在先，为避免在日后订立劳动合同时产生纠纷，应尽可能将劳动合同的主要内容体现在就业协议的约定条款中，并明确表示在今后订立劳动合同时应予认可。

（5）对合同的解除条件做事先约定。就业协议一经订立，就对当事人具有约束力，不得随意解除，否则应承担违约责任。

5. 就业协议的解除

就业协议的解除分为单方解除和双方解除。

单方解除包括单方擅自解除和单方依法或以协议解除。单方擅自解除属违约行为。单方依法或以协议解除是指一方解除就业协议有法律上或协议上的依据,此类单方解除,解除方无须对另一方承担法律责任。

双方解除是指毕业生、用人单位经协商一致,取消订立的协议,使协议不发生法律效力。双方均不承担法律责任,但须征求学校同意。

6. 违约责任及毕业生违约的后果

毕业生违约,除本人应承担违约责任并支付违约金外,往往还会造成其他不良后果,其主要表现在:就用人单位而言,为录用一名毕业生往往做了大量工作,一旦学生违约,会给用人单位造成被动;就学校而言,用人单位往往将毕业生违约认为是学校管理不严,从而影响学校和用人单位的长期合作;就其他毕业生而言,违约会影响其他毕业生的就业,造成就业信息的浪费。

【课堂互动】

(1)有同学问:"我今年毕业,学校非要我们签毕业生就业协议书,但我还没有找到工作,就想找亲戚帮忙盖个章。但是听网上说,这会牵扯到档案问题,以后会很麻烦,没找到工作的话,可以不用签。我想问问真的是这样吗,不签的话,会不会影响毕业?"

(2)小孙毕业时与学校和一家公司签订了一份毕业生就业协议书,约定小孙大学毕业后,在该公司就业,如果一方违约,必须支付10 000元违约金。小孙大学毕业进入该公司后,公司一直没有安排小孙就业。小孙协调无果后提起诉讼,要求公司按照《劳动合同法》给予经济补偿。

毕业生就业协议书是否属于劳动合同?能否替代劳动合同呢?

三、劳动合同

案例阅读

劳动者违反防疫要求,用人单位有权解除劳动合同

1. 基本案情

陈某系仁化县某电力公司员工。2020年,新冠病毒肺炎疫情暴发,国家和各级政府高度重视并颁布系列防控措施与政策。但陈某从他乡返韶返岗,却未严格落实防疫要求,不仅未及时告知其与从高风险地区返粤的亲戚有无密切接触等情况,还在明知单位已安排其隔离的情况下,不遵守公司的隔离安排,未经请示、报告擅自离开厂区。公司认为,陈某

的行为给公司员工造成恐慌，对公司生产经营造成不良影响，据此向陈某送达《解除劳动合同通知书》，解除公司与陈某的劳动合同关系。陈某不服，认为公司行为违法，并先后提起劳动仲裁及诉讼。

2．裁判结果

法院审理认为，电力公司根据政府部门的防控措施要求安排陈某进行隔离，也属于对陈某的工作安排。在疫情防控的紧要关头，严守疫情防控要求是每一位劳动者，乃至每一位公民应尽的义务，陈某未听从公司的隔离安排，也未及时告知其与从高风险地区返粤的亲戚有无密切接触等情况，其行为虽未导致实质性后果，但并不能因此淡化其不按要求进行隔离等行为的严重性。根据广东省高院、广东省人社厅《关于审理涉新冠肺炎疫情劳动人事争议案件若干问题的解答》第11条之规定，法院驳回陈某的诉讼请求。

3．典型意义

因应疫情防控期间的特殊要求，劳动者理应服从人民政府采取的应急处置措施及公司管理，自觉履行报告、强制隔离、隔离治疗等防疫义务，避免给疫情防控带来不必要的风险，这样做既是对自己负责，也是对公司、他人人身安全负责。如执意违背防疫要求，劳动者需就其自身行为所产生的不利后果予以承担。

（资料来源：2021年4月30日，《韶关日报》，有改动）

劳动合同也称劳动协议，是指劳动者与用人单位之间确立劳动关系、明确双方权利和义务的协议。劳动合同是劳动关系的直接反映，是劳动者维权的法律凭证。

（一）劳动合同的签订

1. 劳动合同订立的时间

劳动合同订立是指劳动者和用人单位经过相互选择和平等协商，就劳动合同条款达成协议，从而确立劳动关系和明确相互权利、义务的法律行为。

《劳动合同法》第十条规定：建立劳动关系，应当订立书面劳动合同。已建立劳动关系，未同时订立书面劳动合同的，应当自用工之日起一个月内订立书面劳动合同。用人单位与劳动者在用工前订立劳动合同的，劳动关系自用工之日起建立。

用人单位招用劳动者时，应当如实告知劳动者工作内容、工作条件、工作地点、职业危害、安全生产状况、劳动报酬，以及劳动者要求了解的其他情况；用人单位有权了解劳动者与劳动合同直接相关的基本情况，劳动者应当如实说明。

2. 劳动合同的订立原则

（1）合法原则。合法原则是订立劳动合同的基本原则，也是重要的原则。合法原则是指劳动合同的订立不得违反法律、法规的规定。

（2）平等自愿原则。平等自愿原则是订立劳动合同的核心原则。所谓平等，是指在订立合同时，劳动者和用人单位在法律上处于平等的地位，都有权选择对方并就合同内容表达具有同等效力的意志。所谓自愿，是指订立劳动合同的双方当事人以各自的起初意志表示自己的意愿，任何一方可拒绝与对方签订合同，同时任何一方都不得强迫对方与自己签订劳动合同。

（3）协商一致原则。协商一致原则是平等自愿原则的延伸和结果。协商一致是指双方当事人进行充分的平等协商，就劳动合同的所有事项形成完全相同的意思表示后确定劳动合同的订立。协商一致是维护双方当事人合法权益的基本要求。

（4）诚实信用原则。用人单位和劳动者双方在订立劳动合同过程中，必须诚实无欺，讲究信用，不得滥用权利和规避法律的义务。根据该原则，双方当事人在订立劳动合同时，应当真实地向对方陈述与建立劳动关系有关的情况。

3. 劳动合同必备条款

劳动合同应当以书面的形式订立，并具备以下条款：劳动合同期限；工作内容；劳动保护和劳动条件；劳动报酬；劳动纪律；劳动合同终止的条件；违反劳动合同的责任。除此之外，当事人可以协商约定其他内容。

"协商约定其他内容"是指劳动合同中的约定条款，即劳动合同双方当事人除依据《劳动合同法》就劳动合同的必备条款达成一致外，如果认为某些方面与劳动合同有关的内容仍需协调，便可将协商一致的内容写进合同，这些内容是合同当事人自愿协商确定的，而不是法定的。

劳动合同的必备条款中没有规定社会保险一项，原因在于：社会保险在全社会范围内依法执行，并不是订立合同的双方当事人所能协商解决的。

4. 劳动合同关于试用期的规定

1）试用期的规定

《劳动合同法》第十九条规定，劳动合同期限三个月以上不满一年的，试用期不得超过一个月；劳动合同期限一年以上不满三年的，试用期不得超过两个月；三年以上固定期限和无固定期限的劳动合同，试用期不得超过六个月。

同一用人单位与同一劳动者只能约定一次试用期。试用期是指包括在劳动合同期限内，用人单位对劳动者是否合格进行考核，劳动者对用人单位是否符合自己要求也进行考核的期限，这是一种双方双向选择的表现。

需要说明的是，劳动合同期限长短不是约定试用期的唯一参照。在实践中，很多工作本来不需要太长试用期，劳动者就能胜任，但有些用人单位动辄规定试用期为三五个月甚至半年，恶意用足法定试用期上限，这加重了劳动关系的不平等性，增加了劳动者的职业不确定性和经济负担。这就提醒劳动合同双方当事人，特别是劳动者一方，在约定试用期时，应将技术含量的因素也考虑进去。

2）试用期的待遇

《劳动合同法》对试用期劳动者的工资水平也做出了保障：劳动者在试用期的工资不得低于本单位相同岗位最低档工资或者劳动合同约定工资的百分之八十，并不得低于用人单位所在地的最低工资标准。

试用期内需缴纳社会保险。《劳动合同法》第十九条第四款规定"试用期包含在劳动合同期限内"，而在劳动合同期限内，用人单位为劳动者办理缴纳社会保险等五险一金是法定义务。

只签订单独的试用期合同违法。司法实践中，一些用人单位为了避免与劳动者订立劳动合同，往往在招用劳动者时与劳动者签订单独的试用合同，在试用合同期满后再决定是否正式聘用。其目的往往是规避法律，在试用期使用廉价劳动力，方便解除劳动合同；而《劳动合同法》规定，劳动合同仅约定试用期的，试用期不成立，该期限为劳动合同期限。

3）试用期的注意事项

（1）试用期是一个约定的条款，如果双方没有事先约定，用人单位就不能以试用期为由解除劳动合同，即用人单位和劳动者必须就试用期条款充分协商，取得一致，试用期条款才能成立。合同是双方当事人意思表示一致的结果，是在互利互惠基础上充分表达各自意见，并就合同条款取得一致后达成的协议。因此，任何一方都不得凌驾于另一方之上，不得把自己的意志强加给另一方，更不得以命令、胁迫等手段签订劳动合同试用期条款。

（2）《劳动合同法》限定了试用期的约定条件。劳动者在试用期间应当享有全部的劳动权利，包括取得劳动报酬的权利、休息休假的权利、获得劳动安全卫生保护的权利、接受职业技能培训的权利、享受社会保险和福利的权利、提请劳动争议处理的权利以及法律规定的其他劳动权利等，还包括依照法律规定，通过职工大会、职工代表大会或者其他形式，参与民主管理或者就保护劳动者合法权益与用人单位进行平等协商的权利。用人单位不能因为劳动者试用期的身份而对其加以限制，不能与其他劳动者区别对待。

（3）试用期包括在劳动合同期限内。不管劳动合同双方当事人订立的是一年期限还是三五年期限的劳动合同，如果约定了试用期，劳动合同期限的前一段期限（可能是三五天或者一个星期，也可能是一两个月）就是试用期，即试用期包括在整个劳动合同期限里。不管试用期之后继续订立劳动合同还是不订立劳动合同，都不允许只约定试用期。

（4）《劳动合同法》关于试用期的规定体现了劳动合同双方当事人权利和义务的大体平等。劳动合同的解除中规定，劳动者在试用期内可以通知用人单位解除劳动合同；劳动者在试用期间被证明不符合录用条件的，用人单位也可以解除劳动合同。

（5）禁止设定变相试用期。有的用人单位为了规避法律约束，约定试岗、适应期、实习期等，这些都是变相的试用期，其目的无非是将劳动者的待遇下调，方便解除劳动合同。为了保护劳动者的合法权益，应当明确这些情形按照试用期对待。

（二）劳动合同的变更

1. 劳动合同变更的原因

在履行劳动合同过程中，经常会出现合同变更的情况，其主要原因有两个：一是企业的生产经营和工作发生变化，一部分职工的工作岗位、工作内容可能在履行劳动合同过程中发生变化，从而需要变更劳动合同。二是员工劳动力升值或者老化。企业根据其认定的劳动力价值给员工定工资：认为某人的劳动力价值高一些，给其定的工资也会相应高一些，如果通过培训、实践以及工作经验的积累，一个人的劳动力价值有所提高，企业就有可能要支付更多的钱购买。所以，很多企业都会出现随着员工工作年限的增加或技能的提高而给其涨工资的现象，劳动合同中劳动报酬的条款也就需要进行变更。

另外，员工的薪酬、福利可能随着企业效益的变化而调整，也会引起劳动合同条款的变更。

2. 劳动合同变更的原则

劳动合同的变更应遵循平等自愿、协商一致原则，即当事人意志自治的原则。这是一个通行原则，在合同的订立、变更、解除时都会用到，是最朴素的合同原则。

人力资源管理中常遇到一个难题：企业提出要与员工协商变更合同条款，尤其是在增加员工义务而减少其权利的情况下，员工会不同意。面对这种情况，企业与员工应平等协商，按照市场规则理念，适当增加员工的权利，以求平衡。

3. 劳动合同变更的常见问题

（1）员工不胜任工作，也不接受岗位调整。如果实现不了当初订立劳动合同的目的，合同就不再有履行的必要，应予解除。我国《劳动法》规定，劳动者不能胜任工作，经过培训或者调整工作岗位，仍不能胜任工作的，用人单位可以解除劳动合同。从这个意义上讲，如果员工不能胜任工作，企业就有权单方决定调整其岗位，不必征求其意见，即不用协商即可进行劳动合同的变更。

（2）合同变更的形式问题。我国《劳动法》规定，劳动合同应当以书面形式订立。国外的劳动法规定，合同不一定是书面的，口头或者其他的形式均可。在劳动合同变更时，只要是订立时要求书面形式的，变更、解除、终止时都要采取书面形式。

（3）并非胜任力原因的工作调整处理。企业在生产经营的过程中会遇到这样的问题：产品滞销，产品线全部关停，相关岗位撤销，相关人员的岗位需要变更。此类员工岗位调整带来的纠纷，不适合由仲裁委员会或法院来处理。因为劳动关系中的内容主要涉及合理与不合理的问题，所以此类问题要求企业内部有制衡机制。

（4）企业名称变更。企业名称变更不需要变更劳动合同。企业新名称在工商局备案以后，在法律上就被认定，原来的合同继续履行即可。因为双方约定事项的本质没有变，主体依旧是企业本身，只是应该通知职工"企业的名称发生变化，现在经过合法的工商注册登记变成新的名称，原来合同里甲方主体的名称变成了新名称，今后跟劳动合同有关的甲方主体名称都用新名称"。

同样的道理，职工更改姓名也不需要跟企业签订变更协议，原来的合同照旧履行，只需说明"从×时间起××的名字改为新的名字××"即可。

（5）企业合并。两个企业合成一个新的企业，从严格意义上讲，职工的劳动合同不应该变更。合并以后的新企业应该将合并之前企业的所有债权、债务以及合同上的权利和义务全部承接下来，继续履行。以新企业的名义起用新合同并使原有的合同作废，是不合法的行为。

分立是由一个企业分成两个新的企业，分立后的企业须承接原来企业对员工的义务，也可以享受原来的权利。

（6）改制后的国有企业。国企改制就是把一部分股份卖给非公有经济的投资人，这部分股份就会变成非国有，或者企业不是国有控股。企业的股东和股本结构发生了变化，应该对原国有企业的职工置换身份或者发给职工补偿金。企业改制后，劳动力进入市场经济的环境中，应该以置换身份或补偿金的形式把国有期间的劳动力折旧发给员工。

（三）劳动合同的解除和终止

1. 劳动合同的解除

劳动合同的解除包括用人单位和劳动者双方协议解除、劳动者单方解除和用人单位单方解除三种情况。

1）用人单位和劳动者双方协议解除劳动合同

协议解除合同即劳动合同经双方当事人协商一致而解除。任何合同都是经双方当事人同意而产生的，劳动合同也不例外。双方当事人的意思表示在合法的前提下具有法律效力并受到法律保护。

《劳动合同法》第三十六条规定，用人单位与劳动者协商一致，可以解除劳动合同。同时，《劳动合同法》第四十六条第二款规定，用人单位向劳动者提出解除劳动合同并与劳动者协商一致解除劳动合同的，用人单位应当向劳动者支付经济补偿。这项规定明确排除了由劳动者向用人单位提出解除合同并由双方协商一致解除的情形，即在劳动合同的协商解除中，用人单位只对由自己单方提出并经劳动者同意后的解除支付经济补偿，不对由劳动者提出的协商解除承担补偿责任。

2）劳动者单方解除劳动合同

单方解除合同即享有解除权的当事人以单方意思表示而解除合同。单方解除权属于民法上的形成权，由于单方解除权使权利人可以仅凭自己的行为使自己与他人之间的劳动关系消灭，所以对相关人员的保护是十分重要的，尤其是对劳动者的保护。根据《劳动合同法》第三十七条规定，劳动者只要符合法定程序就可以解除劳动合同，不需要特定的法定事实的发生，但必须提前三十日以书面形式通知用人单位，劳动者在试用期内解除劳动合同要提前三日通知用人单位。《劳动合同法》第三十八条规定了劳动者即时解除劳动合同的六种情形，只要出现了法律规定的这六种情形之一，劳动者可以随时解除劳动合同。由于在即时解除的情形下，没有给用人单位以准备时间，用人单位若无法立刻安排其他劳动者顶替辞职者的工作，会对其正常的生产和经营造成一定影响，因此这种解除劳动合同的形式一般限于用人单位有过错的情形。

【课堂活动】

因对公司给予的工资待遇不满，刘某主动提出了辞职。于是，公司在给刘某出具的离职证明中写道："刘某工作表现平平，缺乏应有的诚信和职业道德。"

刘某认为，公司的评价不符合实际，该不实评价损害了他的名誉，并将给他今后的求职就业造成不良影响。那么，公司对刘某做出的这种负面评价合法吗？

3）用人单位单方解除劳动合同

劳动合同是劳动者的劳动权得以实现的重要保证，劳动法对用人单位单方解除劳动合同做了严格限制。《劳动法》第二十五至二十七条、《劳动合同法》第三十九至四十一条分别规定了用人单位在下面三种情况下可以单方解除劳动合同：过错性解雇、非过错性解雇和经济性裁员。

过错性解雇一般是由用人单位做出的，可以立即生效，无须事先通知劳动者，而被解雇的劳动者也没有请求用人单位给付经济补偿金的权利。这种具有处罚性质的解雇必须以劳动者的主观过错为前提，以劳动者在试用期内有证据证明不符合用人单位录用条件，或者劳动者有严重过错的情况下，用人单位才能对其解除劳动合同。为了避免用人单位滥用过错性解雇而侵害劳动者的合法权益，《劳动合同法》第三十九条以罗列的形式规定了过错性解雇的几种情形，对过错性解雇进行了极其严格的规定。例如，劳动者在试用期间被证明不符合录用条件的或者严重违反用人单位的规章制度的，用人单位可以解除劳动合同，并不用支付经济补偿金。

非过错性解雇是指劳动者无主观过错，但基于某些客观原因，用人单位可以依法单方解除劳动合同的行为。非过错性解雇主要是因为劳动者的身体原因和技能原因不能适应多次调整后的工作需要，用人单位在无法提供与劳动者的身体或技能条件相适应的工作岗位的情况下，只能将劳动者解雇。为了保障劳动者的权益，立法对非过错性解雇做了严格的规定，而且要求用人单位对被解雇的劳动者进行一定的经济补偿。

经济性裁员是指用人单位一次性辞退部分劳动者，以此作为改善生产经营状况的手段，其目的是保护自己在市场经济中的竞争和生存能力。经济性裁员实质上属于非过错性解雇，它是在市场经济发展中不可避免的一种现象，市场竞争导致一些企业不能清偿债务，可通过裁员缓解企业的资金压力，便于企业的进一步发展。《劳动合同法》第四十一条对经济性裁员做了比较具体的规定，主要从裁员的法定许可条件及其程序方面进行限制，还规定了优先留用和优先招用制度。由于经济性裁员也属于非过错性裁员的一种，因此应当给予劳动者经济补偿。

4）不允许解除劳动合同的情形

为了保护劳动者的合法权益，《劳动合同法》第四十二条规定了劳动者有本条规定的六种情形之一的，用人单位不得依照本法第四十条、第四十一条的规定解除劳动合同。例如，职工因工负伤并被确认丧失或者部分丧失劳动能力的或患职业病的，不允许用人单位解除劳动合同。

2. 劳动合同的终止

一般而言，劳动合同是劳动者与用人单位间存在劳动关系的书面证明，但由于实践中存在用人单位为逃避责任不与劳动者签订劳动合同的情形，因此《劳动合同法》第十条、第八十二条针对这个问题做了明确的规定，即用人单位与劳动者签订劳动合同的宽限期是一个月，否则用人单位就要承担相应的责任。法津并未对劳动者拒绝签订劳动合同的情形做出规定。

1)劳动合同终止的概念

劳动合同的终止有广义、狭义两种理解。广义的劳动合同终止，泛指劳动合同法律效力终结的各种情形，将劳动合同解除也作为劳动终止的一种；狭义的劳动合同终止，仅指劳动合同解除之外劳动合同法律效力终结的情形，将劳动合同解除与劳动终止并列。《劳动法》第二十三条规定，劳动合同期满或者当事人约定的劳动合同终止条件出现，劳动合同即行终止。

2)劳动合同终止的情形

《劳动合同法》第四十四条规定，对于劳动者，有下列情形之一的，劳动合同终止。

（1）劳动合同期满。主要适用于固定期限劳动合同和以完成一定工作任务为期限的劳动合同两种情形。劳动合同期满，除依法续订劳动合同的和依法应延期的以外，劳动合同自然终止，双方权利义务结束。根据劳动保障部的规定，劳动合同的终止时间应当以劳动合同期限最后一天的二十四时为准。在实践中，劳动合同期满后，劳动者仍在原用人单位工作，原用人单位未表示异议，但也未办理终止或者续订劳动合同的，根据2001年《最高人民法院关于审理劳动争议案件适用法律若干问题的解释》中规定，视为双方同意以原条件继续履行劳动合同。一方提出终止劳动关系的，人民法院应当支持。

（2）劳动者开始依法享受基本养老保险待遇。

（3）劳动者死亡，或者被人民法院宣告死亡或者宣告失踪。《民法典》规定，公民自出生时起到死亡时止，具有民事权利能力，依法享有民事权利，承担民事义务。

（四）经济补偿金与赔偿金制度

劳动合同对于保护劳动者的合法权益有非常重要的意义。工作是劳动者生活的主要来源，为了保证劳动者的生活不受或少受劳动合同解除的影响，法律主要从经济补偿金和赔偿金两个方面做出了规定。

《劳动合同法》规定的经济补偿金是指劳动者在无过错的情况下，用人单位解除劳动合同后，应承担的一项法定帮助义务。用人单位与劳动者解除劳动合同，实际上也就意味着劳动者失去工作，基于对劳动者弱势群体的保护，国家要求用人单位在非劳动者主观过错的情形下解除劳动合同的，必须给予劳动者一定的补偿金，以保证劳动者在劳动合同解除后一段时间内的生活需要。经济补偿金不是赔偿金也不是违约金，而是劳动合同解除的一种费用，是用人单位要依法履行的对劳动者的一种法定帮助义务。用人单位也不是向所有被解除劳动合同的劳动者支付经济补偿金，而是只向被动地接受提前结束劳动关系的劳动者提供。《劳动合同法》第四十六条规定了用人单位应向劳动者支付经济补偿的七种情形，只有在这七种情形下，用人单位才承担向劳动者支付经济补偿金的义务。因此，如果是劳动者的主观故意导致的劳动合同解除，用人单位不需要给予劳动者经济补偿金；而因劳动者的非主观过错，被用人单位解除劳动合同的，或者因为用人单位自身的原因解除劳动合同的，都应当向劳动者支付一定的经济补偿金。

劳动合同解除中的赔偿金是指用人单位或劳动者不当解除劳动合同给对方造成损失时

给付对方一定数量的金钱,是承担违约责任的形式之一,一般又称作损害赔偿或损害赔偿金。《劳动合同法》中的赔偿金制度,实际上是一种惩罚性质的赔偿制度。

(五)违反劳动合同的法律责任

《劳动合同法》在我国劳动法律体系中处于重要地位,是规范劳动关系的基础性法律。在市场经济条件下,劳动关系主要通过劳动者与用人单位订立劳动合同来建立。《劳动合同法》就是规范劳动合同的订立、履行、变更、解除和终止的法律规范。

1. 用人单位解除劳动合同的限制性事由

《劳动合同法》扩大了劳动者可以解除合同的事由,在限制用人单位解除劳动合同的事由上也有所增加。《劳动合同法》第四十二条规定了用人单位不得解除劳动合同的六种情形,在《劳动法》规定的基础上增加了"从事接触职业病危害作业的劳动者未进行离岗前健康检查,或者疑似职业病病人在诊断或者医学观察期间的""在本单位连续工作满十五年,且距法定退休年龄不足五年的"情形。

2. 违法解除劳动合同的责任

《劳动合同法》第八十七条和第九十条分别规定了用人单位和劳动者违反《劳动合同法》规定解除或终止合同的赔偿责任。根据第八十七条规定,用人单位违反本法规定解除或者终止劳动合同的,应当依照本法第四十七条规定的经济补偿标准的两倍向劳动者支付赔偿金。根据第九十条规定,劳动者违反本法规定解除劳动合同,给用人单位造成损失的,应当承担赔偿责任。

【课堂活动】

企业赶工(如紧急生产口罩、防护服等)能否雇佣未满16周岁放假学生?

四、大学生就业中的维权

大学生就业竞争日趋激烈,就业压力日渐加大,一些招聘单位、中介机构或个人利用大学生社会经验不足、自我保护意识差、求职心切等弱点,以提供就业机会为诱饵,采用违背道德、违反法律等手段,与大学生达成权利与义务不对等的就业意向或协议,使大学生受骗上当,合法权益受到侵害。因此,广大毕业生在求职过程中应当学会识别和规避各种就业陷阱,增强自我保护意识,明晰劳动法规中的相关规定,了解和掌握维权求助的途径,维护自己的权益。

(一)识别和防范求职陷阱

大学生在跨出校门、迈向社会,走进职场开启人生新篇章时,要时刻提高警惕,防止受到各种职业伤害,需要注意识别和防范求职陷阱等。

1. 费用陷阱

一些用人单位在招聘中向毕业生收取名目繁多的费用，如风险抵押金、报名费、培训费、考试费、资料费、登记费、服装费等，有些毕业生不想错过机会，把费用交了，但结果却是受骗上当。

根据我国《劳动力市场管理规定》第十条规定，用人单位招用人员时不得有下列行为：向求职者收取招聘费用；向被录用人员收取保证金或抵押金；扣押被录用人员的身份证等证件；以招用人员为名牟取不正当利益或进行其他违法活动。

2. 薪酬陷阱

用人单位招聘时设下薪酬陷阱。求职中，毕业生往往容易被优厚的待遇、高额的工资所吸引，等到正式开始工作时才发现，用人单位以各种各样的理由和借口不予兑现招聘时所做出的承诺，或用人单位对薪酬中的不确定收入部分给予虚假或模糊的承诺，最终不能兑现。针对这些情况，毕业生一定要在求职时对用人单位做深入了解，重在预防，不要盲目签约。

3. 侵权陷阱

求职者的虚荣心是遭遇此类问题的主要原因。不要被听上去体面的职位所迷惑，必须仔细询问职位的工作内涵和细节。通常有以招聘之名盗取个人信息、借招聘之名储备人才、以招聘之名非法敛财等求职陷阱。求职应聘过程中，毕业生须提高警惕，一旦发现被侵权迹象，应当立即报案。

4. 试用期陷阱

所谓试用期，又叫适应期，是指用人单位和劳动者为相互了解、选择而在劳动合同中约定的不超过6个月的考察期。

初入职场的毕业生为防止落入试用期陷阱，应做到以下两点。

（1）入职前一定要签订书面正式劳动合同，按规定约定试用期。

（2）合同中的试用期时限和试用期工资待遇要符合劳动法律法规的规定。

5. "五险一金"合法权利得不到保障

"五险一金"指的是养老保险、医疗保险、失业保险、工伤保险、生育保险和住房公积金。按照劳动法律法规规定，求职的劳动者只要与用人单位签订了劳动合同，形成了劳动关系，用人单位就应为其缴纳"五险一金"。

缴纳"五险一金"是用人单位需要履行的法律义务，但仍然有一些用人单位从自身利益出发，利用学生对"五险一金"的无知，不履行缴纳"五险一金"的义务，这对新入职场的学生来说危害是很大的，当入职后在工作期间发生工伤或者有第三方责任险出现逃逸时，往往造成维权难上加难。

用人单位针对新入职场的学生不履行缴纳"五险一金"义务的通常做法是，利用学生认为缴纳社保需要扣除自己的工资而得不偿失的想法，不做过多的说明，顺水推舟地不缴纳"五险一金"；还有一些用人单位以学生有大学生医保为由，不予缴纳"五险一金"，规避自己的责任。

6. 合同陷阱

现实生活中，有些用人单位在与毕业生签订劳动合同时采用欺诈、胁迫等手段设置陷阱，严重侵害了毕业生的合法权益。合同陷阱一般有以下几种形式。

（1）口头合同。用人单位与毕业生就责、权、利达成口头约定，不签订书面正式文本。

（2）单方合同。用人单位在劳动合同里只约定毕业生的义务和用人单位的权利，而对毕业生的权利和用人单位的义务却很少，甚至根本不提。

（3）生死合同。一些高危行业的用人单位会要求毕业生接受合同中的"生死协议"，即一旦发生意外，企业不承担任何责任。

（4）真假合同。假合同内容按照劳动部门的要求签订，以应付有关部门的检查，真合同往往是从用人单位利益出发的违法合同。

（5）格式合同。用人单位采用的是根据劳动部门制定的合同示范文本改编的聘用合同，从表面上看不出有什么问题，但具体内容却表述不清，甚至可以有多种解释。

除以上陷阱，还有遭遇黑中介、被用人单位当作廉价劳动力、无故克扣工资、被骗取劳动成果、陷入传销骗局、被网络虚假招聘信息蒙蔽等诸多陷阱，毕业生在求职路上一定要提高警惕，绕过陷阱，最终实现顺利就业。

（二）解决劳动争议的途径

毕业生在自己的权益受到侵犯时，不要惊慌失措，更不要冲动蛮干，要懂得通过合法途径保护自己的权益。

1. 依靠学校

毕业生在求职过程中遇到问题、权益遭受侵犯时，应首先到学校的毕业生就业主管部门寻求帮助。学校有责任和义务维护学生的利益，学校对学生的保护最为直接。学校可以制定各项措施来规范用人单位的招聘行为，还有权抵制用人单位在招聘活动中的不公正甚至违法的行为。

就业协议需要三方同意才能生效，对不符合规定的就业协议，学校有权不同意。对于可以协商解决的问题，由学校与用人单位进行沟通，这将有助于问题的顺利解决。

2. 依靠国家行政机关

当权益受到侵犯时，毕业生可向各级行政主管部门举报、投诉。相关部门主要包括毕业生就业主管部门、劳动局所属的劳动监察部门、物价局所属的物价监察部门、市场管理局所属的技术监督部门等。这些部门会依法对侵犯毕业生合法权益的行为进行抵制和处理。

3. 借助新闻媒体

毕业生可以借助报纸、电视、网络等新闻媒体的力量，对自己的权益遭受侵害的情况进行披露、报道，引起社会的关注和相关部门的重视，充分发挥新闻媒体的舆论监督作用，从而促进问题的快速、有效解决。

4. 寻求法律援助

法律援助是指由政府设立的法律援助机构或非政府设立的合法律所组织法律援助人员，为经济困难或特殊案件的人员无偿提供法律服务的一项法律保障制度，是一项扶助贫弱、保障社会弱势群体合法权益的社会公益事业。毕业生遇到就业问题时可以到当地的法律援助中心寻求法律帮助。

5. 依靠司法机关

我国的《民法典》《民事诉讼法》《劳动法》《行政诉讼法》《刑事诉讼法》《治安管理处罚条例》等法律法规明确规定，被害人有权对侵犯其人身、财产权利的犯罪事实或犯罪嫌疑人，向公安机关、人民检察院或人民法院报案或提起诉讼。毕业生可在切身利益受到侵犯时，依靠司法机关保护自己的合法权益。

（三）解决劳动争议的程序

1. 协商程序

协商是指劳动者与用人单位就争议的问题直接进行商议，寻找解决纠纷的具体方案。与其他纠纷不同的是，劳动争议的当事人一方为单位，一方为单位职工，因双方已经发生一定的劳动关系而彼此之间相互有所了解，双方发生纠纷后最好先行协商，通过自愿达成协议来消除隔阂。但是，协商程序不是处理劳动争议的必经程序，双方可以协商，也可以不协商，完全出于自愿，任何人都不能强迫。

当事人申请劳动争议调解，可以书面申请，也可以口头申请。口头申请的，调解组织应当当场记录申请人的基本情况及申请调解的争议事项、理由和时间。调解劳动争议时，应当充分听取双方当事人对事实和理由的陈述，耐心疏导，帮助其达成协议。经调解达成协议的，应当制作调解协议书。调解协议书由双方当事人签名或者盖章，经调解员签名并加盖调解组织印章后生效，对双方当事人具有约束力，当事人应当履行。自劳动争议调解组织收到调解申请之日起 15 日内未达成调解协议的，当事人可以依法申请仲裁。

2. 仲裁程序

仲裁程序是劳动纠纷的一方当事人将纠纷提交劳动争议仲裁委员会进行处理的程序。该程序既具有劳动争议调解灵活、快捷的特点，又具有强制执行的效力，是解决劳动纠纷的重要手段。劳动争议仲裁委员会是国家授权、依法独立处理劳动争议案件的专门机构。申请劳动仲裁是解决劳动争议的选择性程序之一，也是提起诉讼的前置程序。

劳动者与用人单位发生劳动争议后应向劳动争议发生地仲裁委员会提交仲裁申请。如果发生劳动争议的用人单位与职工不在一个仲裁委员会辖区，由职工工资关系所在地的仲裁委员会处理。

仲裁申请人应当向劳动争议仲裁委员会提交书面的仲裁申请，并依照被申请人的数量提交副本。申请书应载明如下法定内容。

（1）劳动者的姓名、性别、年龄、职业、工作单位和住所，用人单位的名称、住所和法定代表人或者主要负责人的姓名、职务。

（2）仲裁请求和所根据的事实、理由。

（3）证据和证据来源、证人姓名和住所。

申请书内容有欠缺的，当事人可在劳动争议仲裁委员会的指导下进行补正，并在申诉时效内向仲裁委员会提交。仲裁委员会在收到申请后5日内做出是否受理的决定，不予受理或5日内不做出任何答复的，申请人可向人民法院起诉。决定受理的，应当制作受理决定并送达申请人，并在受理后5日内将申请书副本送达被申请人。被申请人应当在10日内提交答辩书，但是不提交答辩书不影响案件的仲裁。

劳动争议仲裁委员会开庭审理劳动争议时，将着重进行调解。调解达成协议时，仲裁庭按有关规定制作调解书。调解书一经送达，即发生法律效力。调解不成的，仲裁庭将根据事实和法律做出裁决。

3. 诉讼程序

《劳动法》第八十三条规定："劳动争议当事人对仲裁裁决不服的，可以自收到仲裁裁决书之日起十五日内向人民法院提起诉讼。一方当事人在法定期限内不起诉又不履行仲裁裁决的，另一方当事人可以申请人民法院强制执行。"诉讼程序即我们平常所说的"打官司"。诉讼程序是由不服劳动争议仲裁委员会裁决的一方当事人向人民法院提起诉讼后启动的程序。诉讼程序具有较强的法律性、程序性，做出的判决也具有强制执行力。

【课堂活动】

"996"是指一种工作制度：早上9点上班，晚上9点下班，每周工作6天。这种工作制度多出现在互联网等科技公司，经常在网络上被"吐槽"。但有人认为，企业要生存，经济要发展，就需要劳动者辛勤工作，只争朝夕，无私奉献，"996"是奉献精神的体现，应大力提倡。

你如何看待这种观点？

劳动体验

我是普法宣传员

一、活动名称

我是普法宣传员。

二、活动主旨与意义

通过普法宣传活动，使大学生了解并熟知就业的相关政策法规，增强大学生在就业中的自我保护和维权意识，从而使其在就业过程中免受不合理的侵犯，成功就业，帮助大学生更好地走向社会。

三、活动内容

（1）查阅相关的法律书籍和在网络上搜索，搜集整理就业中自我保护和进行维权的相关法律知识。例如，实习期间的自我保护和维权，求职就业期间的自我保护和维权等。

（2）对搜集的内容进行审核，确保内容的准确性和有效性。完成内容的整理后，可请相关专业老师进行审核确认。

四、活动总结

结合自己搜集整理和同学们反馈的信息，根据表 5-4 中的思考内容，给出自己的建议或观点。

表 5-4　我是普法宣传员

思 考 内 容	建议或观点
如何保护实习期间的权益？	
求职或就业中如何自我保护？	
就业中被侵权该如何维权？	
如何增强法律意识？	

课后拓展 1

就业协议书与劳动合同的区别

以下为某同学整理的就业协议书与劳动合同的区别，完整吗？请补充。
（1）涉及主体不同_____
（2）签约内容不同_____
（3）签约时间不同_____
（4）法律适用、争议处理方式不同_____
（5）法律效力时段不同_____
（6）违约金范围不同_____

课后拓展 2

阅读材料，回答问题

某公司招聘销售员，陆先生前去应聘，经洽谈协商，双方签订了一份一年期的劳动合同，合同约定，陆先生的工作岗位是销售部销售员；又约定，因公司经营需要或陆先生工作能力等，公司可以调动陆先生的工作岗位，陆先生对此可以提出异议，但在改变决定前应当服从公司的安排。合同签订后，陆先生开始上班。半年后，公司因市场变化而调整经营范围，为此，需对营销人员结构做相应调整。根据部门列出的资料，公司对各营销人员的工作状态做了考核，陆先生的工作业绩排名最后。于是，公司通知陆先生调动其工作岗位至后勤总务部门，并要求择日报到。陆先生认为公司调动其工作岗位属于变更劳动合同的行为，因未与本人协商，通知变更工作岗位不能成立，于是拒绝工作调动。公司经多次通知陆先生去新岗位报到无效后，就以陆先生拒不服从公司的工作安排，严重违反劳动纪律为由，根据公司员工手册的规定对陆先生做出了解除劳动合同的处理决定。

陆先生不服公司做出的处理决定，认为：自己与公司在劳动合同中约定了工作岗位，公司不经协商即通知调动岗位违反了劳动法关于劳动合同变更的有关规定，要求公司撤销解除劳动合同的决定，并恢复其原劳动关系。而公司则认为：公司因经营情况变化而调整人员结构，调整陆先生的工作岗位符合双方劳动合同的约定，陆先生不服从公司的安排违反了合同约定并违反了公司规章制度，公司可以依据有关规定做出相应处理。

查阅相关资料，回答以下问题。

（1）《劳动合同法》关于劳动合同的订立和履行方面有哪些规定？
（2）公司调整陆先生的工作岗位是否存在违法行为，为什么？
（3）陆先生的主张是否合理，为什么？

课后拓展3

公司因疫情原因调整部门职能，可否对劳动者调岗？

2015年12月7日，李某入职某游轮公司，担任市场经理助理，2018年12月9日起担任市场经理。双方签订多份劳动合同，末次劳动合同为自2018年12月9日起的无固定期限劳动合同。

2018年12月9日签订的劳动合同约定，李某理解并承诺愿意服从公司根据经营需要、李某工作能力及其表现而安排或者调动的工作岗位、工作地点、工作内容、劳动定额等。

2020年1月27日起，游轮因疫情原因停航，船上收益项目停滞。在此情形下，公司根据业务及经营需要，对内部职能架构进行合理调整，将船上收益部门的市场推广职能调整至市场部，而市场部本就具有船上产品和服务的规划宣传及岸上观光产品的策划宣传职能，与李某原属岗位职能密切相关，故将李某调整至市场部。

调整后，李某汇报线虽有变化，但其工作内容仍为船上收益的市场推广，薪资待遇保持不变。

2020年8月起，公司通过口头形式告知李某调岗，至2020年10月20日通过书面形式明确告知李某，李某却以调岗未经其同意为由，拒不服从新部门新领导的工作安排。

公司分别于2020年11月6日、2020年11月16日、2020年11月20日给予李某警告，要求其按时按质完成工作任务，但李某仍未加改进，拒绝新岗位的工作安排。

2020年11月26日，公司认为李某的行为严重违反劳动纪律及公司规章制度，据此解除与李某的劳动合同。

李某经过仲裁、诉讼，要求公司支付违法解除劳动合同赔偿金。

请问：李某的主张是否合理，为什么？

课后拓展 4

阅读材料，回答问题

阅读下面的案例，分析当事人是否可以在不缴纳违约金的情况下辞职。

喻某是某高等职业技术学院的毕业生，毕业后到某公司工作，与该公司正式签订了为期2年的劳动合同。在劳动合同终止前1个月，喻某提出不再与公司续约一事，当时人事部表示同意并要求其1个月后办理手续。1个月以后，当喻某到人事部办理离职手续时，人事部负责人却提出："要辞职，必须按规定交齐后3年的服务未到期的违约金2000元。"原来，公司制订的《员工手册》第18条规定："凡到公司工作的人员至少应服务5年。"所以公司认为喻某与公司签订的2年劳动合同虽然已经到期，但至少还应与公司续签3年的劳动合同才符合公司条款。如果喻某不再为公司服务，则应赔偿违约金2000元。喻某不知道该不该赔偿2000元。

提示：

（1）公司内部手册的制定不能只参考公司单方面的意见，还必须考虑所有员工的意愿。

（2）公司规章制度的制定必须与国家法律法规的规定相符合，对劳动合同没有约定且国家法律法规没有规定的，才能做出补充规定。

（3）劳动合同期满时，劳动合同终止，一方不得强迫另一方延长劳动合同期限。

课后拓展 5

阅读材料，回答问题

假如你是某报刊的法律顾问，现收到一封求助信，你该如何回答？

编辑同志：我是某服装公司的职工（该公司属个人所有）。我们发工资的形式是压一个月一发，刚来时公司从我们的工资中扣除 300 元，作为我们入职公司的风险金，承诺工作满两年退还。我现在工作已经满两年，向公司提出不干了，公司却扣我最后一个月的工资。我向公司要求退还风险金和发放最后一个月的工资时，公司却答复，如果辞职，工资和风险金都不退。我应该怎么办呢？

课后拓展 6

案情讨论

（一）案情简介

案例一：

浙江某高职数控技术应用专业班的大学生陈某，在校学习两年，学校安排他到一家阀门厂参与实习，从事锯床切割的工作。在实习期间，为了完成老板安排的锯床任务，不慎致右手受伤。随后同事赶紧将陈某送到了医院进行救治，经医生诊断，陈某的右手食指、中指已经完全断裂。在陈某住院期间，其家人委托司法鉴定机关对陈某的伤势进行鉴定，结果认定已构成九级伤残。

陈某出院后，多次上门要求阀门厂对其遭受的损失进行赔偿，结果都被阀门厂以各种各样的理由推脱。于是，陈某向劳动仲裁委员会申请确认自己与阀门厂的劳动关系，经过仲裁委员会的裁决，认为陈某没有毕业，不具备劳动者的资格，从而否定了陈某与阀门厂存在劳动关系。陈某不服，随后又向法院提起了诉讼，要求确认劳动关系的存在，可仍以同样的理由被驳回。

无奈之下，陈某选择对所在的学校和阀门厂共同提起民事赔偿诉讼。庭审中，校方认为，陈某受伤是其在外实习期间操作不慎导致的，应找厂方索赔；而厂方认为陈某是学校的在校学生，与自己并没有建立劳动关系，受到伤害应由学校负责。

最终在法院的调解下，三方终于达成和解，判决阀门厂及学校均对陈某进行部分赔偿，已满十八周岁的陈某也必须对自己的受伤承担部分责任。

案例二：

四川某技术职业学校建筑工程专业的应届毕业生赵某，到四川某建筑工程有限公司进行实习，并与公司签订了实习协议，约定公司每月支付赵某实习工资。工作了两个月后，单位派他到公司所承建的一处工地监工，在一次现场指挥中，赵某不幸被楼上掉落的木板砸伤。受伤后，工友将赵某送到了医院进行治疗，经鉴定，赵某为七级伤残。经过一段时间的治疗，赵某出院，于是在家人的陪伴下前往建筑公司和学校要求赔偿，但是双方总是相互推脱责任，使得问题迟迟得不到解决。几经商讨，最终赵某决定到法律援助中心寻求帮助。接到赵某的申请，工作人员立即收集证据，向劳动仲裁委员会要求确认双方劳动关系的存在。结果仲裁委员会以赵某属于学校学生，不符合劳动者成立的标准为由予以驳回。对此，法律援助中心的律师说，本来希望通过工伤认定获取赔偿，但劳动关系的不成立使得这条路被牢牢堵死，因此，只能向法院提起人身损害赔偿请求，同时积极和建筑公司及学校协商。

在法院的案件审理过程中，被告建筑公司认为，赵某是以学生的身份来单位实习的，并未获得相关的文凭，也没有与本单位签订劳动合同，因而不属于本单位的职工，不能按照工伤进行处理。赵某的律师杜某则认为，赵某实习时签订了实习协议，领取了实习工资，那么事实上就可以说其与公司之间存在劳动关系，公司应当进行工伤赔偿。可是在我国现有的法律中对事实劳动关系的适用情形并未进行规定，按照工伤处理缺乏法律上的依据。杜某说，工伤赔偿行不通，就按照民事侵权进行赔偿，参照工伤七级测算赵某的受伤赔偿款为十三万元。最终原、被告双方在法院的调解下达成一致，由建筑公司和学校分别赔偿赵某七万元、六万元。

（二）争议焦点

上述两个案例中，大学生陈某和大学生赵某在实习工作期间都不同程度地受到了人身伤害，在寻求损害赔偿的过程中，他们首先都想到使用劳动法的相关规定来保护自己的劳动权益。然而不管是劳动仲裁委员会还是法院，都以"原告属于在校学生，不具有劳动者的资格"为由驳回了他们确认劳动关系成立的申请。

故此，引发了我们对此类案件的一个思考——大学生在实习过程中能否作为劳动者，受到劳动法的保护？谈谈你的看法。

参 考 文 献

[1] 王开淮. 劳动教育[M]. 北京：清华大学出版社，2021.

[2] 侯守军，张道平. 新时代劳动教育教程[M]. 北京：机械工业出版社，2021.

[3] 史钟锋，董爱琴，张艳霞. 新时代大学生劳动教育[M]. 北京：清华大学出版社，2022.

[4] 赵鑫全，张勇. 新时代大学生劳动教育[M]. 北京：机械工业出版社，2020.

[5] 方小铁. 大学生劳动教育[M]. 北京：北京理工大学出版社，2022.

[6] 柳友荣. 新时代大学生劳动教育[M]. 北京：高等教育出版社，2021.

[7] 新华社. 中共中央 国务院关于全面加强新时代大中小学劳动教育的意见[EB/OL]. （2020-03-26）[2022-12-25]. http://www.gov.cn/zhengce/2020-03-26/content_5495977.htm.

[8] 缪昌武，胡剑虹，王士恒. 大学生劳动教育教程[M]. 江苏：南京大学出版社，2021.

[9] 韩剑颖. 大学生劳动教育教程[M]. 北京：清华大学大学出版社，2021.

[10] 中华人民共和国教育部. 义务教育劳动课程标准：2022年版[M]. 北京：北京师范大学出版社，2022.